# weiter denken

**Band A**

Ethik/
Praktische Philosophie

Kommentare und Anregungen
für den Unterricht

Schroedel

**weiterdenken**

Ethik/Praktische Philosophie

**Band A**

ab Jahrgangsstufe 5

Kommentare und Anregungen
für den Unterricht

Herausgegeben von
Rolf Sistermann

Erarbeitet von
Anja Brolle
Peter Flohr
Lutz Heerhold
Andreas Kraus
Andreas Krause
Sascha Mühlenberg
Stefan Ochs
Christa Runtenberg
Carlo Schultheiss
Rolf Sistermann



Druck A$^4$ / Jahr 2016
Alle Drucke der Serie A sind im Unterricht parallel verwendbar.

Redaktion: Joachim Siebert, Hannover
Umschlaggestaltung, Layout und Satz: Jesse Konzept & Text GmbH, Hannover
Druck und Bindung: westermann druck GmbH, Braunschweig

ISBN 978-3-507-**70203**-5

# Inhaltsverzeichnis

NIKOLAUS PIPER
Felix und das liebe Geld

Anna Sewell
Black Beauty

LITTLE MISS SUNSHINE
2-FACHER OSCAR® GEWINNER:

Jostein Gaarder
Hallo, ist da jemand?
ANTON KOLNBERGER
AUF UNBEKANNTEM

RICHARD MATHESON
DAS ENDE IST NUR DER ANFANG
HINTER DEM HORIZONT
GOLDMANN

# Zur Konzeption

## 1. Intentionale Konzeption

Das Unterrichtswerk **„Weiterdenken“** verfolgt didaktisch einen Weg zwischen Indoktrination und Beliebigkeit, der sich aus einem gemeinsamen Verständnis des Philosophie- und Ethikunterrichts herleitet. Er gilt auch für die Fächer Praktische Philosophie, Werte und Normen oder LER. Die Aufgabe der Wertevermittlung in der Sekundarstufe I nimmt in **„Weiterdenken“** einen hohen Stellenwert ein. Damit erteilt es jeder Beliebigkeit in der weltanschaulichen Orientierung der Jugendlichen eine Absage. Im Vordergrund stehen eigenständige Auseinandersetzung und reflektierte Orientierung. Deshalb will es von bedenklichen Eindeutigkeiten wegführen, von Schwarz-Weiß-Denken, vereinfachenden Vorurteilen und von Klischees. Stattdessen will es Schülerinnen und Schülern helfen, mit der polaren und ambivalenten, manchmal auch antagonistischen Struktur der Wirklichkeit umgehen zu können. Sie sollen sich darin zurechtfinden und einen eigenen Standpunkt gewinnen. Dazu verhilft vor allem die motivierte, eigenständige und kritische Auseinandersetzung mit den philosophischen Versuchen, allgemeingültige Aussagen über den Zusammenhang der Wirklichkeit und des Lebens zu machen. Carl Friederich von Weizsäcker hat 1980 Philosophie als „Weiterdenken“ definiert (In: *Schickel, Joachim* (Hrsg.): Grenzbeschreibungen. Gespräche mit Philosophen. Hamburg 1980. S. 195).

Dementsprechend geht es in **„Weiterdenken“** darum,
a) Denkanstöße aufzugreifen,
b) sich dadurch zu Fragen anregen zu lassen,
c) eigene Antworten zu entwickeln und zu erproben,
d) Texte kritisch zu überprüfen,
e) Begriffe zu entwickeln und
f) diese eigenständig weiterzudenken.
So erwerben die Schüler sowohl fachspezifische als auch allgemeine Kompetenzen.

## 2. Thematische Konzeption

**„Weiterdenken“** ist für den Einsatz in Ethik und Praktischer Philosophie in allen Bundesländern gedacht. Wenn die Namen für die „Ethik-Fächer“ hier vornehmlich als Ethik oder als Praktische Philosophie Verwendung finden, so sind „Werte und Normen“ und „LER“ mitgemeint.
Die acht Kapitel berühren die wichtigsten Fragenkreise aller Richtlinien und Lehrpläne. Eine zu enge Anlehnung an den Lehrplan eines einzelnen Bundeslandes wird schon dadurch vermieden, dass nicht Themen, sondern Geschichten als Leitfaden der einzelnen Kapitel dienen, die natürlich auch verschiedene andere Themen berühren.
„Der einzige Zugang zu uns selbst erfolgt über die Geschichten, in die wir verstrickt sind; der Zugang zu den anderen Menschen über die Geschichten, in die diese verstrickt sind; der Zugang zu den Tieren über deren Geschichten, und der Zugang zu den Pflanzen entsprechend über deren Geschichten.“ (*Schapp, W.*: In Geschichten verstrickt. Zum Sein von Mensch und Ding. Frankfurt/M. $^{4}$2004. S. 136 f.)
Durch die Geschichten sind die Themen miteinander verbunden und bekommen einen für die Schülerinnen und Schüler erkennbaren Zusammenhang. Wenn die verschiedenen Unterthemen schon im Inhaltsverzeichnis in einem für den Lehrer/die Lehrerin deutlichen begrifflichen Zusammenhang stehen, ist dieser den Schülern nicht ohne Weiteres erkennbar, sondern soll ja gerade erst vermittelt werden. Die zehn zentralen Begriffe jedes Kapitels sind am Ende des Buches zur Wiederholung, Festigung und Sicherung der Wissensstandards aufgelistet. Um deren Vermittlung gezielt angehen zu können, werden sie im Lehrerband am Anfang jedes Kapitels in einem Begriffsnetz in ihrem Zusammenhang mit Nachbarbegriffen übersichtlich dargestellt.
„Wichtiger als eine Definition [...] ist es für den Lehrer, sich vor Augen zu halten, dass Begriffsinhalte Netzcharakter haben und dass diese Netze ihrerseits mit den Nachbarbegriffen und schließlich mit dem gesamten Weltbild des Begriffsbildenden zusammenhängen. Daher ist es wünschbar, dass sich der Lehrer auch Rechenschaft über die Verankerung der zu behandelnden Begriffe im umfassenden Wissen des Schülers ablegt. [...] So zeichnet sich also der Lehrer zu seiner Vorbereitung das Netz der Begriffe auf, die er im Zusammenhang mit einem bestimmten Stoff vermitteln möchte.“ (*Aebli, Hans*: Zwölf Grundformen des Lehrens. Stuttgart: Klett-Cotta $^{7}$1983. S. 264 f.)

Um einen schnellen Überblick zu ermöglichen, steht ergänzend zu dem Begriffsnetz am Anfang jedes Kapitels eine Strukturskizze, in der die Kernsätze und zentralen Thesen jedes Unterkapitels im Verlauf des Kapitels aufgeführt sind.

## 3. Mediale Konzeption

Ein besonderes didaktisches Prinzip, das in anderen Unterrichtswerken bisher so noch nicht verwirklicht worden ist, besteht in dem Umgang mit Jugendliteratur. Ausschnitte aus literarischen Texten haben, den Vorgaben der Curricula entsprechend, inzwischen in allen Büchern für Ethik und Praktische Philosophie ihren Platz. Allerdings tauchen sie zumeist nur in einem kurzen Ausschnitt auf einer Seite einmal auf. In **„Weiterdenken“** sind in jedem Kapitel möglichst viele Textausschnitte aus einem zu dem jeweiligen Fragekreis passenden Jugendbuch aufgenommen und durchziehen es als Hinführung für die jeweiligen Lernprozesse wie ein roter Faden. Auf den Eingangsseiten werden die Figuren vorgestellt, die dann im Unterkapitel immer wieder auftreten werden und zu den einzelnen Problemstellungen der Unterkapitel führen.
Durch inhaltliche Zusammenfassungen und kurze Ausschnitte des Buches führt die jeweilige Geschichte von einem philosophisch interessanten Problem zum nächsten und verbindet dabei die Vermittlung der Inhalte von klassischen Jugendbuchganzschriften mit der philosophischen Aufgabe des Selbstdenkens und Nachdenkens. Die Jugendbücher oder die Filme sind so ausgewählt, dass sie die Probleme eines bestimmten Fragenkreises schwerpunkthaft anschaulich machen. Sie berühren aber natürlich auch Probleme aus andern Fragenkreisen, die man unabhängig von der Themensystematik behandeln oder im Zusammenhang mit dem jeweils anderen Fragenkreis auf Grund eines Querverweises aufgreifen kann. Die Verknüpfung der Unterkapitel ist zwar weniger systematisch, aber dafür lebensnaher.
Die Geschichten sind durch Nacherzählungen und Textausschnitte so dargeboten, dass sie ohne Zusatzmedien verständlich und einprägsam sind.

Den größten Teil der Kapitel nehmen aber dann Medien ein, die in der kontrollierten Problemlösungsphase daraufhin untersucht werden können, wieweit sie zur Lösung des Problems beitragen können, an dem die Schülerinnen und Schüler zuvor selbständig und kreativ gearbeitet haben. Hier haben vor allem repräsentative Texte etwa aus der philosophischen Tradition in gekürzter und vereinfachter Form ihren Platz. Schließlich geben aktuelle Bilder, Zeitungsartikel o. Ä, die in der Transferphase eingesetzt werden können, einen Anstoß, gemeinsam darüber nachzudenken, inwieweit die gefundene Lösung auf ähnliche/eigene Probleme übertragbar ist.

## 4. Methodische Konzeption Das „Bonbon-Modell“ als Strukturierungsprinzip eines Lernprozesses

Die hier beschriebenen Unterrichtseinheiten sind nach einem Modell aufgebaut, dass sich im Wechsel zwischen eng geführten und breit gestreuten Unterrichtsbeiträgen in der Form eines (verpackten) Bonbons darstellen lässt. Wenn man Lernen als zielgerichtetes, intentionales Handeln begreift, müssen bestimmte Lernphasen beachtet werden, deren Länge sehr unterschiedlich sein kann, deren Abfolge jedoch unabdingbar ist.
Um einen deutlich wahrnehmbaren Lernfortschritt zu erreichen und um den Zugang zu anspruchsvollen Texten oder anderen Arbeitsmedien zu erleichtern, müssen diese jeweils an eine Problemstellung angebunden sein, mit der sich die Schülerinnen und Schüler beschäftigen können, bevor sie das betreffende Arbeitsmedium erhalten. Sie haben damit die Möglichkeit, in einer selbstgesteuert-intuitiven Problemlösungsphase eigene Antworten zu finden, die sie in der anschließenden angeleitet-kontrollierten Problemlösungsphase mit den Antworten des Textes vergleichen können. Sie entwickeln auf diese Weise wesentlich leichter ein Verständnis des Textes oder des sonstigen Arbeitsmediums, können den Wert der dort gegebenen Antworten ermessen und kritisch dazu Stellung nehmen.
Entscheidend ist es, eine qualifizierte Frage zu finden, die die Schüler und Schülerinnen dazu bringt, ein Bewusstsein für das im fraglichen Text behandelte Problem zu entwickeln und mögliche Lösungen zu antizipieren. Sinnvollerweise hält man die intuitiven Lösungen an der Tafel fest und vergleicht sie in der Festigungsphase mit den in der kontrollierten Problemlösungsphase aus dem Text gewonnenen Antworten. Dabei können die Schüler selbst feststellen und beurteilen,

wie sich das Reflexionsniveau ihrer Antworten von dem des jeweiligen Autors unterscheidet. Sie stellen dabei manchmal fest, dass einzelne ihrer Antworten sich nicht vor denen des Experten zu verstecken brauchen, sondern dessen Lösung in einer weniger elaborierten, aber durchaus treffenden Weise antizipiert haben. Der Lehrer arrangiert also mit den Schülern zusammen einen Lernprozess, in dem die Schüler selbst feststellen können, welchen Fortschritt sie in der Beschäftigung mit den Medien in der kontrollierten Problemlösungsphase gemacht haben. Der Lernprozess braucht nicht mit dem Ablauf einer Unterrichtsstunde identisch zu sein, sondern kann sich auch schon einmal über mehrere Unterrichtstunden hinziehen oder kann in einer Stunde mehrmals stattfinden. Wichtig ist nur, dass der Lehrende und möglichst auch der Lernende weiß, in welcher Lernphase er sich jeweils befindet.
Die Phasierung entspricht den in Deutschland zuerst von Heinrich Roth beschriebenen Lernphasen, die hier nur etwas anders benannt und akzentuiert sind. Danach soll die Hinführung zu einer möglichst präzisen, nachvollziehbaren Problemstellung führen, an der die Schüler und Schülerinnen in der folgenden intuitiven Problemlösungsphase selbständig oder in Zusammenarbeit mit Mitschülern arbeiten können. So können sie sich in das Problem hineindenken und mögliche Lösungen antizipieren. Sie können dadurch dem Anspruch des Textes oder anderer Medien, mit dem sie in der kontrollierten Problemlösungsphase konfrontiert werden, besser und leichter gerecht werden. In der Festigungsphase sollten die Ergebnisse der kontrollierten Phase auf den Begriff gebracht, im Vergleich mit denen der intuitiven Phase befragt und in den Zusammenhang der Reihe gebracht werden. Schließlich geht es in der Transferphase um Anwendung und Erprobung an Beispielen, kritische Stellungnahme und anschließende offene Fragen. Besonders die selbstgesteuerte intuitive Problemlösungsphase kann unterschiedlich lang sein. Je nachdem, wie ausführlich die Schüler ihre Lösungen ausarbeiten und einbringen wollen, kann sie zehn Minuten, eine ganze Stunde oder sogar mehrere Stunden umfassen.
In den verschiedenen Lernphasen kommen die unterschiedlichen philosophischen Methoden schwerpunkthaft zu Anwendung, die Ekkehard Martens in seiner Methodik des Philosophieunterrichts umfassend beschrieben hat[1] und die die Fachverbände Ethik und Philosophie in einem Diskussionspapier 2006 als besondere Standards herausgestellt haben. Man könnte die verschiedenen Methoden den einzelnen Lernphasen folgendermaßen zuordnen:

In der *Hinführungsphase* geht es darum, dass die Schülerinnen und Schüler mit phänomenologischen Methoden etwas wahrnehmen, das zur „Problemkonstituierung" führt.
In der *selbstgesteuert-intuitiven Problemlösungsphase* sollen sie mit spekulativen Methoden weiterführenden Einfällen nachgehen.
In der *angeleitet-kontrollierten Problemlösungsphase* sollen sie mit hermeneutischen Methoden Texte verstehen lernen.
In der *Festigungsphase* geht es um die Klärung von Argumenten und Begriffen mit Hilfe analytischer Methoden.
In der *Transferphase* schließlich sollen sie anhand dialektischer Methoden „Auseinandersetzungen führen können".

Zusammengenommen ist damit ein natürlicher Lernprozess beschrieben, in dem offene und geschlossene Phasen bzw. weitere und engere Fragestellungen miteinander wechseln. Die Phasen des Lernprozesses können zwar, müssen aber nicht mit der Strukturierung einer Unterrichtstunde identisch sein. Sie können sich auch über mehrere Unterrichtstunden erstrecken. Daraus ergibt sich eine Synopse in der vergleichenden Benennung durch Roth, Martens, Sistermann und dem Diskussionspapier der Fachverbände.

In dem systematischen Wechsel zwischen den Phasen subjektiver Aneignung und der Vermittlung von Expertenwissen entspricht das „Bonbon-Modell" dem, was Diethelm Wahl als Sandwich-Prinzip bezeichnet. Das Sandwich-Prinzip schreibt vor, zwischen möglichst kurze und informative kollektive Lernphasen möglichst umfangreiche Phasen des aktiven und selbstgesteuerten Lernens einzuschieben.[2] Allerdings betont Wahl zu wenig, dass ein kontrollierbarer Lernfortschritt auch bei selbstgesteuertem Lernen eine überschaubare und begrenzte Problemstellung voraussetzt, deren Lösung in einem ebenso überschaubaren Rahmen auf den Begriff gebracht und durch Wiederholung gefestigt werden sollte.

[1] *Martens, E.*: Methodik des Ethik- und Philosophieunterrichts. Philosophieren als elementare Kulturtechnik. Hannover: Siebert 2003, [4]2009; Zusammenfassung: *Ders.*: Ein integratives Methodenparadigma der Unterrichtsgestaltung. In: *Steenblock, V.* (Hrsg.): Philosophiekurse. Münster: Lit 2004. S. 155ff.
[2] *Wahl, D.*: Lernumgebungen erfolgreich gestalten. Vom trägen Wissen zum kompetenten Handeln. Bad Heilbrunn: Klinkhardt 2006. S. 95ff.

| | | Das Bonbonmodell des Lernprozesses | |
|---|---|---|---|
| 1. Stufe der Motivation | 1. Phänomenologische Methode: etwas wahrnehmen können und | **Hinführung** | Wahrnehmungen, Beobachtungen und Erfahrungen differenziert und systematisch beschreiben, verstehen und erklären |
| 2. Stufe der Schwierigkeiten | 2. Probleme konstituieren | **Problemstellung** (Fokussierung) | Konflikte bearbeiten, Gespräche führen |
| 3. Stufe der Lösungen | 3. Spekulative Methode: Einfälle haben können | **Selbst gesteuertintuitive Problemlösung** | Phantasie und Kreativität entwickeln, Texte verfassen |
| 4. Stufe des Tuns und Ausführens | 4. Hermeneutische Methode: jemanden verstehen können | **Angeleitet-kontrollierte Problemlösung** | Texte und andere Medien auf ihren ethisch-philosophischen Gehalt hin erschließen, fragen und erkunden |
| 5. Stufe des Behaltens und Einübens | 5. Analytische Methode: Argumente und Begriffe klären können | **Festigung** (Sicherung) | Begriffe erklären und angemessen verwenden |
| 6. Stufe des Bereitstellens, der Übertragung und der Integration des Gelernten | 6. Dialektische Methode: Auseinandersetzungen führen können | **Transfer/ Stellungnahme** | Werte klären; argumentieren und Kritik üben; handeln |
| (*Roth, H.*: Pädagogische Psychologie des Lehrens und Lernens. [12]1970. S. 208ff.) | (*Martens, E.*: Methodik des Ethik- und Philosophieunterrichts. [4]2009) | (*Sistermann, R.*: In: ZDPE, 1/2005. S. 16–27) | (Methodenkompetenzen nach Diskussionspapier der Fachverbände Ethik und Philosophie zu Bildungsstandards für die S I. In: E&U, 4/2006. S. 44) |

Im jeweiligen Kapitelkommentar dieses Lehrerbandes ist klar erkennbar,

a) welche Medien für die Hinführungsphase geeignet sind,
b) an welcher Problemstellung die Schüler
c) in der intuitiv-selbstgesteuerten Problemlösungsphase selbständig arbeiten könnten („**Selbstdenken**"), bevor ihnen
d) in der kontrolliert-angeleiteten Problemlösungsphase besonders geeignete und ausgewiesene Medien geboten werden, über die sie „**nachdenken**" können.
   In der Lehrerhandreichung werden u.a. mögliche Tafelbilder angeboten, die
e) in der Festigungsphase als Ertrag des Lernprozesses festgehalten werden sollten.
f) Für die Transferphase werden weitergehende Fragestellungen und Anschlussmedien angeboten.

Um die Arbeit zu erleichtern, sind im Lehrerhandbuch die Aufgaben und Medien, die den einzelnen Lernphasen zuzuordnen sind, durch folgende Icons markiert:

a) Hinführungsphase
b) Problemstellungsphase ?
c) intuitive Problemslösungsphase
d) kontrollierte Problemslösungsphase
e) Festigungsphase !
f) Transferphase ⇔

# Erwachsen werden – leben lernen

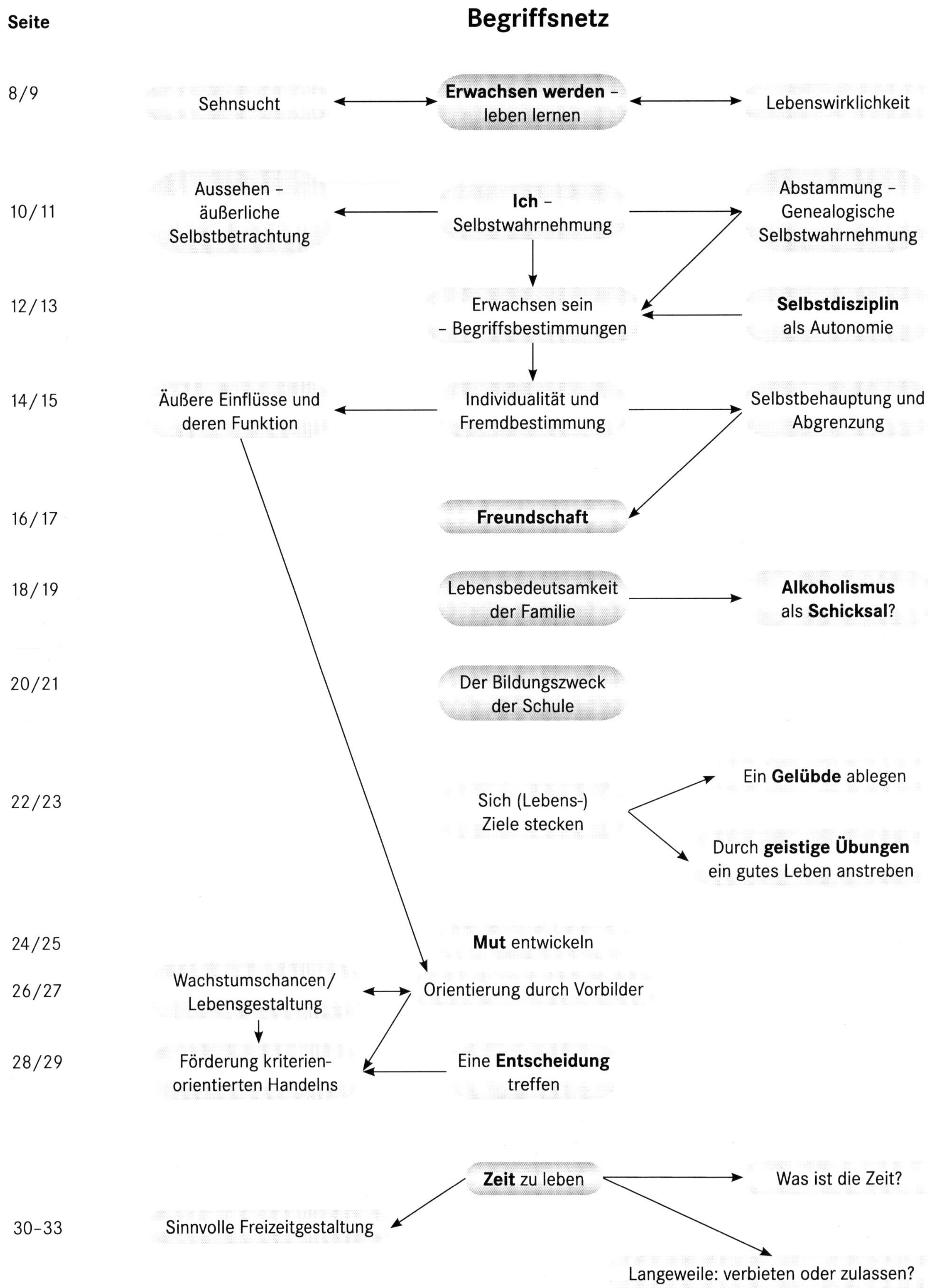

## Verlaufsskizze zu den wichtigsten Fragestellungen und Thesen des Kapitels

**S. 8/9 Sehnsucht und Lebenswirklichkeit**
Joel träumt in seinem Brief von einem schönen und spannenden Leben auf der südpazifischen Insel Pitcairn. In der harten Lebenswirklichkeit der nordschwedischen Region Norrland sieht sich der Dreizehnjährige dagegen mit vielen Problemen konfrontiert.

**S. 10/11 Ich – Wer ist das?**
Annäherungen an das Problem der Selbsterkenntnis: Äußerliche Selbstwahrnehmung und familiäre Abstammung sollen problematisiert und reflektiert werden.

**S. 12/13 Bin ich kindisch? – erwachsen werden**
Die Unterscheidung von Kind und Erwachsenem erlebt der Protagonist des Romans als existenziellen Bruch. Diese Grenzziehung sollen die SuS erarbeiten und die Selbstdisziplin als Autonomiemöglichkeit beim Erwachsenen einordnen.

**S. 14/15 Ich sein – anders sein**
Das Bestimmtwerden durch die Mitwelt hat grundsätzlich einen ambivalenten Charakter: Die Auflehnung gegen diese Fremdbestimmung steht in fruchtbarem Kontrast zur Hilfestellung im Lebensvollzug durch den gesellschaftlichen common sense.

**S. 16/17 Gleich und gleich gesellt sich gern? – Freundschaft**
Es findet eine kriterienorientierte Auseinandersetzung mit Freundschaft statt. Was macht Freundschaft aus? Wo sind die Grenzen der Freundschaft?

**S. 18/19 Leben in der Familie**
Eine Familie kann auf der einen Seite für ihre Mitglieder ein erfüllender Lebenszweck sein, auf der anderen Seite ihnen schwere Belastungen (wie z. B. der Alkoholismus eines Elternteils) aufbürden. Die betroffenen Kinder benötigen dann Selbststärke und Selbstwirksamkeit (Resilienzkonzept).

**S. 20/21 Leben in der Schule**
Schule kann für die Lebensführung wichtige Orientierungshilfen bereitstellen, was vielen jungen Menschen oft nicht bewusst und einsichtig ist. Sie halten die Schule für lebensfern und vermeiden Anstrengung. Wie könnte eine bedeutungsstarke, lebensnahe Wunschschule aussehen?

**S. 22/23 Was mir im Leben wichtig ist**
Joel legt pünktlich zum neuen Jahr ein Gelübde ab, drei Ziele erreichen zu wollen. Braucht man solche Vorsätze für eine sinnvolle Lebensgestaltung? Schon antike Philosophen haben körperliche und geistige Übungen zur Selbstverbesserung des Menschen empfohlen.

**S. 24/25 Mutig sein**
Es ist zu klären, welche Handlung als mutig gelten kann und ob Mut oder Tapferkeit auch heute noch eine lobenswerte Tugend ist. Kann Mut eigentlich auch geübt werden?

**S. 26/27 Ich will so sein wie ... – Vorbilder**
Orientierung an Vorbildern ermöglicht Hilfestellungen für den eigenen Lebensentwurf. Der reflektierte Umgang mit der Vorbildsucht birgt Entwicklungs- und Lernmöglichkeiten.

**S. 28/29 Kopf oder Bauch? – Entscheidungen treffen**
Entscheidungen müssen wir individuell verantworten, doch es gibt die Möglichkeit äußerer Hilfestellungen. In der Notwendigkeit existenzieller Entscheidungen zeigt sich die Autonomie des Einzelnen.

**S. 30–33 Mit Zeit umgehen**
Dass die Zeit verrinnt, der Mensch altert und stirbt, ist eine Grunderfahrung des menschlichen Lebens. Was die Zeit aber selber ist, bleibt ein erstaunliches, nicht vollständig zu lösendes, ewiges Rätsel. Lebenspraktisch stellt sich die Frage, wie (junge) Menschen die ihnen verfügbare freie Zeit nutzen sollten und ob aufkommende Langeweile für sie schädlich ist und deshalb vermieden werden sollte.

# Kommentar zu den Materialien und Arbeitsanregungen

## S. 8/9 Erwachsen werden – leben lernen

[⇩] Joels Brief, der auf der letzten Seite des verwendeten Jugendbuches zu finden ist, eignet sich als Einstieg in das Kapitel, weil er ein Licht auf den Charakter des Jungen wirft, der sehnsüchtig seiner harten Lebenswirklichkeit entfliehen möchte.

AA 2 [?] L könnte die SuS z. B. fragen, was das wohl für ein Junge ist, der diesen Brief geschrieben hat (vgl. auch **AA 2**). Seine Denkhaltung, Phantasien und die existenziellen Probleme, die ihn bewegen, lassen sich aus den Sätzen neben den Buchtitelseiten erschließen, für die man den SuS Zeit zur Lektüre und für Fragen geben sollte.

[⩓] Da man annehmen kann, dass alle SuS in der Klasse solche Träume kennen, geht von der Hauptfigur Joel ein hohes Maß an Identifikation für sie aus, wenn sie in einem Brief ihre eigenen Lebensträume an eine Person ihrer Wahl schreiben. Keinesfalls sollte L die SuS aber nötigen, diesen in der Klasse vorzutragen.

## S. 10/11 Ich? Wer ist das?

AA 1, AA 2 [M 1] [⇩] Die erste Konfrontation der SuS mit dem Protagonisten Joel findet über eine Textpassage statt, in der es um Joels Selbstwahrnehmung geht. Durch die Betrachtung seines Spiegelbilds beginnt ein Reflexionsprozess, der ihn zur Auseinandersetzung mit seinen Eltern und zu einem kurzen Ausblick auf das Erwachsenwerden führt. Auch die Frage der Selbstliebe wird angeschnitten, da Joel sein Gesicht kritisch betrachtet und überlegt, was ihm gefällt und was nicht. Die SuS beschreiben in **AA 1** und **2** diese Gedanken und setzen sich in Briefform damit auseinander.

[?] Das scheinbar selbstverständliche „Ich" wird den SuS auf diese Weise fragwürdig, so dass sie auch auf dieser Alterstufe die für sie auf den ersten Blick abstrakte Fragestellung „Ich? Wer ist das?" nachvollziehen können.

AA 3–AA 6 [⩓] Der Bogen spannt sich über das Aussehen einer Person zu ihren Eigenschaften. Eine wesentliche Kategorie für die Einteilung von Menschen, die im Alter der SuS eine wesentliche Rolle spielt, ist die Geschlechtszugehörigkeit. **AA 3** nimmt die entsprechende Textstelle (Z. 11) auf und spricht allein über äußere Kriterien die Frage an, wie sich Geschlechterrollen konstituieren und welche Bedeutung dabei das Äußere hat. Durch die Konzentration auf das Gesicht sollen die SuS die Fähigkeit zur differenzierten Beschreibung schulen. Irritationen bezüglich weiterer geschlechtsspezifischer Merkmale werden auf diese Weise ausgeschlossen.
Das Bild einer androgyn wirkenden Person (SB S. 10) dient einer kritischen Überprüfung der entwickelten Kriterien des vorherigen Arbeitsschrittes. (**AA 4**) Hier sollen die SuS überprüfen, inwieweit derartige äußere Kriterien tragfähig sind.
Die bislang äußerlich orientierte Auseinandersetzung mit den Geschlechterrollen wird nun auf die Frage fokussiert, inwieweit äußere Merkmale mit Aspekten der Persönlichkeit korrespondieren. (**AA 5**) Die bei SuS der Erprobungsstufe vorhandenen Vorstellung „typischer" Eigenschaften von Jungen und Mädchen können hier gebündelt und ebenso kritisch befragt werden. (**AA 6**) Von großer Bedeutung ist die Gesprächsgestaltung, damit Klischees und Vorurteile aufgebrochen werden können. Bei ausreichender Sammlung (z. B. durch Brainstorming oder Clustern) sollte sich eine Materiallage ergeben, bei der L auch aus Schülerperspektive kontraintuitives Material, wie beispielsweise fußballspielende Mädchen, in die Auseinandersetzung einbinden kann.

AA 7 [M 2] [Y] Nachdem die SuS intuitiv Kriterien für Geschlechterrollen entwickelt haben, können sie nun in einer kontrollierten Problemlösung feststellen, inwieweit diese durch den gleichgeschlechtlichen Elternteil vorgeprägt sind. Durch den spielerischen Einstieg in **AA 7** sollen die SuS Kriterien entwickeln, anhand derer sie Verwandtschaftsbeziehungen identifizieren können. Die Zuordnung der Bilder in **M 2**: A + C (Hillary und Chelsea Clinton), H + B (Prinz Philipp und Prinz Charles), F + D (Kirk und Michael Douglas), G + E (Königin Silvia und Prinzessin Victoria).

AA 8 [!] In der Festigungsphase reflektieren die SuS ihre eigene familiäre Abstammung und setzen sich mit Eigenschaften auseinander, die sie bei sich selbst und bei ihren Eltern bemerken. (**AA 8**) Hierdurch wird der Fokus gleichermaßen auf Äußerlichkeiten und Merkmale der Persönlichkeit gelenkt. Entscheidend ist die Frage nach dem Zusammenhang dieser beiden Seiten, gegebenenfalls auch ein Anreißen der Freiheitsthematik: Ist alles, was mich auszeichnet, nur ererbt? Inwieweit finden sich Eigenschaften, die anscheinend nicht genetisch bedingt, sondern die ein einmaliges Kennzeichen der beobachteten Person sind? Über die Ergebnisse dieser sehr persönlichen Reflexion, die nur in Ausnahmefällen in der Klasse vorgetragen werden sollten, können sich die SuS mit einem Partner ihrer Wahl austauschen.

AA 9 [⇔] Der letzte Arbeitsschritt beendet in **AA 9** das deskriptive Vorgehen und schlägt eine Brücke zur Frage nach dem gelingenden Leben. Zugleich geht es um die Bewertung von Eigenschaften und eine Vorbereitung auf das Thema Vorbilder. Die SuS treten hier in Auseinandersetzung mit bestimmten beobachteten Charaktereigenschaften; daneben sollte L ebenfalls thematisieren, wie man derlei erwerben kann. Eine rein passive Übernahme darf nicht als Eindruck am Ende stehenbleiben, sondern es geht auch um die Frage nach der Bedeutung individueller Bemühung. Auch sollte L darauf achten, dass die beschriebenen Charaktereigenschaften einen positiven Ausblick gewähren und nicht bloß Negativbeispiele herangezogen werden. Vertiefend kann L an dieser Stelle das **Zusatzmaterial LB S. 24** verwenden, um die angesprochenen Eigenschaften genauer zu betrachten und sich mit dem daraus entstehenden Problem auseinanderzusetzen, wie es sein kann, dass eine Person scheinbar widersprüchliche Eigenschaften in sich vereint.

## S. 12/13 Bin ich kindisch? Erwachsen werden

AA 1 [M 3] [⇩] Der Einstieg in die Doppelseite erfolgt über einen offen gehaltenen Ausschnitt aus dem zweiten Roman Mankells. Joels Gedanken kreisen hier um Erlebnisse aus der Vergangenheit, die einen weiteren Leseanreiz bieten können. Hierbei stellen sich Fragen, die aus einer „Erwachsenen"-Perspektive heraus als unnütz oder sinnlos gebrandmarkt werden könnten. An dieser Stelle zieht der Erzähler eine Linie zwischen der Welt der Kinder und der der Erwachsenen und differenziert zwischen den Vorgängen des Wachsens und der Erwachsenwerdens. Die Auseinandersetzung mit diesem formulierten Widerspruch (Z. 22f.) fordert die SuS zu einem differenzierten Umgang mit Sprache auf (**AA 1**). Die implizit enthaltene Wertung sollte L ebenfalls thematisieren.

[?] Nach dieser pointierten und ungewöhnlichen Definition des Erwachsenwerdens sind die SuS motiviert, sich die Frage zu stellen, was sie unter Erwachsenwerden verstehen.

AA 2, AA 3 Das „Stumme Schreibgespräch" (**AA 2** und **AA 3**) als Methode dürfte den SuS bereits aus der Grundschule bekannt sein. Hier haben sie die Möglichkeit, unabhängig von **M 3** Definitionsansätze zu entwickeln. Gerade bei SuS der Erprobungsstufe ist eine Anpassung an das Arbeitstempo auch methodisch notwendig. Eine kommunikativ-schriftliche Form der Reflexion ist einem offenen Unterrichtsgespräch hier eindeutig vorzuziehen.

AA 4, AA 5 [M 4] **M 4** ist geeignet, die erarbeiteten Kriterien auf den Prüfstand zu stellen. Hierfür ist zunächst eine eingehende Bildbeschreibung notwendig, um die karikierte Situation angemessen zu erfassen. (**AA 4**) Erläuternd sei an dieser Stelle hinzugefügt, dass es sich bei dem vom Jungen gehaltenen Gegenstand um eine Schallplatte/CD der deutschen Hip-Hop-Band Dynamite Deluxe handelt, und das Poster im hinteren Bereich des Zimmers zeigt ein Symbol der US-amerikanischen Hip-Hop-Band Wu-Tang-Clan. Die in der Karikatur dargestellte Situation weist auf den Konflikt hin, wenn bestimmte Erwartungshaltungen gegenüber einer anderen Generation oder einer sozialen Rolle wie „Vater" oder „Mutter" nicht erfüllt werden. Diese Konfliktsituation dient einerseits dazu, die intuitiv erarbeiteten Kriterien zu überprüfen und somit auch deutlicher herauszuarbeiten, welches Verhalten der Rolle einer Generation angemessen erscheint und inwieweit diese Rollenzuordnung gerechtfertigt ist. Es lassen sich hier durchaus generationsuntypische Verhaltensweisen thematisieren und reflektieren. (**AA 5**) Beispiele könnten der gemeinsame Einkauf von Mutter und Tochter in demselben Bekleidungsgeschäft sein, mit dem Computer spielende Eltern etc.

AA 6 M 5 ? Der Cartoon **M 5** dient einer Veränderung der Problemstellung, indem er auf die Erfahrung der SuS zurückgreift, im Kontakt zu Älteren dauerhafte Fremdbestimmung zu erfahren und sich dennoch in einer von vielen Erwachsenen idealisierten Lebensphase zu befinden. Watterson greift diese widersprüchliche Situation anhand einer Vielzahl von konkreten Einzelsituationen auf, die Anknüpfungsmöglichkeiten für die SuS bieten. (**AA 6**) Die SuS können die in den Bildern skizzierten Situationen durch eigene Erfahrungen ergänzen.

AA 7, AA 8 Die produktionsorientierte Schreibanregung **AA 7** soll in Form einer kreativen Übung die empathischen Fähigkeiten der SuS schulen und gleichzeitig zu ersten Antworten auf diese Form des unterschwelligen Generationenkonflikts führen. Um die Vielzahl der Arbeitsergebnisse adäquat zu würdigen, ist eine Präsentation in Kleingruppen und die gemeinsame Auswahl eines von jeder Gruppe zu präsentierenden Textes denkbar.
**AA 8** nimmt Bezug auf die in den vorangegangenen AA bereits erarbeiteten Kriterien. Die einzelnen Situationen, in denen Calvin die Heteronomie innerhalb der Familie, Schule etc. erlebt, sollten die SuS noch einmal exakt aufgreifen und nach dem Zweck von derlei Maßnahmen fragen. Dass SuS die Schule oftmals als unnötige Zwangsmaßnahme empfinden, lässt sich an dieser Stelle ebenso thematisieren wie die Verpflichtung, sein Zimmer aufzuräumen etc. Hier kann man zur Vertiefung das **Zusatzmaterial LB S. 24** heranziehen.

M 6 Der kurze Ausschnitt aus Buebs bekannter Streitschrift (**M 6**) dient der begrifflichen Manifestation der vorangegangenen Debatte und bietet die Möglichkeit, die Heteronomie äußerer Disziplinierung in einen sinnvollen Zusammenhang mit der Entwicklung von Selbstdisziplin als Bedingung der Möglichkeit der Autonomie des Subjekts zu bringen. Und eben diese Autonomie/Mündigkeit sieht Bueb als wesentliches Kriterium des Erwachsenseins.

AA9 ! In der Festigungsphase sollten die SuS noch einmal - möglichst an Hand von Beispielen - erklären können, worin Bueb den Unterschied zwischen Selbstdisziplin und Disziplin um ihrer selbst willen sieht (**AA 9**).

AA 10 ⇔ In der Transferphase können die SuS zu den Thesen Buebs in einem Brief Stellung beziehen (**AA 10**).

## S. 14/15 Ich sein - anders sein

AA 1 ⇩ **M 7** bietet die Möglichkeit, eine Abgrenzung zwischen unkonventionellem Verhalten und „Verrücktheit“ zu ziehen. Simon Urväder begründet seine Andersartigkeit auf zwei Weisen, einmal im Sinne unkonventionellen Verhaltens und andererseits durch das Leiden, das ihn in der Vergangenheit auch in die Psychiatrie gebracht zu haben scheint. Die SuS eignen sich diese Textstelle an, indem sie die Begründungen Simons nachvollziehen und den Unterschied zwischen beiden Ansätzen herausarbeiten. (**AA 1**)

AA 2 ? In **AA 2** geht es um die eigenständige Wertung dieser implizit durch Simon eingeführten Unterscheidung. Wo ist die Grenze zwischen unkonventionellem, individualistischem Verhalten und dem, was man allgemein als „verrückt“ bezeichnet? Hier lassen sich auch Fragen wie die Möglichkeit temporär begrenzter Verrücktheit (siehe z. B. die „Jecke“ beim rheinischen Karneval, vgl. SB S. 53 M 33) erörtern.

AA 3 Mit **AA 3** beziehen die SuS das entwickelte Problem intuitiv auf sich selbst und reflektieren ihr eigenes Verhalten. Hierbei ist es unbedingt notwendig, die Ambivalenz, die die Frage nach der Bewertung des Andersseins aufwirft, auszuhalten und nicht vorschnell zu einseitigen Positionen zu kommen. Es muss auch zum Verständnis des Heidegger-Textes deutlich gemacht werden, dass Individualität und Unterschiedlichkeit zum Menschen dazugehört und dass die Anpassung an lebensweltliche Gegebenheiten eine unmittelbare Funktion hat. L sollte darauf achten, dass diese abstrakte Debatte mit altersangemessenen Beispielen unterfüttert wird. Klassenregeln, Uniformierung im Sport, Mode, Jugendkulturen etc. bieten hier reichhaltiges Anschauungsmaterial.

AA 3, AA 4 — M 8 — [Y]

**M 8** gibt eine eindeutige Antwort auf die Frage in **AA 3**. Wenn auch die Haltung „Ich will nicht nur machen, was alle machen" in dem in diesem Band angesprochenen Alter noch nicht allgemein üblich, sondern eher exemplarisch für das Unabhängigkeitsstreben des Menschen ist, das sich in der Abgrenzung Jugendlicher von der Welt der Erwachsenen Bahn bricht, ist es sinnvoll, dass sich die SuS früh damit auseinandersetzen. (**AA 4**)

AA 5, AA 6 — M 9 — [!]

Die Konformität der Maschinenmenschen auf dem Bild von Konrad Klapheck „Der Krieg" steht in diametralem Gegensatz zu der Aussage des Liedtextes. Indem die SuS erklären, warum das Lied nicht als Marschlied geeignet ist, können sie ihr Verständnis von **M 8** überprüfen und festigen (**AA 5**). Das gleiche gilt für die kreative Aufgabe **AA 6**.

AA 7, AA 8 — M 11 — [A]

Heideggers Unterscheidung von Selbstsein und Man bietet eine zweite Antwort auf die in AA 3 gestellte Frage. Altersangemessen können die SuS sie nur rudimentär erarbeiten. Dazu dient in einer intuitiven Phase eine einfache sprachliche Übung (**AA 7**), in der sie allgemeine Konventionen formulieren, die unterschiedlichen Bezugsräumen entstammen können. Im Anschluss reflektieren sie das aufgeworfene sprachliche Phänomen hinsichtlich seiner Bedeutung. (**AA 8**)

M 11 — [Y]

**M 11** bleibt in seiner Offenheit ambivalent. Es findet keine eindeutige Wertung des beschriebenen Phänomens statt, somit bleibt für die SuS ausreichend Raum zu eigener Deutung. Durch den deskriptiven Charakter von Heideggers Text wird deutlich, dass es Heidegger nicht um eine geforderte Normierung, sondern um eine phänomenologische Analyse geht. Der herrschende Zustand muss auf seine Gründe hin überprüft werden.

AA 9 — [!]

Durch Umformulierungen des letzten, scheinbar paradoxen Satzes können die SuS zeigen, dass sie den von Heidegger analysierten Gegensatz von Selbst und Man verstanden haben. (**AA 9**)

AA 10, AA 11 — [⇔]

In ihrer Stellungnahme können die SuS auch darauf hinweisen, dass eine soziale Anpassung in gewissem Maße notwendig ist. Sie können gemeinsam überlegen, wie die Balance zwischen Individualismus und Normierung erreicht werden kann.
Diese Balance wird im Rückgriff auf den Liedertext noch einmal erörtert (**AA 11**). Die Forderung des Liedes scheint kaum möglich. Wo beginnt allerdings die Utopie und wo enden die tatsächlichen Freiräume des Individuums?

## S. 16/17 Gleich und gleich gesellt sich gern? – Freundschaft

AA 1, AA 2 — M 12 — [⇩]

**M 12** spricht Kriterien für Freundschaft an. (**AA 1**) Bedeutsam hierbei ist eine Freundschaftsdefinition ex negativo, indem Joel sich über die misslungene Beziehung zu Ture äußert. Es gibt keine Freundschaft mit einem Menschen, der nur Untergebene sucht.
Das Rollenspiel (**AA 2**) bietet die Möglichkeit, entsprechende lebensweltliche Kommunikationssituationen zu skizzieren und zu analysieren. Die SuS sollten dazu angehalten werden, Szenen zu entwickeln, die ihrem alltäglichen Erleben entsprechen. Es ist grundsätzlich zu überlegen, je nach Übungsgrad, Leistungsfähigkeit und Gruppenkonstellation, ob die SuS das Rollenspiel weitgehend improvisieren sollten oder ob sie die zu spielenden Dialoge vollständig schreiben. Letzteres bietet weniger Raum für Spontaneität, ist aber bei jüngeren SuS oftmals zu bevorzugen, um zu klaren Ergebnissen zu kommen und viele SuS an den Aufführungen teilnehmen zu lassen.

[?]

Daraus ergibt sich die Fragestellung für dieses Unterkapitel: Woran erkennt man eine wahre Freundschaft?

AA 3– AA 5 — M 13 — [A]

Die in **AA 3** enthaltene Frage nach einem ersten intuitiven Kriterienkatalog zum Thema Freundschaft können die SuS in unterschiedlicher Form bearbeiten. Zunächst sollten sie den Fundus, den sie durch die Rollenspiele bereits entwickelt haben, ausgiebig nutzen. Dies ist z. B. durch eine Koppelung der Arbeitsanregungen möglich, indem die Zuschauer Beobachtungsaufträge bekommen, die sie vor einem allgemeinen Feedback zur Aufführung bearbeiten. Eine weitere Erarbeitung kann als Schneeballverfahren stattfinden, die dann die Gesamtgruppe ausführlich auswertet. Eine unmittelbare Gegenüberstellung von positiven und negativen Kriterien sollte man in Tabellenform festhalten.

Die Arbeit mit den vorgegebenen Begriffen dient der sprachlichen Einkreisung des Begriffes „Freund". Über die Abgrenzung zu verwandten Begriffen lernen die SuS eine Technik der Definition. (**AA 4 und 5**) Zentral ist die Suche nach illustrierenden Beispielen, da bei Kindern im Alter von zehn bis zwölf Jahren hier eine wesentliche Entlastung stattfindet und eine reine begriffliche Definition ohne folgende Konkretisierung eine Überforderung darstellt.

AA 6, AA 7 | M 14 | Weitere Möglichkeiten zum Rollenspiel (**AA 6**) bieten die von Rentsch entwickelten Freundschaftskriterien (**M 14**). Hier ist es gut möglich, die SuS Dialoge schreiben zu lassen, die sie dann vortragen. Der Rätselcharakter bietet eine Motivation für die SuS, sodass die Textarbeit eine Vorarbeit für einen Unterrichtsverlauf mit spielerischem Charakter darstellt. Die anschließende Hierarchisierung der Kriterien (**AA 7**) ist eine notwendige Auseinandersetzung, weil die SuS aufgefordert sind, eigene Werturteile zu fällen und zu begründen.

AA 8 | M 15 | ! | Zur Sicherung der erzielten Ergebnisse (**AA 8**) kann man **M 15** heranziehen. Asterix und Obelix ergeben sozusagen ein ideales Freundespaar, da sich hier wesentliche Kriterien nach Rentsch in verdichteter Form wiederfinden.

AA 9 | ⇔ | Aus der weiteren Suche nach den SuS bekannten Freundespaaren oder -gruppen (**AA 9**) lassen sich durchaus Präsentationen entwickeln und einüben. Es sind kurze Referate, Plakate etc. möglich, die die SuS kreativ gestalten.

## S. 18/19 Leben in der Familie

AA 1–AA 3 | M 16, M 17 | ⇩ | **M 16** führt auf die Funktion und Bedeutung der Familie hin, die als Institution in der heutigen Zeit keine Selbstverständlichkeit mehr ist.
Die sogenannte Kernfamilie ist in der Moderne nur noch eine von mehreren möglichen Lebensformen, wie in **M 17** zu erkennen ist. **AA 1–AA 3** fordern die SuS zur Wahrnehmung der Funktion und der Entwicklung der Familie heraus.

? | Die Frage, über die die SuS nachdenken sollen, ist, wieweit die Familie ihr Leben bestimmt.

AA 4–AA 6 | M 18 | Es ist zu erwarten, dass vielen Kinder eine Trennung der Eltern widerfahren ist und sie eventl. in einer Patchworkfamilie leben. **AA 4** gibt den SuS die Gelegenheit, Vor- und Nachteile verschiedener Lebensformen zu thematisieren. Mit dem Alkoholismus von Joels Vater greift **M 18** eines der massiveren Probleme familiären Lebens auf, mit dem Kinder in Berührung kommen könnten. Die Probleme werden umso deutlicher, wenn die SuS sich in die Situation des davon betroffenen Joel einzufühlen versuchen (**AA 5**) und Lösungsvorschläge für seinen Umgang mit der Situation entwickeln. (**AA 6**)

AA 7–AA 9 | M 19 | Die SuS erkennen in **M 19** die Darstellung der Gewohnheit des Alkoholkonsums in drei aufeinander folgenden Generationen. Die Ehefrauen sehen verdrießlich aus (**AA 7–AA 9**).

AA 10 | ! | Die Frage, ob Alkoholismus als Schicksal zu begreifen ist, berührt auch das philosophische Problem von Freiheit und Determination. Die SuS können sich diesem Problem annähern, wenn sie in der Festigungsphase darüber diskutieren, ob die Familie unser Schicksal festlegt. (**AA 10**) Dies kann im Think-Pair-Share-Verfahren geschehen (vgl. SB. S. 227).

M 20 | ⇔ | **M 20** stellt Teile des Selbstwirksamkeits- oder Resilienzkonzepts mit der Absicht vor, dass die Kinder sich optimistischer auf ihre eigenen Stärken besinnen können. Unter den angegeben Internetlinks können sich L und die SuS zusammen mit ihren Eltern Lernprogramme zur Einübung von Widerstandsfähigkeit, Selbstbehauptung und Konfliktfähigkeit anschauen und herunterladen.

## S. 20/21 Leben in der Schule

AA 1, AA 2 | M 21

Joels Phantasien führen ihn in ferne Länder und Landschaften, die er gern auf einer Seereise kennenlernen würde. Es liegt deshalb nahe, dass Geografie sein Lieblingsfach ist. (**AA 1**) Da er kein schlechter Schüler ist, kann er mit dem Stolz seines Vaters rechnen. Jeder Mensch braucht Anerkennung, so auch Joel.
Die SuS wählen ebenfalls ihr Lieblingsfach aus und kommen zu der Überlegung, welche Bedeutung dieses Fach in ihrem späteren Leben haben könnte. (**AA 2**)

? Die übergreifende Frage ist, welche Bedeutung die Schule insgesamt für sie hat.

AA 3–AA 5 | M 22

Die SuS näheren sich einer Antwort zu **AA 3**, indem sie mit der Placemat-Methode (in einer Gruppe von vier Personen die Frage beantworten, welche Bedeutung die Schule für sie hat, in der sie sich gerade befinden). Diese Methode bringt die SuS in ein Gespräch über den Schulzweck. Wofür lerne ich eigentlich? **M 22** auf dem Hintergrund eines Seneca-Zitats spitzt die Frage nach den Gründen für den Besuch der Schule zu, die L auf der einen und die SuS auf der anderen Seite unterschiedlich einschätzen können. (**AA 4–AA 5**)

AA 6 | M 23

**M 23** formuliert in gut verständlicher Weise die Bedeutung der Bildung für das Leben.

! Dieses Ergebnis lässt sich in drei Punkten an der Tafel festhalten:
*1. Bildung vermittelt Einsichten über die Welt und mich selbst.*
*2. Bildung erzeugt Freude, z. B. dadurch, dass ich als Gesprächspartner akzeptiert werde.*
*3. Bildung hilft mir, mich in einer vielgestaltigen und unübersichtlichen Welt zurechtzufinden.*
Ergänzend dazu können die SuS zu jedem Aspekt ein konkretes Beispiel suchen.
Das **Zusatzmaterial LB S. 25** kann man hier zur Vertiefung einsetzen.

AA 7–AA 10 | M 24, M 25

In der Transferphase können die SuS untersuchen, inwieweit die Schule, wie sie sie kennen, diesem Anspruch entspricht. Manchen stellt sich das Problem, dass Bildung ihnen keine Freude macht ... Es erscheint als sinnvoll, sie selber nach den möglichen Ursachen von Schulverdrossenheit suchen zu lassen; das geht in Einzel- oder Gruppenarbeit. Das Phänomen kennen die SuS entweder bei sich selbst oder bei Mitschülerinnen und Mitschülern. Mit einer Sammlung der Gründe an der Tafel steigt die Chance, dass Einzelne ein bewussteres Verhältnis zu ihrer Zustimmung oder Ablehnung der Schule erlangen und möglicherweise ihre Ängste formulieren, die mit der Schule verbunden sind. (**AA 7**)
Leistungsanforderungen erleben SuS oft als anstrengend, was die Freude am Lernen mindern kann. Fehlende Anstrengungsbereitschaft, wodurch sie auch immer bedingt sein mag, ist ein möglicher Grund für Schulversagen. **M 24** thematisiert das Problem auf charmante Weise und lädt die SuS zur Diskussion ein. (**AA 8**) Vollmundige Ziele kann jeder haben, man muss aber auch die Mittel für die Erreichung der Ziele wollen, wozu eben Strebsamkeit gehört. Strebsamkeit wird vermutlich negativ in Richtung Streber konnotiert. Darauf sollte L gefasst sein und den Unterschied erläutern können.
Mit **M 25** können die Kinder die vielfältigen Bildungsziele zusammenfassen und gegebenenfalls ergänzen. (**AA 9**) Das Wort Weisheit wird nicht allen als Form besonderer Lebensklugheit im Umgang mit den komplexen Herausforderungen der Welt geläufig sein (vgl. Band B). Auf der Grundlage des Überblicks gründen die SuS selbst eine Wunschschule; sie visualisieren sie auf großen Plakaten, die sie im Klassenraum aufhängen können. (**AA 10**)

## S. 22/23 Was mir im Leben wichtig ist

AA 2 | M 26

**M 26** ist eine zentrale Stelle in Mankells Jugendbuch, atmosphärisch aufgeladen und aus Sicht einer Philosophie der Lebenskunst bedeutungsvoll. Welche Gründe bewegen Joel zu dem Gelübde, das er in dem schummrigen und geheimnisvollen Ambiente eines Friedhofs ablegt? (**AA 2**)

? Zusammen mit dem Bild („Was sind heute deine Absichten") stellt sich die Frage, ob man Vorsätze für ein gelingendes Leben braucht oder ob es auch ohne sie geht.

AA 1– AA 4 | M 26 |

Die SuS stellen sich im Zusammenhang mit **AA 1** der Frage, ob man sich jeden Tag seine Absichten klar machen sollte oder nicht. Ist es mit Vorsätzen allein schon getan? Dazu können sie die Methode SB S. 224 heranziehen.
Ein Gelübde ist eine Form der Ritualisierung einer Absicht, um ihr einen besonderen Nachdruck zu verleihen. (**AA 3**) Die SuS sollten überlegen, welche Fähigkeiten (Kompetenzen) man aufbauen muss, um Vorsätze in die Tat umzusetzen. Es ist davon auszugehen, dass die SuS aus verschiedenen Bereichen wie z. B. Sport oder Musik, vielleicht auch Schule, Erfahrungen einbringen. (**AA 4**)

| M 27 | M 28 |

Mit dem Hinweis auf Raffaels berühmtes Bild (**M 27**) und dem kommentierenden Text erhalten die SuS Eindrücke von den Ideen antiker Philosophen, die sich über körperliche und geistige Übungen Gedanken gemacht haben, mit denen es gelänge, ein besseres Leben zu führen können. Der kurze Text **M 23** soll diese Eindrücke intensivieren.

Für diese körperlichen und geistigen Übungen lernen die SuS den für sie neuen Begriff der Askese kennen (siehe Info).

AA 5, AA 6

Die SuS können aus den Vorstellungen der Philosophen schöpfen und sich diese aneignen, indem sie einen Brief an sich selbst schreiben. Die Briefe erhalten sie zu einem späteren Zeitpunkt wieder zurück, damit sie erneut ihre Lebensziele und -regeln reflektieren können, was den Langzeiteffekt dieser Übung steigern könnte. (**AA 5**)
Joel praktiziert zwar keine geistigen Übungen, aber eine körperliche Übung, wie sie auch Hadot anspricht. (**AA 6**)

## S. 24/25 Mutig sein

AA 1 | M 29 |

Joels Abhärtungsübung im Schnee kann als eine der möglichen Formen der Askese gelten, von denen auf der vorausgehenden Doppelseite die Rede ist. Die SuS sollen zunächst frei darüber diskutieren, was davon zu halten ist. Es ist zu erwarten, dass die Verhaltensmerkmale Mut und Feigheit für die Kinder eine große Rolle spielen. (**AA 1**)

AA 2

Die Aktion von Joel wird unter dem Begriff der Tapferkeit fokussiert. In sokratischer Tradition soll dann gefragt werden, was Tapferkeit überhaupt ist. (**AA 2**)

AA 2

**AA 2** ist geeignet, die SuS mit Methoden der Begriffserläuterung vertraut zu machen (siehe auch SB S. 223f.) Ergänzend sind hier Methoden der Wortfelduntersuchung und der Begriffsleiter zu empfehlen.
Eine Wortfelduntersuchung besteht darin, Situationen und Erlebnisse, die man mit einem gegebenen Begriff in Verbindung bringt, zu sammeln und in einem Begriffsnetz miteinander in Beziehung zu bringen.
In dem Verfahren der Begriffsleiter leitet man aus einem Begriff erst ein Modellfall ab, der dann durch ein Beispiel konkretisiert wird, z. B.:
Tapferkeit *(zu untersuchender Begriff)* → Trotz Schmerz und Furcht widerstehen *(Modellfall)* → Joel härtet sich im Schnee ab *(konkretes Beispiel)*.

AA 3– AA 5 | M 30 |– | M 32 |

Die Bilder in **M 30** bereiten eine Ausdifferenzierung und Aktualisierung des Begriffs Tapferkeit vor, der mit den Texten **M 31** und **M 32** einer genaueren Überprüfung unterzogen wird. (**AA 3, AA 4**) Dabei gibt sich auch die Gelegenheit, aktuelle Ausprägungen der Feigheit und Phänomene des jugendlichen Übermuts (Mutproben) in den Blick zu nehmen und zu diskutieren. (**AA 5**)

| M 32 | M 33 |

Als Festigung bietet sich an, den Grundgedanken von **M 32** an der Tafel festzuhalten: *Aristoteles: Tapferkeit ist das rechte Mittelmaß zwischen Feigheit und Übermut.*
Ferner sollen die SuS **M 33** lesen, das die Begriffe Tapferkeit und Tugend einander zuordnet und die gegenwärtig bevorzugten Begriffe Mut und Courage erwähnt.

AA 6 Inwieweit man Mut üben kann, bleibt eine offene Frage. (**AA 6**) In dieser Hinsicht wäre die Abhärtungsübung von Joel ein mögliches Beispiel für die Erlernbarkeit von Mut. Im Rahmen dieser Frage kann man auch noch einmal auf die antiken Lebenskunstlehren von SB S. 23 zu sprechen kommen und einen Text des Philosophen Gernot Böhme aus den **Zusatzmaterialien LB S. 25** heranziehen.

## S. 26/27 Ich will so sein wie ... Vorbilder

AA 1– AA 3 M 34 Die Szene in Tures Zimmer zu zeichnen (**AA 1**), kann den SuS die unterschiedliche soziale Herkunft der beiden Figuren verdeutlichen. Für Joel, der aus sehr ärmlichen Verhältnissen stammt, ist allein die Größe des Zimmers überwältigend, zudem dessen Ausstattung, die von der privilegierten Situation Tures zeugt. Ein deutlicher Hinweis hierauf findet sich auch in dem Loch, das Joel in seiner Socke hat und das er verschämt zu verstecken versucht. Ein weiterer interessanter Aspekt ist die Art der Zimmerausstattung. Die meisten Gegenstände entstammen aus Joels Sicht der Welt der Erwachsenen. Je nach Bereitschaft und Fähigkeit kann die Lerngruppe diese Aufgabe auch in Form einer szenischen Umsetzung bearbeiten. Im Anschluss sollte eine Sammlung/ Recherche (**AA 2**) stattfinden, wer Leonardo da Vinci war. Ebenso wenig wie es bei Joel der Fall ist, kann man davon ausgehen, dass dies den SuS im vollen Umfang bewusst ist. Eine nähere Beschäftigung mit dieser facettenreichen Gestalt (Maler, Schriftsteller und Erfinder) kann den SuS aber bewusstmachen, was unter einem Vorbild zu verstehen ist. Nach hinreichender Erläuterung der Szene und Erarbeitung des nötigen Hintergrundwissens sollte diese Frage offen behandelt werden. Schriftliche Arbeitsformen sind ebenfalls denkbar, beispielsweise in Form eines Briefs an Ture, in dem die SuS eigene Meinungen dazu formulieren und begründen, ob Leonardo da Vinci ein Vorbild für den Einzelnen sein kann. (**AA 3**)

? Hierbei ist die Begründung letztlich entscheidend, da die SuS anhand dieses Beispiels erste Kriterien zur Beantwortung der Leitfrage entwickeln, was eigentlich ein Vorbild ausmacht und welche Funktion es für den Einzelnen haben kann.

AA 4 Diese am Beispiel des vorliegenden Materials erarbeiteten Kriterien wenden die SuS nun an und führen sie am Beispiel existierender Vorbilder weiter aus. (**AA 4**) Hierbei ist eine größere Vielfalt wahrscheinlich, auch das Verhältnis zwischen männlichen und weiblichen Vorbilder sollte man thematisieren.

AA 5, AA 6 M 35 Ein Ausschnitt aus dem ersten Buch der „Selbstbetrachtungen" Marc Aurels (**M 35**) führt zu einer Vertiefung und Bündelung, in dem der Kaiser ausführlich angibt, wer ihn auf seinem bisherigen Lebensweg geprägt und wem er was zu verdanken habe. Hierbei ist davon auszugehen, dass die SuS die Tugenden und Verhaltensweisen, die Marc Aurel bislang nennt, nicht oder kaum angesprochen haben; deshalb ist hier eine deutliche Begriffsklärung (**AA 5**) nötig. Die SuS sollen einen Bezug zu den vorher entwickelten ersten Kriterien herstellen und das Verhältnis vergleichen. Die SuS sind hierdurch aufgefordert, die eigenen Vorstellungen kritisch und kriteriengeleitet zu befragen. (**AA 6**)

AA 7 ! Nach der Konfrontation der intuitiv entwickelten Kriterien mit einem historischen Vorbild ist es unerlässlich, die letztlich relevanten Kriterien auch zu überprüfen und in einem Katalog (**AA 7**) zu sammeln. Es sollte dabei ein weitgehender Konsens zwischen den SuS erreicht werden, was z. B. durch das Schneeballverfahren geschehen kann. Dies bedeutet, dass die SuS zunächst einzeln arbeiten. Die Ergebnisse werden dann zur Grundlage einer Partnerarbeit und müssen dort diskutiert und ausgewertet werden, sodass es zu einem gemeinsamen Ergebnis kommt. Hierauf arbeiten zwei Paare als Kleingruppe zusammen und erzielen wieder ein gemeinsames Gruppenergebnis. Zwei Kleingruppen lassen sich dann noch einmal zu einer Großgruppe zusammenfassen, sodass am Ende nur noch eine überschaubare Zahl an Lösungsvorschlägen vorliegt, die im Plenum ausgewertet wird.

AA 8– AA 11 M 36

Nachdem nun ein umfassender und hinreichend begründeter Katalog von Kriterien vorliegt, sollen die SuS bekannte Prominente (**M 36**) auf ihre Tauglichkeit als Vorbild überprüfen. Die meisten der abgebildeten Personen werden für den einen oder anderen Jugendlichen als Vorbild dienen und somit für diese Fragestellung relevant sein. (**AA 8 und 9**) Bei den abgebildeten Personen handelt es sich um den Rapper Bushido, Bundeskanzlerin Angela Merkel, den Torwart Oliver Kahn, Jesus Christus und die Fußballerin Birgit Prinz.
In einer abschließenden Auseinandersetzung sollten sich die SuS noch einmal die Gefahren verdeutlichen (**AA 10 und AA 11**), die mit der Anerkennung einer Person als Vorbild einhergehen. Zentral ist hierbei der Aspekt, dass eine unreflektierte Unterwerfung unter ein vermeintliches Vorbild einen freiwilligen Verzicht auf Autonomie bedeutet und dazu führen kann, dass man Dinge tut, die eigentlich gegen die eigenen Prinzipien verstoßen oder die allgemein als unmoralisch anerkannt sind. Beispiele hierfür können aus dem Familienleben stammen (wie z. B. den rauchenden großen Bruder), aus der Welt der Medien (wo bei vielen Jugendlichen das Bild des Gangsters einen gewissen Einfluss ausübt) oder aus der Welt der Politik, wobei hier die curriculare Situation der Fächer Geschichte oder Politik zu bedenken ist. (Vgl. dazu auch das **Zusatzmaterial LB S. 26.**)

## S. 28/29 Kopf oder Bauch? – Entscheidungen treffen

AA 1, AA 2 M 37

Die zunächst für einige etwas kryptisch anmutenden Textpassage (**M 37**) sollen die SuS zu Beginn inhaltlich wiedergeben. (**AA 1**) Dabei sollen sie das Problem verdeutlichen, das Simon hatte. Allerdings muss L darauf achten, dass die Thematik „Entscheidungen treffen" hierbei klar angesprochen wird. Zentraler Aspekt dieser Szene ist die Selbstbestimmung, die für ein gelingendes Leben unbedingt notwendig ist. Simon findet für sich die Aufgabe, sein weiteres Schicksal selbst zu bestimmen und für sich klarzustellen, welcher der Winde seiner sein soll, also welchen Lebensentwurf er für sich wählen will. Diese Aufgabe gibt er an Joel weiter. Die nicht weiter konkretisierten Probleme Simons können die SuS ggf. durch eigene (**AA 2**) ersetzen. Es geht hier um eine lebensweltliche Materialsammlung für den weiteren Unterrichtsverlauf.

?

Die Leitfrage dieses Unterkapitels ist, wie wichtige Entscheidungen im Leben vollzogen werden.

AA 3, AA 4

Mit **AA 3** kann man an das Thema „Vorbilder" anknüpfen, die die in **AA 2** gesammelten Situationen mit berücksichtigt. Es bietet sich hier ein fließender Übergang zu **AA 4** durch die Frage an, was eigentlich diese Ratgeber zu vertrauenswürdigen und kompetenten Partnern macht.
Sich in schwierigen Entscheidungssituationen Hilfe zu holen, ist eine normale und alltägliche Angelegenheit, doch wen man fragen soll, will wohl überlegt sein. Auch anderen Ratschläge zu erteilen, bedeutet eine große Verantwortung. Sowohl die Innenperspektive des Ratsuchenden als auch die Außenperspektive des Ratgebenden sollten hier berücksichtigt werden. Dies lässt sich durch eine klare Aufgabenverteilung realisieren, bei der diese Rollen auf die SuS verteilt werden. Im Folgenden kann es dann zu einer Auswertung im Plenum kommen, bei der die SuS diese unterschiedlichen Rollen dann miteinander vergleichen.

AA 5, AA 6

Der Aphorismus von de La Rochefoucauld konkretisiert (**AA 5**), was die SuS im vorangegangenen Arbeitsschritt intuitiv bereits erarbeitet haben sollten. Die Außenperspektive auf ein Problem ermöglicht eine bestimmte Sichtweise, die durch ihre geringere emotionale Eingebundenheit und Beteiligung, wie auch durch den Perspektivwechsel eine verbesserte Urteilskraft bedingen kann. Dies sollte ebenfalls wieder durch Beispiele konkretisiert werden; hierbei eignen sich besonders solche, bei denen die Innenperspektive des Ratsuchenden stark emotional belastet ist, wie z. B. durch Angst vor oder Freude auf etwas.
In dem Text dem danebenstehenden Bild auf S. 29 werden zwei Instanzen, die für die Entscheidungsfindung herangezogen werden können, gegenübergestellt: Kopf und Bauch. Kopf steht hier für den Verstand und Bauch für das Gefühl.
Bei **AA 6** sollen die SuS aus den oben genannten oder selbst erlebten Entscheidungssituationen eine auswählen und Kopf und Bauch über die mögliche Entscheidung miteinander diskutieren lassen. Sie können sich dadurch vor Augen führen, wie unterschiedlich die Anleitung durch die Vernunft und durch die Gefühle funktioniert und welche Konsequenzen eine einseitige Ausrichtung haben kann. Natürlich handelt es sich hierbei um eine künstliche Situation, was in der Aufarbeitung auch verdeutlicht werden sollte, weil eine rein rationale oder emotionale Entscheidung bei Menschen wohl nur selten zu finden ist.

AA 7 [!] Bei der Festigung sollte den SuS bewusst werden, dass sowohl ein planendes Abwägen als auch Affekte wie Liebe, Mitleid etc. in einer Entscheidungssituation relevant sind und miteinander vermittelt werden müssen.

AA 8– AA 11 [M 38] [⇔] **M 38** dient in der Transferphase einer ersten Einführung in die Arbeit mit Dilemmata. (**AA 8**) Mehr findet sich hierzu SB S. 69. L sollte den Begriff einführen, ein Vorgriff auf ein späteres Kapitel ist möglich. Eine für die SuS interessante Frage ist, warum sich Buridan in dieser Fabel ausgerechnet einen Esel ausgesucht hat, wobei zur Verdeutlichung sprichwörtliche Redensarten („Sei kein Esel!") herangezogen werden können.
Die SuS sollen eigenständig nach Dilemmata suchen (**AA 10**), wobei es in der Auswertung von großer Bedeutung ist, die Kriterien für ein Dilemma genau herauszuarbeiten und die vorgestellten Situationen in dieser Hinsicht zu überprüfen. Dies kann zur inneren Differenzierung in Form einer Partnerkorrektur geschehen, bei denen die schnelleren SuS eine Korrektur der anderen vornehmen. Erfahrungsgemäß gibt es bei derlei Aufgabenformen, die ein gewisses Abstraktionsvermögen erfordern, in jüngeren Jahrgangsstufen oftmals eine große Heterogenität, der durch solche Differenzierungen Rechnung getragen werden kann.
Bei **AA 11** gilt es, ausschließlich an ausgewählten Beispielen der vorangegangenen Arbeitsphase zu arbeiten. Es geht um Möglichkeiten des Umgangs mit erlebten dilemmatischen Situationen. Wichtig kann hierbei der Rekurs auf Buridans Esel sein, indem zunächst deutlich gemacht wird, dass eine Entscheidung als solche unausweichlich ist und auch eine Weigerung für eine bestimmte Handlungsoption eine Entscheidung darstellt.

## S. 30–33 Mit Zeit umgehen

AA 1– AA 4 [M 39] [M 40] [⇩] Joel erlebt nachdenklich und staunend Phänomene der Zeitlichkeit des Menschen. Einige von ihnen werden auf den folgenden Seiten aufgegriffen. Die SuS entnehmen **M 39** die Fragen um die Zeit (**AA 1**) und versuchen Joels die Gefühle und Gedanken nachzuvollziehen. (**AA 2**) Mit dieser Empathieübung können die SuS ihre personalen Kompetenzen erweitern.
(**M 40**) Es ist möglich, dass sie bei der Anfertigung von Collagen und Zeichnungen des Stufenalters (**AA 3**) aus heutiger Sicht Erscheinungsformen der Moderne wie eine für alle verpflichtende Schulzeit und dem drohenden Altersheim gegen Ende des Lebens realisieren.
Aus dem Bilderbogen lässt sich die Sanduhr als Symbol für die Zeit entnehmen (**AA 4**), die Gott, der hier als geflügeltes Wesen mit langem weißen Bart und Sense dargestellt ist, in seiner Hand hält. Welches Bild der Zeit wird durch diese Attribute vermittelt?

[?] Aus dem Vorhergehenden ergeben sich verschiedene Fragen, von denen die philosophische Frage nach dem Wesen der Zeit zunächst thematisiert wird.

AA 5 [M 41] [⅄] Die richtige Antwort des Ödipus auf das „Zeit-Rätsel" der Sphinx ist bekanntlich der Mensch, der als Säugling auf vier Beinen geht, als Mensch in der Mitte des Lebens auf zweien und als alter Mensch mit Gehhilfe auf dreien. (**AA 5**) Die Dramatik dieser mythologischen Geschichte sollte L den SuS erzählen, weil mit der Lösung durch Ödipus das Ende der Sphinx besiegelt war, die die Stadt Theben bedrohte und jeden verschlang, der ihre Frage nicht beantworten konnte.

AA 6 [M 42] [Y] In Michael Endes „Momo" stehen die drei Brüder für die Zeitmodi von Vergangenheit, Gegenwart und Zukunft. (**AA 6**)

AA 7, AA 8 [!] Im Rahmen von **AA 7** können die SuS mit Pfeilen Vergangenheit, Gegenwart und Zukunft den Bereichen der Sanduhr zuordnen. Was sich aus den gewonnenen Erkenntnissen über die Zeit sagen lässt und was nicht, übertragen sie in ihr Heft. (**AA 8**)

AA 9– AA 17 [M 44]– [M 47] [⇔] Mit den Forschungsfragen zum Thema Zeit und den Zeitreisen 1 und 2 (**M 44, M 45**) erhalten die SuS die Gelegenheit, sowohl die Bedeutung der Zeit für das menschliche Leben (Zum Tempowahn und Zeitstress siehe auch das **Zusatzmaterial LB S. 27**) als auch einige der großen theoretischen Fragen, die mit dem Thema Zeit verbunden sind, annäherungsweise zu erfassen. Gemäß der ersten Forschungsfrage kann man zwischen physikalischer Zeit und psychologischer (gefühlter) Zeit unterscheiden. Mit der zweiten Forschungsfrage können die SuS auch selbständig recherchieren, welche Methoden der Zeitmessung es gegeben hat, welche Probleme sie mit sich gebracht und wie sie sich jeweils für Individuum und Gesellschaft ausgewirkt haben. Ob Zeitreisen möglich sind, erscheint als fraglich, ist aber eine häufig anzutreffende, faszinierende Vorstellung in Science-Fiction-Romanen. Aus dem Gedankenexperiment (**AA 9**) kann man 1. lernen, dass die Zeit, physikalisch gesehen, mittlerweile als eine veränderliche Größe angesehen wird, die mit Lichtgeschwindigkeit korreliert, und 2. ex negativo die Linearität der Zeit erfassen, die zu unwiderruflichen, unumkehrbaren Tatsachen führt: Töte ich in einer Reise in die Vergangenheit meinen Urgroßvater, als er 16 Jahre alt war, werde ich selbst nicht mehr geboren. (**AA 10**)

Ein weiterer Schwerpunkt der Beschäftigung mit dem Thema Zeit ist der persönliche Umgang mit ihr, der heute oft unter dem Begriff des Zeitmanagements überprüft und diskutiert wird. Mit der sogenannten Tagesprotokollmethode (**AA 11–AA 15**) lernen die SuS ihren Umgang mit ihrer Zeit wahrzunehmen und zu reflektieren und den Begriff der Freizeit präziser zu bestimmen. Eine Definition von Freizeit ist SB S. 216 zu entnehmen. Die Definition könne die SuS in ihren Heften aufnehmen.

Zuletzt wird eine Pro-Contra-Debatte über Langeweile (**M 47**) durch verschiedene Ansichten über sie vorbereitet, nachdem die SuS Gelegenheit erhalten haben, ihr eigenes Erleben damit zur Sprache zu bringen. (**AA 16, AA 17**)

| | | | | | | | | | | | | | | | | |
|---|---|---|---|---|---|---|---|---|---|---|---|---|---|---|---|---|
| | 1 L | 2 A | N | G | E | W | E | I | L | E | | 3 K | | 4 F | | |
| | | L | | | | | | | | | | E | | R | | |
| | | K | | | | | 5 T | A | P | F | E | R | K | E | I | T |
| | | O | | 6 P | | 7 S | | | | | | N | | I | | |
| | | H | | A | | C | | 8 Z | | 9 B | | F | | Z | | |
| 10 F | | O | | T | | H | | U | | I | | A | | E | | |
| R | | L | | C | | I | | K | | L | | M | | I | | 11 E |
| E | | 12 I | C | H | | C | | U | | D | | I | | T | | N |
| U | | S | | W | | K | | N | | U | | L | | | | T |
| N | | M | | O | | S | | F | | N | | I | | | | S |
| 13 D | A | U | E | R | H | A | F | T | I | G | K | E | I | T | | C |
| S | | S | | K | | L | | | | | | | | | | H |
| C | | | | F | | | | | | 14 G | E | L | Ü | B | D | E |
| H | | | | 15 A | S | K | E | S | E | | | | | | | I |
| A | | | | M | | | | | | 16 V | O | R | B | I | L | D |
| F | | | | I | | | | | | | | | | | | U |
| T | | 17 S | E | L | B | S | T | D | I | S | Z | I | P | L | I | N |
| | | | | I | | | | | | | | | | | | G |
| | | | | 18 E | R | W | A | C | H | S | E | N | | | | |

Auflösung des Kreuzworträtsels S. 23

# Wissen macht Spaß

**Waagerecht:**

1 Das Gefühl einer gedehnten Zeit, in der der Mensch nichts mit sich anzufangen weiß 5 Ein anderes Wort für Mut 12 Den Kern deiner Person nennst du dein ... 13 Eines der Merkmale einer echten Freundschaft ist ihre ... 14 Ein feierlich (unter feierlichen Umständen) sich selbst oder anderen gegebenes Versprechen, ein gestecktes (Lebens-)Ziel zu erreichen 15 Wort aus der griechischen Sprache für körperliche und geistige Übungen, das oft mit dem Verzicht auf ein genussvolles Leben gleichgesetzt wird 16 Wenn ich eine Person so bewundere, dass ich ihr ähnlich sein will, ist sie mein ... 17 Wenn ich Herrscher über meinen „inneren Schweinehund" bin, beweise ich ... 18 Jemand, der Kindheit und Jugend hinter sich gelassen hat, ist ...

**Senkrecht:**

2 Die Sucht eines Menschen nach berauschenden Getränken nennt man ... 3 Name für eine Gemeinschaft, die nur aus Vater, Mutter, Kind(ern) besteht 4 Die Zeit, die nicht mit den Lebensnotwendigkeiten wie Arbeit, Schule, Ernährung und Schlaf verbracht wird, heißt ... 6 Neu zusammengesetzte Familie, in der ein leibliches Elternteil nicht mehr lebt 7 Andere Bezeichnung dafür, dass das Leben vorherbestimmt sei 8 Eine Form der Zeit und zugleich einer der drei Brüder in dem Rätsel, das Momo gelöst hat 9 Ein Ziel, das durch den Schulbesuch angestrebt wird, ist es, ... zu erlangen 10 Eine Art der besonders engen Beziehung zwischen zwei Menschen 11 Wenn ich vor der Wahl zwischen zwei Handlungsmöglichkeiten stehe, dann muss ich eine ... treffen

## Zu S. 12/13 Bin ich kindisch? – erwachsen werden

### Ich

*Ich*: Träumerisch, träge,
schlafmützig, faul.

Und *ich*: Ruhelos, neugierig,
hellwach, betriebsam.

Und *ich*: Kleingläubig, feige,
zweiflerisch, hasenherzig.

Und *ich*: Unverblümt, frech,
tapfer, gar mutig.

Und *ich*: Mitfühlend, zärtlich,
hilfsbereit, beschützend.

Und *ich*: Launisch, gleichgültig,
einsilbig, eigenbrötlerisch.

Erst wir alle zusammen sind *ich*.

*Hans Manz*

### Katharina

Katharina, Katharine
schrieb auf einer Schreibmaschine
nachts um zwölf, als alles schlief,
an die Eltern einen Brief:
Sagt mir einmal, warum dürfen
große Leute Suppe schlürfen?
Warum dürfen sie laut gähnen,
warum stochern sie in Zähnen,
weshalb dürfen sie in Ohren
mit dem kleinen Finger bohren?
Warum darf ich's aber nicht?
Warum habe ich die Pflicht,
einem Musterkind zu gleichen
Fragezeichen

*Hans Manz*

*Links aus: Gelberg, Hans-Joachim (Hrsg.): Großer Ozean. Gedichte für alle. Weinheim/Basel: Beltz & Gelberg 2006. S. 77. Rechts aus: Gelberg, Hans-Joachim (Hrsg.): Die Stadt der Kinder. Recklinghausen: Bitter 1969. S. 147.*

1 Schreibe so viele Eigenschaften wie möglich auf, von denen du glaubst, dass sie auf dich zutreffen.
2 Stelle nun die positiven und die negativen Eigenschaften in einer Liste einander gegenüber.
3 Vergleiche deine Liste mit dem Gedicht „Ich".
4 Überlege, ob man bei so vielen unterschiedlichen Eigenschaften von einer Person sprechen kann. Bedenke dabei, dass das lateinische Wort individuum „das Unteilbare" heißt und einen einzelnen Menschen bezeichnet.
5 Versuche aus deiner Liste ein eigenes Gedicht zu verfassen..
6 Erläutere in eigenen Worten, welche Fragen Katharina ihren Eltern stellt.
7 Hast du eigene Fragen, die zu denen Katharinas passen? Ergänze ihre Liste.
8 Welche Antworten würdest du ihr geben? Schreibe ihr einen Antwortbrief.

## Zu S. 20/21 Leben in der Schule

**Warum müssen Kinder so lange in die Schule gehen?**

*Ann:* Alle Kinder müssen in die Schule gehen, damit sie etwas lernen - sonst ist man dumm, und die Leute nutzen einen aus.

*Joe:* Ja, weil wenn man nicht lesen kann, dann weiß man nicht, was die Lebensmittel kosten, und die Kassiererin kann einen betrügen.

*Birgit:* Außerdem bekommt man keinen Job und ist ganz arm.

*Sue:* Eben, nur die schlauen Leute verdienen viel Geld, die, die eine gute Bildung haben, und die können auch nicht betrogen werden, weil sie zu schlau sind.

*Aus: Daurer, Doris: Staunen - Zweifeln - Betroffensein. Mit Kindern philosophieren. Weinheim/Basel: Beltz 1999. S. 93.*

**1** Vervollständige den Satzanfang: Kinder müssen so lange in die Schule gehen, weil ...
Du kannst mehrere Sätze bilden.

## Zu S. 24/25 Mutig sein

**Sich trauen**

*Der Philosoph Gernot Böhme hat sich in einem Buch auch mit den Begriffen „Mut" und „mutig sein" beschäftigt. Dabei nennt er zwei unterschiedliche Situationen, in denen es auf Mut ankommt: eine eher harmlose Situation und eine sehr ernste und wichtige, die Mut herausfordern.*

So sollte man beispielsweise versuchen, ob man ruhig, ohne an irgendeiner Stelle zu zögern, in einen kalten See hineingehen kann. Natürlich kann man es! Man muss es einfach bloß tun. [...] Der Ausdruck [Zivilcourage] bedeutet eigentlich Mut im bürgerlichen Leben im Gegensatz zu Mut im Krieg. Das Bemerkenswerte ist nur, dass dieser im Frieden häufig schwieriger ist als der Mut im Krieg. [...] Im Krieg stürmen ja alle zusammen los, während im Fall der Zivilcourage in der Regel ein Verhalten gefordert ist, das gerade deshalb schwierig ist, weil es von dem aller anderen abweicht.

*Aus: Böhme, Gernot: Ethik im Kontext. Frankfurt/M.: Suhrkamp 1977. S. 122ff.*

**1** Welche Situation hast du schon einmal erlebt, in der du oder ein anderer mutig war?
**2** Welches der Bilder im Schulbuch (S. 24 M 30) zeigt Zivilcourage im Sinne von Böhme?
**3** Ist es wahr, dass Mut im Frieden häufig schwieriger ist als im Krieg?

## Zu S. 26/27 Ich will so sein wie ... – Vorbilder

**1** Betrachte das Bild genau und beschreibe, was du siehst. Warum ist das Verhalten der abgebildeten Eltern nicht fair?

**2** Beschreibe, wie ein vorbildliches Verhalten auf dem Fußballplatz aussehen müsste.

**3** Entwerft in Kleingruppen Plakate, auf denen ihr dafür Werbung macht, dass Menschen sich vorbildlich verhalten sollen. Überlegt, an welchen Orten dies außer auf dem Sportplatz noch geschehen kann, wie z. B. im Straßenverkehr, in der Musikschule oder als Nachbarn.

## Zu S. 30–33 Mit Zeit umgehen

*Die folgenden Bilder sind aus dem Kinderbuch von Janosch „Der Wettlauf zwischen Hase und Igel“ ausgewählt Die Geschichte könnte ein Ausgangspunkt für Überlegungen zum Tempowahn und Zeitstress bei vielen Menschen heute sein.*
*In der Geschichte fordert der Hase den Igel zum Wettlauf auf und nimmt höchste Anstrengungen auf sich, um zu gewinnen. Die Empfehlungen anderer (Eisenbahner, Musikanten, Förster etc.), sich wegen des Wettlaufs nicht verrückt zu machen, schlägt er aus. Der Hase wird beinahe vom Auto überfahren, als er bei Rot die Straße überquert, und tappt in der Eile in eine Karnickelfalle, die ihn verletzt. Nach hundertfünfundvierzig Kilometern bricht er zusammen. Die Furcht überfällt ihn, der Igel könnte mit dem Zug gefahren sein. „Und so lag der Hase und quälte sich mit seiner Furcht, bis er verstarb.“ Währenddessen hat sich der Igel nicht aus der Ruhe bringen lassen: Er trinkt mit seiner Frau im Garten Tee und macht mit seiner Familie Picknick am See.*

Einmal hatte der Hase Lust, Sieger zu werden, und ging zum Igel.
Der Igel wohnte in dem kleinen Haus
mit dem Stroh auf dem Dach zwischen
den Bäumen unter der kleinen Wolke.
Wo oben die Vögel fliegen.
»Komm, wir machen einen kleinen Wettlauf«,
sagte der Hase, »mal sehen, wer gewinnt.«

Meinte der doch, ER der Hase nämlich
würde gewinnen.
Mit seinen langen Beinen.
Der Igel aber lag gerade hinter dem Haus,
hatte einen kleinen Tee aus der Kanne
getrunken, etwas guten Kuchen verspeist und
schmauchelte an seiner Pfeife. Hatte auch
etwas zu lesen dabei.

Und nun sage uns einer:
Wer war denn hier
der Sieger?
Der wahre, der wirkliche?
Mit seinen kurzen Beinen.
Jawohl, stimmt
haarnadelgenau.
Der ... nämlich.

*Aus: Janosch: Der Wettlauf zwischen dem Hasen und dem Igel. Hamburg: Dressler ²1984.*

**1** Welche Einstellung zum Leben haben Hase und Igel in der Geschichte?
**2** Versucht, die Geschichte auf die Verhaltensweisen von Menschen in unserer Zeit zu übertragen. Welche Typen von Menschen fallen euch dabei ein?
**3** Wie willst du eines Tages dein Leben führen?

# Altan hat Freunde – Zusammenleben mit anderen

**Seite**

## Begriffsnetz

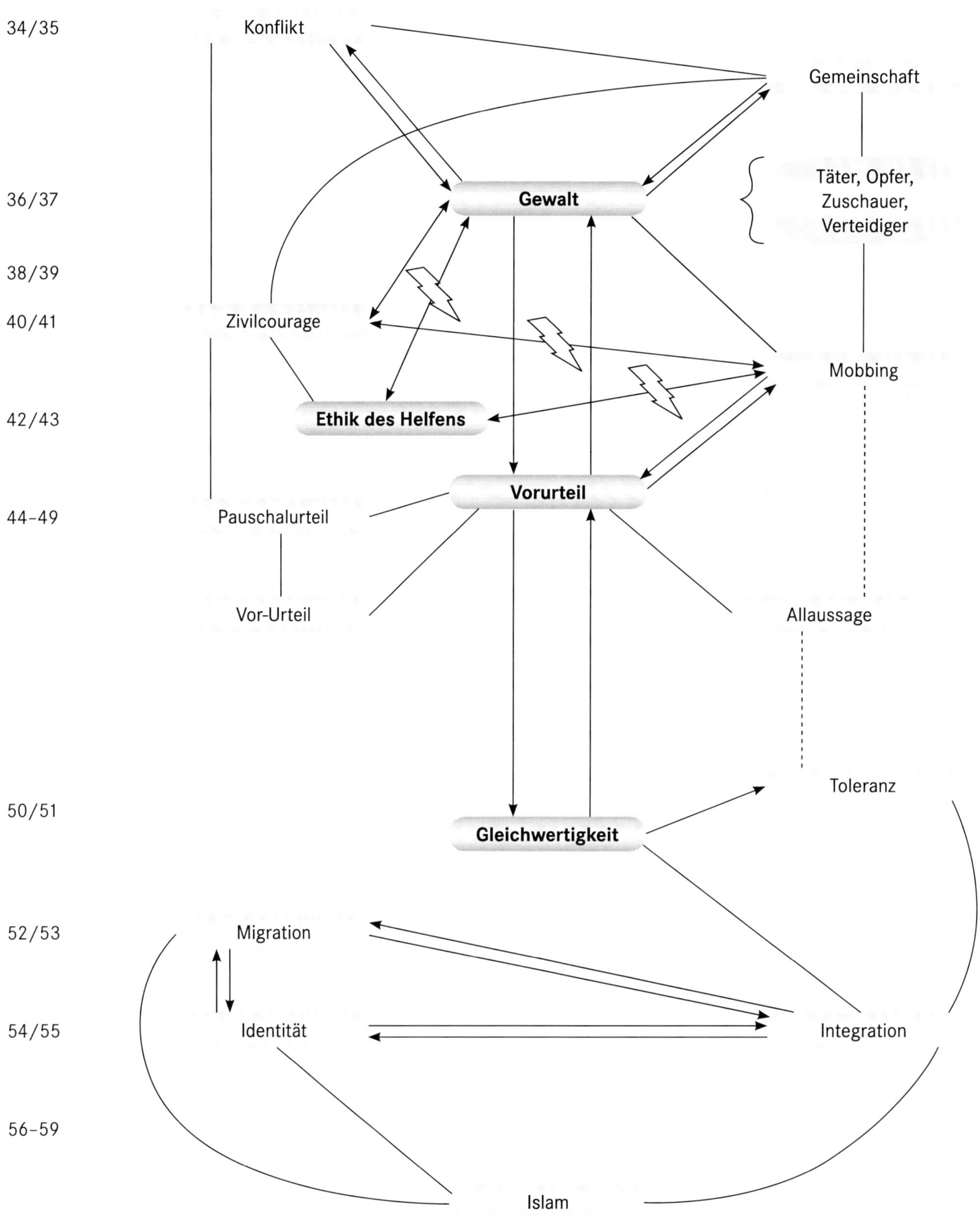

## Verlaufsskizze zu den wichtigsten Fragestellungen und Thesen des Kapitels

**S. 34/35 Altan hat Freunde – Zusammenleben mit anderen**
Im Zusammenleben agieren die Menschen ebenso vielfältig wie vielschichtig; neben Freundschaft und gegenseitigem Verständnis (Altan/Kaninchen) gibt es auch oft Ausgrenzung und Gewalt.

**S. 36/37 Begegnung mit Gewalt**
Die Begegnung mit Gewalt provoziert die Frage nach der angemessenen Reaktion. Die Kategorien Täter, Opfer, Zuschauer, Verteidiger sind zu unterscheiden, um Handlungsoptionen zu eröffnen.

**S. 38/39 Formen und Erklärung von Gewalt**
Gewalt kann sich offen oder versteckt äußern und ist oft auf Frustrationserfahrungen zurückzuführen. Daher ist es nötig, Frustrationstoleranz zu entwickeln und seine Gefühle zu kontrollieren.

**S. 40/41 Konflikte in der Schule**
Konflikte und Mobbing gehören zum schulischen Alltag. Ihre Wahrnehmung ist eine Voraussetzung für ihre Lösung bzw. Verhinderung. Regeln sind notwendig für ein respektvolles Schulklima.

**S. 42/43 Zivilcourage und Ethik des Helfens: Altans Rettung**
Das Engagement für andere ist zwar normativ geboten, es erfordert aber Mut und Zivilcourage. Dabei sollte man sich selbst nicht gefährden und sich Hilfe holen.

**S. 44/45 Pauschalurteile – Vor-Urteile**
Vorurteile werden begrifflich aus erkannten Pauschalurteilen über die zeitliche Struktur des „Vorher-Nachher-Urteils" als Vor-Urteile bestimmt. Nach-Urteile werden diesen Vorurteilen kritisch gegenübergestellt. Korrelativ werden Erwartungen von anderen betrachtet und kritisch in die Diskussion des Begriffs „Vorurteil" eingebunden.

**S. 46–49 Vorurteile bemerken und erklären**
„Gewohnheit" und „induktive Verallgemeinerung des Bekannten" werden als weitere Erklärungsgründe von Vorurteilen erarbeitet. Die „Gewohnheit" wird mit den Begriffen „Zweifel", „Rechthaberei" und „Bequemlichkeit" handlungsorientiert vertieft.

**S. 50/51 Vorurteile aufheben?**
Vorurteile aufzuheben bedeutet, mögliche Konfrontationen auf die Begegnung in gegenseitiger Toleranz hin zu vermitteln. Die „Vorurteilstür" ermöglicht dabei eine zentrale Handlungsorientierung.

**S. 52/53 Migration und Gleichheit**
Viele Menschen in unserer Gesellschaft sind wie Altan Migranten, kommen also aus anderen Herkunftsländern. Migration ist ein Faktum, das es immer schon gegeben hat. Gleichheit vor dem Gesetz und das daraus resultierende Diskriminierungsverbot gelten für alle Menschen in Deutschland.

**S. 54/55 Migration und Identität: Altans Traum**
Für Migranten, gerade aus anderen kulturellen Kontexten wie dem Islam und der Türkei, ist es schwierig, eine eigene stabile Identität zu bilden. Sie sind häufig zerrissen zwischen alter und neuer Heimat, haben Sprachprobleme oder sind in Familientraditionen gefangen. Umso wichtiger ist die Entwicklung von tragfähigen Perspektiven und Hilfestellung bei der Erreichung von Zielen.

**S. 56/57 Migration und Islam – einander begegnen**
Das „Begegnen in Toleranz" wird auf der Grundlage der Gleichwertigkeit entwickelt. Der andere, der begegnet, wird als gleichberechtigt anderer erkannt. Mögliche Gemeinsamkeiten der sich Begegnenden werden aufgezeigt.

**S. 58/59 Moscheen in Deutschland – Zusammenleben mit anderen**
Am Beispiel der „Moscheen in Deutschland" wird der Gedankenweg der beiden Vorseiten konkret wiederholt. Dabei werden einander widerstreitende Positionen aufgenommen. Eine Spielszene leistet dabei deren Gegenüberstellung und reflektiert nochmals die beiden Vorseiten, die Begriffe „Vorurteil" und „Gleichheit" und implizit auch Gewalt und ihre Erscheinungsformen.

## Kommentar zu den Materialien und Arbeitsanregungen

Die literarische Grundlage dieses Kapitels bildet der (nunmehr fünfte) Kinderkrimi „Taco und Kaninchen - Hilfe für Ali" von Amelie Fried und Peter Probst, aus der gleichnamigen erfolgreichen Kinderbuchreihe der beiden Autoren. Die Protagonisten sind die elfjährige Nina, genannt „Kaninchen", und ihr zwei Jahre jüngerer Bruder Adrian alias „Taco". Beide wachsen, sympathisch-frech gezeichnet, mit viel Freiheit versehen und daher gut tauglich zur Identifikation, bei ihrer alleinerziehenden Mutter in einer kleinen Mietwohnung auf. Ihr Markenzeichen ist es, als Hobbydetektive unterwegs zu sein und mit Köpfchen, Witz und Selbstbewusstsein gegen die Ungerechtigkeiten dieser Welt anzugehen. Anlass ihres Engagements in „Hilfe für Ali" ist eine Beobachtung Tacos, der sieht, wie Ali bzw. Altan, ein Klassenkamerad von Kaninchen, geprügelt und mit dem Messer bedroht wird. Ohne Frage ist es zwingend logisch für Kaninchen, dass man Altan helfen muss! Damit beginnt der Kinderkrimi - und er nimmt die SuS mit auf den nicht ungefährlichen Weg zur Rettung des türkischen Klassenkameraden, ein verschlungener Weg, der sie gleichzeitig mit Gewalt, Konflikten und Mobbing bekannt macht, mit Vorurteilen gegenüber Migranten, mit ihren Hoffnungen und Problemen, mit der Religion des Islams und der Welt türkischer Familien.
Die didaktische Perspektive des Kapitels zeigt sich als Weg durch eine Lernstruktur, die von den Phänomenen der Lebenswelt der SuS ausgeht, zu der begrifflichen Fixierung und Problematisierung dieser Phänomene voranschreitet und diese Begriffe vertieft und in handlungsorientierten Arbeitsanregungen erfahrbar macht. Das Erfahren kann dabei mehr sein als ein „kognitiv abgeschwächtes" Lernen, das es didaktisch auch nicht intendieren möchte - verweist das „Zusammenleben mit anderen" doch auf die Möglichkeit von Empathie, deren Lernbarkeit - jenseits des Handelns - als Kognition zweifelhaft bleibt. Daher betont dieses Kapitel die Handlungserfahrung als Grund von Empathie. Gleichrangig betont wird aber auch die Entwicklung der begrifflichen Fixierung der lebensweltlichen Phänomene in einer zu lernenden Begriffsstruktur. Die damit einhergehenden Kognitionen sind dann auch „Empathieträger", ohne dass die Empathie aus ihnen als Lerninhalt erschlossen werden könnte (vgl. unten). Die Begriffe werden also erlernt; die Empathie wird „erhandelt".
Zentrale Begriffe, die den gedanklichen Weg der Lernstruktur des Kapitels kennzeichnen, sind *Gewalt* und ihre Erscheinungsformen; die *Ethik des Helfens, Vorurteile und Gleichwertigkeit* (vgl. Begriffsnetz). Die systematische Analyse und Ordnung dieser Begriffe zeigt sie - auf das Zusammenleben mit anderen hin betrachtet -im „Begegnen in gegenseitiger Toleranz" aufgehoben, die sich im Handeln ebenso von Empathie bestimmt zeigt, wie sie im Angesicht von Gewalt auch kritisch die Möglichkeiten des Einzelnen reflektiert.

### S. 34/35 Altan hat Freunde - Zusammenleben mit anderen

[⇩] Die beiden ersten Seiten eröffnen die für das Kapitel zentrale Thematik des gewaltlosen - von Toleranz bestimmten - Zusammenlebens mit anderen in zweifacher Weise. Zum einen inszenieren die zeichnerischen Darstellungen von Gewaltphänomenen des Schulalltags - aus der Anschauung auf den Begriff hin - eine erste Auseinandersetzung mit Problemen des Zusammenlebens; zum anderen gibt die Einführung in den Kontext des Jugendbuches zugleich den Verweis auf den möglichen Gegenentwurf zu den gezeichneten Szenen.

AA 1-AA 3 [?] In der „doppelseitigen" Eröffnung des Kapitels erfolgt die Fokussierung einer Problemstellung zunächst nach der Seite der Probleme im Zusammenleben mit anderen, die sich im Phänomen der Gewalt ausdrücken. Dies legitimiert sich durch den inhaltlichen und begrifflichen Denkweg des Kapitels und konkret durch die Folgeseiten. Die Zeichnungen bieten den SuS dabei eine wichtige lebensweltliche Anknüpfung, die aber, gerade weil es keine Fotografien sind, einen Abstraktionsgrad wahrt, der die möglichen persönlichen negativen Erfahrungen mit Gewalt zunächst auf Distanz hält und der zur begrifflichen Auseinandersetzung mit Gewaltphänomenen hinführt. Diese leisten **AA 1–AA 3**, die über das gestufte Vorgehen von Beschreiben, Vergleichen, begrifflich Festschreiben und Präsentieren, bei dem der Diskussion in der Lerngruppe viel Raum gegeben wird, zudem didaktisch das „Vertrautwerden" mit dem Problemkontext des Kapitels intendieren. Dies wird auch durch die Rezeption des „literarischen Gegenentwurfs" zu den Zeichnungen unterstützt.

## S. 36/37 Begegnung mit Gewalt

AA 1 M 1 Weiterführend zum Thema Gewalt und gleichzeitig einführend in den narrativen Kontext des Jugendbuches, geht es hier zunächst um die Konfrontation mit einer Beobachtungssituation: Taco, Kaninchens Bruder, hat gesehen, wie Altan, ihr türkischer Klassenkamerad, geschlagen und mit dem Messer bedroht wird. Die Frage nach den ersten Eindrücken und Gedanken kann ganz unterschiedliche Bemerkungen seitens der SuS hervorrufen, aus denen sich Problemstellungen herauskristallisieren lassen:

M 2 ? Wie kommt es zu dieser Situation der Gewalt? Wie äußert sich Gewalt? Welche Reaktionen auf Gewalt sind sinnvoll? Wer ist wie beteiligt?

AA 2– AA 6 M 2 M 3 **M 2** und **M 3** bieten die Möglichkeit einer intuitiven Problemlösung, die zunächst die Frage der Protagonisten und ihrer Handlungsalternativen aufgreift. Idealtypisch lässt sich an den drei Fotos erarbeiten, dass es mindestens Täter und Opfer bei Gewalttaten gibt, meistens aber auch Zuschauer. Mit **AA 3** sind die SuS aufgefordert, sich aus ihrer eigenen Perspektive heraus in die dargestellten Personen hineinzuversetzen und deren Gefühlslage zu beschreiben. Als Konsequenz müsste sich ergeben, dass man selbst keine der dargestellten Personen sein möchte, weil sie alle mehr oder weniger entweder gegen Normen verstoßen (Täter), Gewalt oder Schmerzen und Erniedrigung erleiden (Opfer) oder gleichgültige und affektiv unbeteiligte Zuschauer sind, die jedenfalls nicht eingreifen. Den letzten Aspekt greift **M 3** kritisch auf. Die Fragestellung aller Zuschauer in der großen Sprechblase bringt die Problemstellung dieses Unterkapitels auf den Begriff und thematisiert gleichzeitig das normative Dilemma, in dem man sich als Beobachter einer Gewalttat befindet: Es fordert eigentlich implizit zum Handeln und Eingreifen für das Opfer auf, zugleich wird man aber durch eine Reihe von Verhaltensdispositionen daran gehindert (Angst, Vorsicht, Bequemlichkeit, Gruppendynamik etc.). Die Regel ist unbeteiligtes Zuschauen; Helfen ist eher die Ausnahme. Die didaktische Perspektive der Detektivgeschichte um Taco, Kaninchen und Altan wie auch dieses Kapitels ist damit eröffnet: Es geht um die Frage einer Ethik des Helfens, die berechtigterweise hofft, am starken Sinn der SuS für Ungerechtigkeiten anknüpfen zu können. Damit wird eine erste, intuitive Problemlösung zum Umgang mit dem Phänomen der Gewalt möglich. Sicherlich ist bei der Besprechung mit den SuS davon auszugehen, dass einige Gewaltsituationen in einer dieser Rollen schon erlebt haben oder aus den Medien damit Bekanntschaft gemacht haben. Das **Zusatzmaterial LB S. 43** ist hier gut einsetzbar.

AA 7– AA 9 M 4 **M 4** gibt den SuS die Möglichkeit eines kontrollierten Umgangs mit dem Problem des Reagierens auf Gewalt an die Hand. Die grafische Anordnung und die Rollen verdeutlichen, dass es Abstufungen bei Beteiligungen im Gewaltfall geben kann, und führen die bisher nicht erwähnte und daher fehlende Rolle der Verteidigung des Opfers ein. Nach einer eher analytischen Klärung des Modells, in der die Nähe bzw. Ferne zur Tat und zum Opfer thematisiert werden, bietet es sich an, dass SuS es in Standbildern nachbauen und diese anschließend auswerten. Wahrscheinlich wird hierbei die Frage, welche Position die Verteidiger einnehmen, die relevanteste und gleichzeitig strittigste sein.

AA 9 ! Eine Festigung kann man mit **AA 9** erreichen. Hier werden die SuS evtl. argumentieren, dass man sich mit Gewalt nicht zufriedengeben dürfe und dass Taco und Kaninchen es nicht akzeptieren könnten, wenn ein Klassenkamerad zum Opfer wird. Dieses Ergebnis verweist damit gleichzeitig auf den weiteren Verlauf der Geschichte.

AA 10 M 5 ⇔ Die populäre Figur der drei Affen, die nichts mitkriegen wollen und auch das Problem nicht erörtern wollen, kann einen Transfer auf eine figurative Tier-Symbolik (Affe, Körperhaltungen) leisten, der das bisher Erarbeitete gleichzeitig zusammenfasst. Der Transfer lässt sich auch im Sinne einer Verständnisüberprüfung nutzen. Das Bild der drei Affen stammt ursprünglich aus Japan und verkörpert dort die buddhistische Weisheit „über Schlechtes weise hinwegsehen". In der westlichen Welt wird es eher als „alles Schlechte nicht wahrhaben wollen" interpretiert. Aufgrund dieses negativen Bedeutungswandels gelten die drei Affen daher häufig als Beispiel für mangelnde Zivilcourage. Die SuS können überlegen, ob es Situationen gibt, in denen die buddhistische Haltung auch bei uns sinnvoll sein könnte. So kann es z. B. auch Situationen in einer Klasse oder zwischen Klassen geben, in denen Streitigkeiten aufgebauscht werden und dadurch eskalieren.

## S. 38/39 Formen und Erklärung von Gewalt

M 6 [⇩] **M 6** knüpft an die Ausgangssituation der Erstbegegnung mit Gewalt im Buch an. Kaninchen entschließt sich selbstbewusst und aktiv zur Detektivarbeit, um herauszubekommen, was der Grund für den Überfall auf Altan war.

AA 1 [?] Damit ist eine Problemstellung gegeben: Aufklärungsbedürftig wird nun die Frage, wie es zu Gewalt kommen und wie sie sich äußern kann. Vermutungen darüber können die SuS im Rahmen von **AA 1** im Kontext der Geschichte äußern.

AA 3–AA 5 M 7 Mit **M 7** lassen sich unterschiedliche Gewaltformen, die in diesen Fällen nah an der Lebenswelt der SuS orientiert sind, aufgreifen und thematisieren. Sicherlich kommt es dabei auch zu der Frage, ob offene Hänselei oder Herabwürdigung und versteckte Hänselei auch unter den Begriff der Gewalt fallen. Hinweise zur Klärung finden sich SB S. 217.
**AA 3** veranlasst die SuS, eigenständig und produktionsorientiert Mutmaßungen über die Entstehung von Gewalt anzustellen - eine intuitive Problemlösung in Gestalt einer Detektivgeschichte. Da implizit damit zu rechnen ist, dass eigene oder beobachtete Gewalt- oder Ausgrenzungserfahrungen vorliegen, bieten **AA 4** und **AA 5** auch die Möglichkeit, solche Erfahrungen zu zeichnen. Durch die Visualisierung können SuS dabei auch eine distanzierte Betrachtung aus der Perspektive des Beobachters einnehmen. Für L haben diese Darstellungen, außer dass sie die SuS einbeziehen, auch eine Indikatorfunktion, ob relevante Gewaltprobleme in der Lerngruppe vorliegen. Sollte das der Fall sein (z. B. in besonderem Maße im Hinblick auf sexuelle oder familiäre Gewalt, die in diesem Kapitel nicht explizit thematisiert sind), hätte L die Möglichkeit zu - behutsamen - Handlungsoptionen.

AA 6, AA 7 M 8 **M 8** gibt den SuS in pointierter Form ein plausibles Modell zur Erklärung der Entstehung von Jugendgewalt an die Hand. Die ersten Mutmaßungen in **AA 1** können sie nun nach den Vorgaben der kontrollierten Problemlösung anhand von **M 8** reformulieren. (**AA 6**) Fehlende Anerkennung und Abwertungen der eigenen Person, häufig von Kindesbeinen an, kurz: Frustrationserlebnisse können dazu führen, dass Gewalt als einzige Möglichkeit erscheint, Aufmerksamkeit und Anerkennung zu erhalten. Natürlich besteht hier auch die didaktische und methodische Möglichkeit, nach dem Prinzip des Stationenlernens oder mithilfe von Rollenspielen die einzelnen Stufen der Versagung näher auszudifferenzieren. Mit **AA 7** lassen sich hier sinnvoll auch alternative Verhaltensweisen der Erwachsenen erörtern und ggf. spielerisch umsetzen.

AA 8 [!] Eine Festigung zur Erklärung des aggressiven Verhaltens mithilfe von **M 8** kann mit den Informationen im Info-Kasten erfolgen. Dabei sollte gleichzeitig deutlich werden, dass solche plausiblen Erklärungen nicht immer zutreffend sind. (**AA 8**)

AA 9 [⇔] Mit der Aufforderung in **AA 9** kann ein Transfer auf die eigene Person erfolgen. Gleichzeitig lässt sich damit überprüfen, ob die SuS den Begriff Frustrationstoleranz in seiner Intention und Reichweite verstanden haben.

## S. 40/41 Konflikte in der Schule

M 9 [⇩] Die Hinführung zum Thema dieses Unterkapitels leistet **M 9**. Interessant an dieser Passage ist, dass alle vier Protagonisten ein kritikwürdiges und unklares Verhalten an den Tag legen: Altan, weil nach wie vor offenbleibt, was ihn eigentlich bewegt; Flori, weil er aus der Niedergeschlagenheit von Altan Profit zieht und unehrlich ist; die Lehrerin Frau Schimmel, weil sie Vorbehalte gegen türkische Jugendliche hat und Altan wie Kaninchen ungerecht behandelt; Kaninchen, weil sie Flori geschubst hat.

[?] Damit ist die Problemstellung gegeben: die Frage nach der Interpretation von Konflikten und dem sinnvollen Umgang damit.

AA 2– AA 4 M 10 Mit **AA 2** erhalten die SuS die Möglichkeit einer selbstgesteuert-intuitiven Interpretation des Konfliktes und können auch mögliche Handlungsalternativen ableiten. Selbst wenn es sich bei dem geschilderten Konflikt im Buch nicht in striktem Sinn um Mobbing handelt (**AA 4** und als Hilfe Begriffsklärung SB S. 217), so erscheint es doch sinnvoll, diesen Begriff hier einzuführen, weil er eine Abgrenzung zum Konflikt erlaubt und gleichzeitig eine hermeneutische Hilfsfunktion liefert, um systematische Ausgrenzungen und Anfeindungen in Klassen und Lerngruppen in den Blick zu bekommen. Diese Erkenntnisleistung ermöglicht neben der Begriffsrecherche auch die Beschreibung und Interpretation von **M 10**. (**AA 3**)

AA 5 M 11 Eine kontrollierte Problemlösung zur Bewertung von Konflikten und Mobbing in der Schule und zum altersgerechten Umgang damit erlaubt **M 11**. Während Vorschlag I eine Meinungsabfrage zu Mobbing enthält, geht es bei Vorschlag II um Situationen der Abwertung im Lehrer-Schüler-Verhältnis, die mit dem Medium der Perspektivenübernahme und der Beobachtung der Lernsituation hinsichtlich der eigenen Lehrerinnen und Lehrer arbeitet. Vorschlag III setzt auf das Rollenspiel (vgl. SB S. 222), bei dem vielfältige Aspekte und Handlungsalternativen Berücksichtigung finden sollten, um das angemessene Verhaltensrepertoire der SuS zu entwickeln. Vor allem in Lerngruppen, bei denen die begründete Vermutung besteht, dass Mobbingprobleme vorliegen, bietet es sich an, mit **AA 5** für eine Sensibilisierung und evtl. sogar eine Beilegung zu sorgen. Bei verhärteten Mobbingfronten sollte sich L jedoch unbedingt Unterstützung holen (Beratungslehrer, Schulleitung etc.).

AA 6 ! Die produktionsorientierte **AA 6** dient der Festigung. Wichtig ist dabei, dass die systematischen Elemente des Mobbens in der Geschichte enthalten sind.

AA 7, AA 8 M 12 Mit den Mitteln der ironischen Umkehrung, die für SuS der Jahrgänge 5 und 6 besonders überraschend und damit motivierend sein dürften, sind in **M 12** Regeln zum brutalen Umgang miteinander formuliert. Sie fordern natürlich zum Widerspruch auf, weil es nicht im wohlverstandenen Interesse aller an Schule beteiligten Personen sein kann, wenn sie Geltung beanspruchen würden. **AA 7** operiert dabei mit der Hoffnung, dass sie nun aus selbständiger Einsicht verfasst werden und nicht, wie häufig, mit dem moralischen Appell von L verknüpft sind. Dennoch stellt sich natürlich die Frage nach der Einhaltung der Regeln (**AA 8**) – hier ist die soziale Fantasie der Kinder gefragt, und für L ist es sinnvoll, die Lerngruppe bei ihrer Verantwortung für das eigene Binnenklima mit in die Pflicht zu nehmen.
Bei einem – auch später – feststellbaren Verhalten, das gegen die vereinbarten positiven Regeln des Umgangs miteinander verstößt, kann bei den Beteiligten vielleicht die unaufgeregte Erinnerung an die „Regeln der Brutalo-Schule in Schikanien" für schnelle Abhilfe sorgen.

## S. 42/43 Zivilcourage und Ethik des Helfens: Altans Rettung

Die Hinführung zur gelungenen Hilfsaktion von Taco und Kaninchen, die in diesem Unterkapitel das narrative Korrelat einer Ethik des Helfens bildet, funktioniert über einen kurzen einführenden Text, der die bisherigen Geschehnisse prägnant zusammenfasst und unmittelbar in der Hilfe erfordernden Situation endet.

? Die Frage, ob und inwieweit Taco und Kaninchen eingreifen können oder was als nächstes passiert, steht nun im Zentrum.

AA 1– AA 3 M 13 Die dramatische Schilderung **M 13** und die vorläufige Beantwortung der Problemstellung verlangen zunächst nach Feldübersicht. Sie kann mittels einer kleinen Zeichnung (**AA 1**) hergestellt werden. Gleichzeitig geht aus der Schilderung nun hervor, in welcher verzweifelten Lage sich Altan befindet. Daher sind die SuS aufgefordert, sich in ihn hineinzuversetzen und seine möglichen Gedanken zu notieren, um sich darüber Klarheit zu verschaffen und damit ebenfalls die Rahmenbedingungen der Gesamthandlung aufzuhellen. (**AA 2**) Eine intuitive Problemlösung anhand eines Gedankenexperiments (vgl. SB S. 225) ist mit **AA 3** intendiert. Wichtig ist dabei, dass sich die SuS so eng wie möglich an den konkreten Rahmenbedingungen im Kirchturm orientieren, um realistische Handlungsangebote und Ideen zu entwickeln.

AA 4, AA 5 – M 14, M 15

**M 14** klärt das, was die SuS zunächst als Gedankenexperiment intuitiv imaginiert haben, nun mit der Auflösung in der Geschichte auf. Mut (vgl. auch SB S. 216), Pfiffigkeit, Schnelligkeit, Geschicklichkeit, Einverständnis, Teamfähigkeit usw. sind einige der überzeugenden Eigenschaften, die Taco und Kaninchen in dieser Situation auszeichnen. (**AA 4**) Diese Eigenschaften können noch durch das **Zusatzmaterial LB S. 43**, das weitere Anregungen zur Verfügung stellt, ergänzt werden. Deutlich wird aber auch, dass die beiden keinesfalls in der Lage waren, es mit Ümet, dem Gelkopf und Flori aufzunehmen und sich daher Hilfe von der Polizei und der Familie Celik holen mussten, zumal auch deutlich kriminelle Handlungen vorliegen (**AA 5** und **M 15**). Wichtig ist bei den „Regeln für den Ernstfall" vor allem die erste Regel, die eindeutig artikuliert, dass eine Hilfe nur dann sinnvoll ist und verlangt werden kann, wenn für einen selbst eine Gefährdung minimiert oder ausgeschlossen ist.

AA 6

Mit der Beantwortung von **AA 6** kann man diese Problematik nochmals abschließend würdigen. Zwar taugt Kaninchen zur Identifikation, und ihre Einsatzfreude wie auch ihre pfiffige Intelligenz sind sehr starke charakterliche Eigenschaften, aber es ist fraglich, ob wir in der Realität diese Ausstattung mitbringen. Insofern könnten hervorragende Schülerbeiträge die Diskrepanz zwischen der normativen Anspruchsebene des Romans und der eher tristen Ebene der Wirklichkeit verdeutlichen. Gleichwohl fordert die Normativität uns heraus, mit aller Kraft und der gebotenen Vorsicht im Ernstfall zu handeln.

M 15

Wegschauen, Weghören und Schweigen, die auch schon die Untugenden der drei Affen waren (**M 5**, SB S. 37), stehen in einem diametralen Verhältnis zu den sechs Regeln für den Ernstfall, die ein aktives Eingreifen, somit Zivilcourage (vgl. SB S. 217) verlangen. Ein wichtiges Ergebnis dieser Transferphase könnte auch die Erkenntnis sein, dass die Sätze der Regeln so formuliert sind, dass sie unmittelbar das „Ich" ansprechen und einfordern.

## S. 44/45 Pauschalurteile – Vor-Urteile?

AA 1 – M 16

Der sinnerfassende und problemgeleitete Text **M 16** zeigt Floris Aussagen zunächst als Pauschalurteile.

AA 2 – M 16

Die Reflexion der Textzusammenfassung aus **AA 1** fokussiert jetzt den Begriff des Pauschalurteils (**AA 2**); hierbei können im Unterrichtsgespräch genaue Textbelege; z. B. „die Türken" (**M 16**, Z. 14) genutzt werden.
Mit dem erneuten Bearbeiten von **AA 2** nach der Lektüre von **M 21** lassen sich Erklärungsgründe von Pauschalurteilen einbringen: „Gewohnheit" (**M 21**, Z. 5) und „Bräuche des Landes, in dem wir leben" (**M 21** Z. 8); so lässt sich in der Rückschau die Begrenztheit des Einzelnen und die induktive Verallgemeinerung als Vorurteilsgrund herausarbeiten. Korrelativ und weiterführend lassen sich hier die **Zusatzmaterialien LB S. 44** einsetzen, die das logisch-induktive Moment des Vorurteils verdeutlichen und die Begrenztheit des Einzelnen problematisieren. Auch eine erneute Reflexion der zeitlichen Struktur des Vor-Urteils, wie sie im Folgenden erarbeitet wird, ist hier möglich.

AA 3, AA 4 – M 17

Neben dem festigenden Rückgriff auf **AA 2** bietet sich hier im Sinne der selbstgesteuert-intuitiven Problemlösung die Möglichkeit zu einer *ersten lernstrukturellen Plateaubildung* an, die darin besteht, das „Störende am Pauschalen" zu artikulieren. Diese Plateaubildung denkt zugleich auf Festigung (!) und eigene Stellungnahme (⇔) hin, die **M 17** und **AA 4** dann verstärken.

AA 5– AA 10 – M 18, M 19

Die SuS können besonders anhand der Pointe der Karikatur (**M 18**) die zeitliche Dimension des Vorurteils als Vor-Urteil herausarbeiten; so wird – durch die Pointe motivational gestützt – *ein zweites Lernplateau* möglich, das darin besteht, das „störende" Pauschale zunächst durch die „Vorher-Nachher-Frage" der Zeit zu erklären und aufzuheben. Der weitere Gedankenweg der Lernstruktur führt mit **M 19** über vorgegebene Erwartungen an den Einzelnen durch andere (siehe auch die Zeichnung SB S. 45, **AA 8–AA 10**) weiter über den Begriff „Gewohnheit" zur logisch-induktiven Verallgemeinerung der individuellen Begrenztheit, das heißt des jeweils Bekannten. Zudem erfahren alle Erklärungsgründe des Vorurteils durch **M 22** eine vertiefende Problematisierung. Wie im Liedtext „Soundso" (**M 19**) wird konstitutiv für alle Lernplateaus die kritische Stellungnahme (⇔) zu Vorurteilen eingefordert, so dass in der Gesamtsicht der in sich reflektierte Begriff des Vorurteils gefestigt (!) wird (s. u.). Rückblickend kann nach der Bearbeitung von **M 22** (vgl. unten) auch in **M 19** festigend nach „Zweifel", „Bequemlichkeit" und „Rechthaberei" gefragt werden.

## S. 46–49 Vorurteile bemerken und erklären

Diese Unterkapitel geht von den lernstrukturell schon erreichten Plateaus aus und ergänzt *Gewohnheit* (**M 20, M 21**) und *logisch-induktive Verallgemeinerung* (**M 24, M 25**) als weitere Bestimmungsgrößen von Vorurteilen (als Lernplateaus). Eine kritische Reflexion des Vorurteilsbegriffs erfolgt (zum jeweiligen Lernplateau) dabei in **M 22** und **M 23** und in **M 26** und **M 27**.

AA 1 M 20 ⇩ **M 20** nimmt ebenso den literarischen Bezug wie **M 16** inhaltlich wieder auf. **AA 1** ist zum Verständnis des Textabschnittes wichtig, weil die Vorurteile hier in einer ironisch übertriebenen Form durch einen Betroffenen selbst eingebracht werden und deshalb in ihrer Wirkung für SuS dieser Alterstufe nicht leicht zu erfassen sind.

? Es geht deshalb hier nicht nur um die Klärung, sondern auch um die Wirkung von Vorurteilen.

AA 2 Indem die SuS sich an der nicht leicht zu beantwortenden Frage **AA 2** versuchen, werden sie intuitiv einige der von Montaigne und Ustinov genannten Merkmale vorwegnehmen (nicht der Gewohnheit entsprechend, Bequemlichkeit und Rechthaberei).

AA 3–AA 7 M 21 Da durch M 17 und AA 3 (SB S. 44) und die erreichten Lernplateaus schon eine erste begriffliche Festigung von Vorurteilen gegeben ist, stehen **AA 3–AA 7** zu **M 21** unter der Maßgabe einer angeleitet-kontrollierten Problemlösung, die auch durch den inhaltlichen Schwierigkeitsgrad von **M 21** geboten scheint. Wichtig ist es, die Erklärungsgründe, die Montaigne nennt, genau herauszuarbeiten.
**AA 5** hat dabei eine festigende, die reflexiv angelegten **AA 6** und **AA 7** haben eine kritisch-wertende Ausrichtung. Zudem schließt sich der direkte, weiter festigende Rückbezug auf **M 20** an. Die Gewohnheit als Erklärungsgrund für Vorurteile stellt in der intendierten Lernstruktur das *dritte Lernplateau* dar.

AA 8, AA 9 M 22 ! **M 22** und die zugehörigen AA festigen zum einen das erreichte Lernplateau, das die „Gewohnheit" als Erklärung für Vorurteile benennt. Zum anderen bestimmt die konkrete Handlungsorientierung von **AA 8** und **AA 9** das bisher eher analytisch geprägte Vorgehen in der Lernstruktur jetzt entscheidend zu synthetischen Elementen von Seiten der SuS weiter. Inhaltlich folgt durch Einführung der Begriffe „Zweifel", „Bequemlichkeit" und „Rechthaberei" außerdem eine Erklärung und Problematisierung der bisherigen Erklärungsgründe für Vorurteile (Pauschalität, Zeitlichkeit und Gewohnheit). Gerade weil es sich hier um eine *entscheidende inhaltliche Vertiefung* handelt, erscheint die Handlungsorientierung im Sinne eines ganzheitlichen Lernprozesses besonders geboten.

**Vorschlag für eine weitere Vertiefung:** Mit leistungsstarken Lerngruppen lässt sich hier über das Zitat „Es ist so bequem, unmündig zu sein" (*Kant, Immanuel:* Ausgewählte kleine Schriften. Hamburg: Meiner 1969. S. 1) die „Bequemlichkeit" weiter auch mit dem Begriff der „Unmündigkeit" verknüpfen. Eingedenk der Schwierigkeit des zugrunde liegenden Kant-Textes ist das Zitat hier bewusst kurz als Pointierung angesetzt und bedingt durch diese Ansetzung eine Öffnung des Unterrichts, in dem „Unmündigkeit" unter lebensweltlichen Fragestellungen mit den Begriffen „Wahrheit" und „Freiheit" verbunden gedacht werden kann. Dies lässt sich z. B. durch das „Sammeln von Situationen" realisieren. Die SuS denken sich dabei Handlungssituationen aus, bei denen Freiheit und/oder Wahrheit von entscheidender Bedeutung sind. Diese Situationen übertragen sie in Dialoge und veranschaulichen sie im Rollenspiel. Alle Situationen erhalten abschließend ein inhaltliches Schlagwort und werden unter den Begriffen „Freiheit" und „Wahrheit" gesammelt. So entstehen extensionale Definitionen dieser Begriffe. Die SuS sollen dann von den Begriffen „Freiheit" und „Wahrheit" ausgehen und ihre Definition von „Unmündigkeit" und deren Bezug zu „Bequemlichkeit" und zu „Vorurteilen" formulieren.
„Unmündigkeit" bietet auf diese Weise die Möglichkeit, „Gewohnheit" als Erklärungsgrund von Vorurteilen vertieft zu betrachten und über den Bezug zur „Wahrheit" die im Unterricht nachfol-

gende Beschäftigung mit der logisch-induktiven Verallgemeinerung des Bekannten als weiteren Erklärungsgrund für Vorurteile schon vorzubereiten.

AA 10 AA 11 | M 22 |

**AA 10** dient der reflexiven Betrachtung der bisher erreichten Lernplateaus zur Bedeutung und Erklärung von Vorurteilen. Dabei ist es wichtig, dass sich die SuS auf die vertiefenden Begriffe „Zweifel", „Bequemlichkeit" und „Rechthaberei" aus **M 22** und auch auf Aspekte wie Pauschalität, „Vorher-Nachher-Struktur" und Gewohnheit beziehen.

AA 11 | M 23 | ⇔

**AA 11** fragt nach der Übertragung der Arbeitsergebnisse aus **AA 8** und **AA 9** auf **M 23**. Dabei kann und soll die Übertragbarkeit auch problematisiert werden.

*Ein weiterer, sich hier unmittelbar anschließender Lernprozess erörtert die logische Struktur des Vorurteils.*

| M 23 | ⇩

**M 23** dient als motivierende Hinführung zur Frage, warum die drei Personen das in der Kombination schrecklich finden, was sie im Einzelnen verkörpern.

?

Es geht dabei um das Problem, wie sich Allaussagen und Einzelaussagen zueinander verhalten.

AA 12– AA 15 | M 24 |

Die Abfolge in **M 24** zeigt eine Fokussierung der Problemstellung und in **AA 13–AA 15** Aspekte der Intuition und Selbststeuerung.
Zentral ist der Gedanke der (logischen) Induktion, der sich den SuS zunächst als Problem erschließt, das in **AA 12** diskutiert werden muss und das in **AA 15** eine Hypothesenbildung erfordert. Sollte es dabei in den Partnergruppen zu kontroversen Diskussionen kommen, erscheint eine kurze Diskussion im Plenum und eine Fixierung der unterschiedlichen Hypothesen sinnvoll.

AA 16, AA 17 | M 25 |

Nach dem Umblättern dient **M 25** zum einen der kontrollierten Problemlösung, da der weiße Rabe den Induktionsschluss als nicht wahrheitsbewahrend entlarvt und in **AA 17** weitere formgleiche Aussagen zu „Alle Raben sind schwarz" gebildet werden. Zugleich bleibt aber die Frage zu diskutieren, ob weiße Raben überhaupt möglich sind. (**AA 16**) Hier lassen sich zur Klärung Rechercheaufträge (Internet und/oder Bibliothek) vergeben. (Der afrikanische Schildrabe hat den wissenschaftlichen Namen *Corvus albus (= Weißer Rabe)*, er ist aber nicht völlig weiß, sondern hat eine elsterähnliche Zeichnung.)
Darüber hinaus bleibt aber die Frage nach dem Bezug von Allaussagen und Vorurteilen noch im Status der Diskussion.

AA 18, AA 19 !

Didaktisch ist hier eine Zwischensicherung der von den SuS geäußerten Hypothesen sinnvoll, um mit **AA 23** und **AA 24** zu **M 26** das *vierte Lernplateau* „Vorurteile als induktive Verallgemeinerung des Bekannten" vollständig zu realisieren.
Auf dem Weg zu diesem Lernplateau dienen die Informationen zu Karl Raimund Popper mit **AA 18** und **AA 19** als weitere Festigung.

AA 20– AA 24 | M 26 | ⇔

Diese Festigung wird in der inhaltlichen Überleitung zu **M 26** in **AA 20** konsequent weiterentwickelt. Dabei ist grundsätzlich nicht eine klassifikatorische Annäherung an die Existenzaussage, wie sie hier möglich wäre, zu erwarten. Der Schwerpunkt der Antworten sollte vielmehr im Verbund mit **AA 21** auf die Argumentation gelegt werden, dass man von einer „neugierigen" oder „dummen" Katze nicht auf alle Katzen schließen kann. Die Festigung, dass prinzipiell Allaussagen hier nicht durch Induktion erreicht werden können, findet mit **AA 22**, die rückblickend die Anwendung dieses Prinzips auf **M 20** einfordert, ihren Abschluss. Dabei kann es notwendig sein, als Lernhilfe zunächst zu verdeutlichen, warum es sich bei „Frauen müssen bei uns nichts wissen, ... die werden sowieso im Haus eingesperrt" (**M 20**, Z. 34–36) und vergleichbaren Aussagen um Allaussagen handelt. Auch eine logische Abgrenzung zu **M 26** kann notwendig sein. Entscheidend wäre hier die Frage, auf welcher Grundlage in **M 20** und **M 26** Aussagen gebildet werden. Der einzelnen handelnden Katze in **M 26** ließen sich hier ein Rückgriff auf die Antworten zu **AA 1** und Floris Aussagen aus M 16 und die Antworten zu M 16, AA 2 entgegenstellen. So wird deutlich, dass aus etwas, was einer Einzelperson bekannt ist oder von dem sie behauptet, dass es ihr bekannt sei, durch induktive Verallgemeinerung ein Urteil wird, das deshalb nur ein Vorurteil sein kann.

Diese Argumentation muss nun vertieft werden. Dabei kommt es in **AA 23** besonders darauf an, die „Gewohnheit“ oder „das, was Einzelnen bekannt ist“ als Grundlage für eine Allaussage, die dann ein Vorurteil sein muss, zu erkennen. Als Lernhilfe kann hier der inhaltliche Rückgriff auf die genaue Betrachtung von **M 21** mit **AA 3** dienen. Mit **AA 24** wird abschließend – im reflexiven Bezug auf alles Bisherige – das vierte Lernplateau vollständig erreicht.

AA 25, AA 26 | M 27 | !

Als abschließende Festigung des vierten Lernplateaus betont **M 27** die syllogistische Struktur, aus der als Fehlschluss das Vorurteil als Induktion entsteht. Hier lässt sich besonders betonen, dass es nicht notwendig eine „böse Absicht“ braucht, um ein Vorurteil entstehen lassen, sondern dass ein Vorurteil auch immer einen logischen Fehlschluss in sich tragen kann, so dass es auch auf bloßer Unwissenheit beruhen kann. Als weitere Festigung ließen sich die Motive für Kaninchens Aussagen in **M 20** mit den Motiven für Floris Aussagen in M 16 (SB S. 44) kontrastieren. Die abschließende Aufforderung in **AA 26**, den Begriff Vorurteil zu erklären, nimmt nochmals die bisherige Lernstruktur als ganze in den Blick: Es können die wesentlichen Punkte zu den vier Lernplateaus nochmals explizit herausgestellt werden.

## S. 50/51 Vorurteile aufheben?

AA 1 | M 28 | ⇩

Thema dieses Unterkapitels ist die Begegnung in gegenseitiger Toleranz im Hinblick auf eine (mögliche) Aufhebung von Vorurteilen; die Hinführung leistet **M 28**, das die SuS in den wesentlichen Inhalten wiedergeben sollen.

AA 2, AA 3 | M 29 | ?

**M 29** fokussiert die Problemstellung dahingehend, dass ein (mögliches) Aufheben von Vorurteilen auch das mögliche Aufheben von Konfrontationen bedeutet, für deren Entstehen ein Vorurteil oft verantwortlich ist. Hier zeigt sich die zentrale didaktische Verbindung der Begriffe „Vorurteil“ und „Gewalt“, der im Kapitel inhaltlich die „Ethik des Helfens“ und „Begegnung in Toleranz“ gegenübergestellt werden. Dabei sollen die SuS mit **AA 2** die Konfrontation und mit **AA 3** die Begegnung in gegenseitiger Toleranz herausarbeiten.

AA 4 | M 30

Analog zur Bearbeitung von M 22 SB S. 47 intendiert auch **M 30** die handlungsorientierte Vertiefung der Unterrichtsinhalte, die in einem ganzheitlich gedachten Lernprozess zugleich Erfahrungsbildung bedeutet. So tritt, bedingt durch die begriffliche Analyse der Erklärungs- und Aufhebungsgründe von Vorurteilen, in deren synthetischer Umsetzung – hier durch die konkret gesetzte „Vorurteilstür“ – die Empathie als mögliche Handlungsbedingung hervor. Wir erschließen Empathie als Voraussetzung der Ethik des Helfens nicht kognitiv, sondern empfinden sie zunächst. Deshalb bietet die begrifflich orientierte Lernstruktur des Kapitels einen Zusammenhang, der in den handlungsorientierten Arbeitsaufträgen auf die Empathie als Erfahrung verweist. So wird die Zuordnung von Begriffen und situativen Handlungen möglich (vgl. mögliche Vertiefung zur „Unmündigkeit“ SB S. 46–49).
Dabei kann **AA 4** diese Zuordnung zugleich initiieren und organisatorisch steuern. Bei der Auswertung der Beobachtungen sollten die bisher erarbeiteten begrifflichen Erklärungsgründe für Vorurteile (1. bis 4. Lernplateau) eingebracht und mit den Handlungen in den Spielszenen verknüpft werden. Methodisch ist eine Sammlung von Handlungen auf Plakaten möglich, die als Überschrift jeweils einen der Erklärungsgründe für Vorurteile tragen.

M 30

In der angeleitet-kontrollierten Problemlösung werden über die Analyse von **M 30** die Vorzüge der Überwindung von Vorurteilen verdeutlicht.

AA 5 | M 31 | !

Mit dem Bild des Gartens (Z. 5) reflektieren und festigen die SuS die Lernschritte „Überwindung von Konfrontationen“ und „Begegnung in gegenseitiger Toleranz“ erneut. Sie können die beiden unterschiedlichen Gärten malen und begründen, welcher ihnen besser gefällt. Die Bereicherung des eigenen Lebens durch das Zusammenleben mit anderen tritt als abschließender Lernschritt hinzu. So zeigt sich in der Lernstruktur zum Begriff „Vorurteil“ nach den Erklärungsgründen ein *fünftes Lernplateau*, das die drei genannten Lernschritte als „Weg zur Vorurteilsüberwindung“ auf den Begriff bringt.

AA 6 ⇔ **AA 6** zum Begriff des Vorurteils schließt die zugehörige Lernstruktur und öffnet den Blick für den nachfolgenden zentralen Begriff der Gleichheit und weiter für die Begegnung mit anderen. Die SuS tragen individuelle Erfahrungen bei; methodisch ließen sich Plakate zu einzelnen Ländern erarbeiten, auf denen diese Erfahrungen gesammelt werden. Die Sammlung ließe sich dann ggf. bei der Bearbeitung von M 33 (SB S. 53) wieder in den Unterricht einbinden.
Im Sinne der Rahmung lassen sich ausgehend von diesen individuellen Erfahrungen auch erneut Floris Aussagen in M 16 (SB S. 44) kritisch reflektieren. So können als Abschluss der Lernstruktur nochmals alle Lernplateaus wiederholt und gefestigt werden.

## S. 52/53 Migration und Gleichheit

AA 1 M 32 ⇩ **M 32** stellt den SuS den türkischen Klassenkameraden Altan mit seiner großen Leidenschaft für Fußball näher vor (hier illustriert mit einer Abbildung des Fußballers Mehmet Scholl, zu dessen Lebensgeschichte L auch eine Recherche-Aufgabe erteilen oder ein Kurz-Referat - vgl. SB S. 227 - vergeben kann). Die SuS sammeln die im Text vorhandenen Informationen zu Altan. (**AA 1**)

AA 2 ? Aus der Zusammenstellung der Informationen können die SuS die Frage beantworten, wie Altan in der Klasse integriert ist. Aufgrund seines offenen und humorvollen Charakters und der eindeutigen Zuschreibung in Z. 19/20 dürften sie zu dem Schluss kommen, dass er relativ gut in der Klasse aufgenommen ist. Sie sind damit für die Problemstellung sensibilisiert, wie Migranten in der deutschen Gesellschaft überhaupt integriert sind.

AA 3, AA 4 In einer ersten, selbstgesteuerten intuitiven Problemlösungsphase, die über die Begriffsklärung der „Migration" (vgl. auch SB S. 217) terminologisch unterstützt wird, können die SuS anhand von Recherchen und Familieninterviews (hier bietet es sich an, geeignete Fragen mit den SuS vorher im Unterricht zu besprechen) sowohl die Herkunft von Altan als auch ihrer eigenen Familien aufklären. Damit eröffnet sich ein empirisch bestätigter Blick dafür, dass in unserer Gesellschaft sehr viele Menschen nicht aus dem Ort ursprünglich stammen, an dem sie gerade leben. Um nicht nur mit abstrakten Länder- und Städtenamen operieren zu müssen und die Dimensionen von Entfernungen auch zu veranschaulichen, erscheint es didaktisch sinnvoll, hierbei die SuS Visualisierungen über die Herkunftsgebiete und die Entfernung zum jetzigen Lebensmittelpunkt anfertigen zu lassen. Sollte sich die Möglichkeit bieten, kann man an dieser Stelle auch gut interdisziplinär mit dem Fach Geografie zusammenarbeiten.

AA 5, AA 6 M 33 Die Übersetzung aus dem Kölner Dialekt dürfte für die SuS eine nicht unerhebliche Herausforderung darstellen, die aber sicherlich aufgrund der sprachlichen Idiomatik, der Struktur des Textes und des zur Entschlüsselung notwendigen Forschergeistes auch Spaß machen wird. (Ein Video ist in einer aus dem Karneval 2008 stammenden Version unter http://www.youtube.com/watch?v=mjpUhnLW75o, die Übersetzung unter http://www.seniorentreff.de/diskussion/threads8/thread607.php zu finden.)
Im Anschluss ist ein gemeinsamer Vergleich der einzelnen übersetzten Textzeilen unbedingt erforderlich. Die Aussagen des Liedes betonen, dass die Wurzeln der Kölner ethnisch, sozial und religiös vielfältig sind, dass diese Pluralität der Herkunft als Faktizität anzuerkennen ist, sie für alle einen Vorteil darstellt und dass schlussendlich alle als Menschen gleich sind.

AA 7 ! Die Begriffsklärungen zu Diskriminierung und Gleichheit vor dem Gesetz stellen eine abstrahierende Festigung der Thematik des Unterkapitels dar, insofern sie das ungeschriebene Recht auf Andersartigkeit (in diesem Fall in Bezug auf Migrationshintergründe) und die für alle geltende Gleichbehandlung vor dem Gesetz als normative Basisfunktion konstatieren und daraus das Verbot der Diskriminierung ableiten.

⇔ Eine Transfermöglichkeit für stärkere Lerngruppen bietet sich an, wenn man mit den SuS auch nach anderen benachteiligten Menschengruppen in unserer Gesellschaft recherchiert und gegebenenfalls Leitlinien für den Umgang miteinander vor dem Hintergrund von Andersartigkeit aus dem Begriff der Gleichheit und dem Diskriminierungsverbot entwickelt.

## S. 54/55 Migration und Identität: Altans Traum

M 34

Selbst wenn man anhand des vorigen Unterkapitels konstatieren kann, dass Altan relativ gut in die Klassengemeinschaft integriert ist, so zeigt **M 34** doch, dass seine persönliche Binnenperspektive von einer nur schwer zu realisierenden Wunschvorstellung, einem Traum, charakterisiert ist und eine Identitätsproblematik enthält, die, so lässt sich vermutlich generalisieren, für die meisten Migranten existiert.

?

In diesem Fall geht es um die sich ergebende und im Buch direkt formulierte Fragestellung, ob Altan „ohne Probleme gleichzeitig Türke und Deutscher" sein kann (Z. 15f.).

AA 1–AA 3 M 34 M 35

Nun sind die SuS herausgefordert, intuitiv und mit eigenen Überlegungen diese Problemstellung zu bearbeiten. Anknüpfungsmöglichkeiten zu **AA 1** bestehen in der Fußballleidenschaft Altans; evtl. können die SuS hier auch schon Aspekte nennen wie Sprachkompetenz, Freundschaften schließen, Bildungs- und Berufsabschlüsse erwerben; aber vermutlich wird es keine überzeugende Lösung geben. Das ist an dieser Stelle aus didaktischen Gründen auch nicht erforderlich, um den Lernprozess noch offenzuhalten, zumal auch fraglich ist, ob kulturelle Identitätsproblematiken ohne weiteres bipolar auszuhalten und damit zu lösen sind. Mit **M 35** und **AA 2** erhalten die SuS eine symbolische Interpretation der Situation von Altan, die sie mit **AA 3** veranlassen soll, selbst einen Text zu verfassen. Hier ist es gut möglich, dass eigene Erfahrungen einfließen werden; insofern sollte L mit den Geschichten der SuS behutsam umgehen.

AA 4 M 36

Die Erfahrung von Fremdheit und Zerrissenheit kommt in **M 36** gut zum Ausdruck. Vor allem an den Aspekten Sprache, Familie, Tradition und differente Normvorstellungen lassen sich die Probleme erkennen. Insofern ist die Darstellung des Jungen zwischen den Stühlen in **M 35**, der etwas melancholisch und eher nachdenklich-entspannt wirkt, noch harmlos gegenüber den Schilderungen von Türkan. Deren Text ist sicherlich für die deutschen SuS eine drastische Verdeutlichung der Situation vieler, vor allem türkischstämmiger Mitschüler – während er für die Kinder mit kulturellen Identitätsproblemen ein Stück Selbstoffenbarung enthält, die sie häufig aus guten Gründen vor den deutschen Mitschülern (und auch der eigenen Familie) verstecken. Daher ist es auch hier evtl. nötig, den Text mit Rücksicht auf die SuS der konkreten Lerngruppe vorsichtig einzusetzen.

!

Die Begriffsklärung im Info-Kasten (vgl. auch SB S. 217) dient der Festigung und eröffnet im letzten Satz die Möglichkeit einer Lösung für das Problem der Identität.

AA 6, AA 7 M 37

Ein gutes Beispiel gelungener Bewältigung der kulturellen Identitätsproblematik liegt in **M 37** vor (daher ist es auch kein Zufall, dass es für eine Kampagne der Bundesregierung diente). Aber auch hier wird klar ausgesprochen, welche Hürden (**AA 6**) die junge Frau zu nehmen hatte, um den beschrittenen Weg erfolgreich zu absolvieren (Sprachdefizite, familiäre Hindernisse). **AA 7** fordert die SuS zusätzlich auf, positive Empfehlungen zu überlegen, die sie Kindern aus Zuwandererfamilien, aber auch der Gesellschaft und sich selbst geben würden, um Integration und neue Identitätsbildung als gelungenen Prozess gestalten zu können. Didaktisch verknüpft sich damit die Hoffnung der Ermutigung aller Beteiligten.

## S. 56/57 Migration und Islam – einander begegnen

Im Anschluss an die Erarbeitung des zentralen Begriffes der Gleichwertigkeit am Phänomen Migration haben die letzten beiden Unterkapitel, die Funktion, die Konkretion dieser Gleichwertigkeit im Zusammenleben mit anderen abzubilden. Dabei wird die „Begegnung in gegenseitiger Toleranz", die als Leitbild für die Überwindung von Vorurteilen entwickelt wurde (vgl. SB S. 50/51) unter der Maßgabe der Gleichwertigkeit (vgl. Info-Kasten, SB S. 53) wieder aufgenommen. Die Lernstruktur dieses Unterkapitels beginnt analytisch bei der Begegnung mit anderen, die fremd erscheinen, und vermittelt dieses Fremde als gleichursprünglich Anderes zum Eigenen, d. h. zum Vertrauten. Hier liegt in der Auslegung der Gleichwertigkeit der Grund der gegenseitigen Toleranz. Zudem treten Gemeinsamkeiten von Eigenem und Fremdem hervor. Im letzten Unterkapitel wird die gegenseitige Toleranz dann am Beispiel der geplanten und vorhandenen Moscheen in Deutschland konkretisiert. Schließlich folgt auch ein Beispiel für gemeinsames Handeln im Zusammenleben mit anderen.

AA 1 | M 38 | ⇩ **M 38** dient als Hinführung zum Phänomen der Begegnung mit anderen; in der Beschreibung der „anderen Welt" liegt zugleich deren Fokussierung als Problemkontext.

? Damit ist das Problem aufgeworfen, wie man Menschen aus der „anderen Welt" angemessen begegnen sollte.

AA 2, AA 3 | M 39 | M 40 | **M 38** und **M 39** bieten die Möglichkeit, das erfahrene Andere des Kopftuchs an die eigene Lebenswelt anzubinden. Indem die SuS Vermutungen über die Künstlerin und das Mädchen auf den Inlineskates anstellen, wird ihnen wohl auch der Gedanke kommen, dass die Menschen in der „anderen Welt" so anders gar nicht sind. Zielführend kann dabei in **M 40** die lebensweltliche Gemeinsamkeit „Inlineskates" sein; **M 39** bietet über das Gemälde die Möglichkeit, darüber nachzudenken, dass ein Mädchen mit Kopftuch verschiedene Seiten in sich hat. Die SuS können so die Gleichursprünglichkeit des Vertrauten und des zunächst Fremden thematisieren. **AA 3** führt in Verbindung mit dem Info-Kasten zum analytischen Verstehen des erfahrenen Anderen. Die SuS erfahren, dass der Umgang mit dem Kopftuch sowohl in der religiösen Praxis als auch im Alltag der Türkei umstritten und nicht eindeutig geregelt ist. Genauere Informationen erhält man z. B. aus einer Broschüre der Konrad-Adenauer-Stiftung unter http://www.kas.de/wf/doc/kas_9095-544-1-30.pdf

AA 4 | M 41 | Der Schlusssatz in **M 41** (Z. 48) bietet die Grundlage für eine „Begegnung in gegenseitiger Toleranz". Dabei verbindet **AA 4** die bisher analytisch betrachtete Begegnung mit anderen mit der Lebenswelt der SuS und gibt eine konkrete Handlungsorientierung.

! Die Antwort auf die aufgeworfene Problemstellung liegt nun darin, dass es bei der Begegnung von Menschen aus „anderen Welten" nicht darum gehen kann, die Andersartigkeit und die Fremdheit im Sinne einer falsch verstandenen Gleichheitsvorstellung zu übersehen, sondern sie in ihrer Gleichwertigkeit anzuerkennen.
Mit dem zusätzlichen Schwerpunkt Fanatismus vs. Toleranz lässt sich hier das **Zusatzmaterial LB S. 45** einsetzen.

AA 5 | M 42 | ⇔ Die linke Fotografie bietet den SuS die Möglichkeit, in einer eigenen Stellungnahme nochmals das Nebeneinander von jeweils anderen zu thematisieren. Als prozessorientierte Lernhilfe dient der Vergleich der beiden „Fenster". Die rechte Fotografie lenkt den Blick dann weiter auf mögliche lebensweltliche Gemeinsamkeiten.

## S. 58/59 Moscheen in Deutschland - Zusammenleben mit anderen

In diesem Unterkapitel konkretisiert sich die „Begegnung in gegenseitiger Toleranz". Über die Analyse des Anderen (vgl. oben) hinaus wird jetzt das einander Begegnen inhaltlich an einem kontrovers diskutierten Thema entfaltet. Anhand von **M 44** und **M 45** erarbeiten die SuS die kontroversen Positionen und beziehen sie mit **AA 8** abschließend aufeinander.

AA 1- AA 3 | M 43 | ⇩ **M 43** führt über das Motiv des Betens in den Kontext „Moschee" ein und setzt ihn zugleich als Problem, das weitere Sachinformationen erfordert (auch, um **AA 2** als Weiterführung von **AA 1** beantworten zu können).

? Auf die Bedeutung des Kopftuchs im vorigen Unterkapitel folgt nun die Bedeutung der Moschee.

AA 3- AA 5 | M 44 | Über **AA 1** hinaus bietet sich mit **AA 3** eine Recherche in einer Bibliothek und/oder im Internet an. Wenn eine Exkursion in eine örtliche Moschee möglich ist, kann dieser außerschulische Lernort die recherchierten Sachinformationen vertiefen und zudem die Beschäftigung mit **M 44** und **M 45** vorbereiten.
Zunächst müssen mit **AA 4** die Argumente von **M 44** geklärt und - unerlässlich für **AA 5** - in die eigenen Worte der SuS übertragen werden. Didaktisch lässt sich mit Z. 31ff. an den zentralen Begriff der Gleichwertigkeit und an die „Begegnung in gegenseitiger Toleranz" und somit an die Ergebnisse der Bearbeitung der vorigen Unterkapitel anknüpfen. **AA 5** setzt die Begegnung mit anderen handlungsorientiert um und festigt zugleich die Argumente aus **AA 4**.

AA 6, AA 7 | M 45 | [kontrollierte Problemlösungsphase] **M 45** konkretisiert im Rahmen einer angeleitet-kontrollierten Problemlösung mit **AA 6** und **AA 7** die möglichen Gemeinsamkeiten der sich begegnenden Lebenswelten bezogen auf den Kontext „Moscheen in Deutschland".

[Festigungsphase] Eine Festigung der gewonnenen Einsichten ergibt sich aus **AA 7**.

AA 8 | [Transferphase] Durch die intendierte Handlungsorientierung lassen sich die widerstreitenden Positionen für die SuS schlüssig nachvollziehbar einander gegenüberstellen. Die Lernstruktur der letzten beiden Unterkapitel findet so ihren Abschluss, in dem die einzelnen Lernschritte wiederholt werden können. Durch das Spielen der verfassten Szenen wird zudem eine Vertiefung im Sinne einer „Lernerfahrung" umgesetzt (vgl. dazu **M 22** und **M 30**).

Auflösung des Tests: 1B; 2B; 3C; 4A; 5D; 6A; 7C; 8C; 9B; 10C

# Wissen macht Spaß

Ein Test zu den 10 wichtigsten Begriffen des Kapitels

## Was versteht man unter...

**1. Konflikt:**
- A Gegenüberstellung von einander widersprechenden Meinungen.
- B Ein zumeist grundsätzlicher Streit zwischen Menschen.
- C Ein anderer Begriff für Ehescheidung.
- D Eine Zusammenkunft zur Besprechung, z. B. von Problemen.

**2. Integration:**
- A Begriff aus der Mathematik, ein Summenausdruck.
- B Bezeichnung für die Eingliederung von Personen.
- C Gegenbegriff zu Migration.
- D Begriff für die Absonderung einer Menschengruppe.

**3. Vorurteil:**
- A Sprechen Gerichte im Namen des Volkes.
- B Neutrale, nicht wertende Aussage, bei der der Wahrheitsgehalt überprüft wurde.
- C Wertende, nicht neutrale Aussage, bei der der Wahrheitsgehalt nicht überprüft wurde.
- D Wahrheitsgemäße Aussage, die nicht wertend ist.

**4. Zivilcourage:**
- A Mut, sich unerschrocken für andere einzusetzen.
- B Altertümlicher Begriff für die Ehe.
- C Von den Bürgern zu zahlende Gebühr bei der Vermittlung von Häusern oder Wohnungen.
- D Vernünftige Einsicht, sich aus allem Streit herauszuhalten.

**5. Toleranz:**
- A Begriff für außerordentlich erfolgreiche Menschen.
- B Unterdrückung von Menschen durch andere Menschen.
- C Begriff für einen ungeschickten Menschen.
- D Begriff dafür, dass man andere so gelten lässt, wie sie sind, und sie nicht verändern will.

**6. Mobbing:**
- A Ständige und wiederholte Schikane anderer Menschen.
- B Fähigkeit der Beweglichkeit.
- C Vereinzelte und seltene Schikane anderer Menschen.
- D Schikane anderer Menschen, die keinem Plan folgt.

**7. Gleichwertigkeit/Gleichheit:**
- A Nur die Menschen haben ein Recht auf die gleiche Wertschätzung und die gleichen Rechte, die es auch verdienen.
- B Die gleiche Wertschätzung ist im Grunde Unrecht.
- C Alle Menschen haben ein Recht auf die gleiche Wertschätzung und die gleichen Rechte.
- D Alle Menschen sind von Natur aus gleich.

**8. Gewalt:**
- A Anderer Begriff für eine unvorstellbare Macht.
- B Fähigkeit der Politiker, sinnvoll zu regieren.
- C Androhung oder Anwendung von körperlichem oder geistigem Zwang.
- D Normales Mittel in der Gesellschaft, um seine Absichten durchzusetzen.

**9. Migration:**
- A Gegenbegriff zu Integration.
- B Wanderung mit der Absicht des dauerhaften Wechsels des Lebensmittelpunktes
- C Geschicklichkeitsspiel mit dünnen, .langen Holzstäbchen.
- D Wanderung im Urlaub

**10. Allaussage:**
- A Aussage, die das Weltall benennt.
- B Aussage wie „Alles in Butter".
- C Aussagentyp, der sich auf eine Menge von Gegenständen bezieht, bei der die Aussage auf jeden einzelnen Gegenstand zutrifft.
- D Aussagentyp, der sich auf eine Menge von Gegenständen bezieht, bei der die Aussage auf keinen Gegenstand zutrifft.

## Zu S. 36/37 Begegnung mit Gewalt

**Auf dich kommt es an!**

Das Fußballturnier ist zu Ende und nun wird gefeiert. Im Vereinshaus geht es hoch her. An einem der Tische sitzen die Jugendspieler Ralf und Thomas mit ein paar älteren Spielern zusammen, die herumblödeln. Plötzlich fangen zwei der „Senioren" an, Türkenwitze zu erzählen. Ralf und Thomas sind verunsichert. In ihrer Mannschaft spielen drei türkische Freunde mit. Einer von ihnen, Acif, sitzt nur ein paar Meter weiter an einem anderen Tisch. Was sollen Ralf und Thomas tun? Mitlachen, weil es nur ein Spaß ist? Ablenken auf ein anderes Thema? Oder sollen sie sagen, dass diese Witze aufhören müssen? Schließlich heißt es doch: Wer nichts tut, macht mit!

*Aus: basta-net. Arbeitsgemeinschaft Jugend und Bildung, Berlin/Universum-Verlag, Wiesbaden*

1 Liegt in diesem Fall auch Gewalt vor? Begründe deine Überlegungen

2 Versetzt euch in die Lage von Ralf und Thomas. Was würdet ihr tun? Es bietet sich an, zu dieser Situation ein Rollenspiel durchzuführen.

## Zu S. 42/43 Zivilcourage und Ethik des Helfens

*links: © all4wall, Velbert*
*rechts: © Josef-Heckler-Schule, Bensheim*

1 Beschreibe die beiden Abbildungen.

2 Bei der ersten Abbildung ist eine Eigenschaft benannt, die man benötigt, wenn man in einem Konflikt helfen will. Fallen dir noch andere ein?

3 Weshalb macht Helfen Freu(n)de und Glück?

4 Überlege, ob Helfen und Streitschlichten immer gut ausgehen.

## Zu S. 44/45 Pauschalurteile - Vor-Urteile?

**Ein Vorurteil**

Eine Masse braucht nicht zahlreich zu sein, um die Fähigkeit richtigen Sehens zu verlieren und die wirklichen Tatsachen durch davon abweichende Täuschungen zu ersetzen. Die Versammlung einiger einzelner bildet eine Masse [...]. Das Beobachtungsvermögen und der kritische Geist eines jeden von ihnen schwinden sofort. [...]
Vor einigen Jahren gaben die Zeitungen die Geschichte von zwei kleinen ertrunkenen Mädchen wieder, die aus der Seine [Fluss in Paris] gezogen wurden. Diese Kinder wurden zuerst in bestimmter Weise von einem Dutzend Zeugen erkannt. Vor so übereinstimmenden Aussagen schwand auch der leiseste Zweifel des Untersuchungsrichters, er ließ den Totenschein ausfertigen. In dem Augenblick aber, da man sich zur Beerdigung anschickte, entdeckte man durch Zufall, dass die mit den Opfern Identifizierten noch völlig lebendig waren und kaum eine entfernte Ähnlichkeit mit den ertrunkenen Kleinen besaßen. [...] [es hatte] die Behauptung des ersten Zeugen, der das Opfer einer Täuschung war, zur Beeinflussung aller anderen genügt."

*Aus: Le Bon, Gustave: Psychologie der Massen. [1911] Übers. v. Rudolf Eisler. Hamburg: Nikol 2009. S. 47ff.*

**1** Gib den Inhalt dieses Textes kurz wieder.

**2** Erläutere am Beispiel der beiden ertrunkenen Mädchen, wie sich die Meinung einer Gruppe von Menschen, einer Masse, bilden kann.

**Wie ein Vorurteil entsteht**

*Im Zusammenhang mit einer Mordermittlung haben mehrere Zeugen unterschiedlicher Nationalitäten zwei Personen im Zimmer der Opfer miteinander sprechen gehört. Eine der Stimmen haben alle Zeugen übereinstimmend als Stimme eines Mannes erkannt, der Französisch gesprochen hat. Bei der zweiten Stimme, die die Zeugen mal als schrill, mal als rau beschrieben haben, ergeben sich Uneinigkeiten:*

Jedoch im Betracht der schrillen Stimme ist das Besondere - nicht dass sie [die Zeugen] darin uneins waren -, sondern dass, indem ein Italiener, ein Engländer, ein Spanier, ein Holländer und ein Franzose sie zu beschreiben suchten, ein jeder von ihr als von der *eines Ausländers* sprach. Jeder ist sicher, es sei nicht die Stimme eines seiner Landsleute gewesen. Jeder vergleicht sie - aber nicht mit der Stimme irgendeines Individuums einer Nation, mit deren Sprache er vertraut ist, - sondern im Gegenteil: Der Franzose vermutet in ihr die Stimme eines Spaniers und „würde wohl einige Worte unterschieden haben, *hätte er Kenntnis des Spanischen besessen*". Der Holländer behauptet, es sei die eines Franzosen gewesen; doch finden wir mitgeteilt, *„da er kein Französisch spricht, wurde dieser Zeuge vermittels eines Dolmetschen befragt"*. Der Engländer meint, es ist die Stimme eines Deutschen, und „versteht kein Deutsch". Der Spanier „ist sicher", dass es die eines Engländers war, urteilt jedoch insgesamt „nach dem Tonfall, *da er die englische Sprache nicht versteht*". Der Italiener glaubt, es war ein Russe, aber er *„sprach noch nie mit einem Russen"*. Ein zweiter Franzose geht überdies mit dem ersten nicht einig und hält zuversichtlich dafür, die Stimme habe einem Italiener angehört; doch - *„mit der italienischen Sprache nicht vertraut"* - lässt auch er sich, wie der Spanier, bloß *„vom Tonfall bewegen"*. Nun also, wie fremdartig ungewöhnlich muss jene Stimme wirklich gewesen sein, wenn sie derartige Zeugenaussagen hervorbringen konnte!

*Aus: Poe, Edgar Allan: Detektivgeschichten. München: dtv-Klassik $^{5}$1985. S. 29f. (Hervorheb. im Original).*

**1** Worum geht es in dieser kleinen Detektivgeschichte und was sagen die jeweiligen Zeugen über die „zweite Stimme"?

**2** Habt ihr eine Vermutung zur Nationalität oder Identität der zweiten Person?

**3** Die Auflösung: Es handelt sich um einen Orang-Utan ... - was sagt das über die Wahrnehmung der Zeugen aus?

## Zu S. 56/57 Migration und Islam – einander begegnen

### Fanatismus – Toleranz

*Und was ist, wenn die anderen sich weigern zu respektieren, woran wir glauben, wenn sie denken, ihre Vorstellungen seien die einzig wahren und müssten allen aufgezwungen werden?*
Da stellst du eine sehr wichtige und schwierige Frage. [...] Hier kann ein neues Gegensatzpaar unsere Überlegungen voranbringen: „Fanatismus und Toleranz“.
Fanatismus ist die Haltung eines Menschen, der von seiner Wahrheit dermaßen überzeugt ist, dass er nur noch ein Ziel kennt: dem anderen seine Überzeugung aufzuzwingen. Für den Fanatiker ist das, was er glaubt, absolut wahr. Deshalb versucht er, seinen Ideen unter allen Umständen zum Sieg zu verhelfen, notfalls auch mit Gewalt.
Für den Fanatiker bietet die Welt nicht genügend Raum für einen anderen Glauben neben dem seinen. Ja, ihm ist noch nicht einmal bewusst, dass dieser Glaube der „seine“ ist. Er hält ihn schlicht und einfach für die Wahrheit. Der Fanatiker sagt nicht: „Das ist mein Glaube“, sondern vielmehr: „Ich bin ganz und gar im Besitz der Wahrheit, ich kenne die absolute Wahrheit.“ Wer nicht glaubt wie er, lebt seiner Meinung nach im Irrtum. Er will den anderen seine Ideen aufzwingen, weil die Überlegenheit seiner Überzeugungen für ihn eine Gewissheit ist.

*Das kann sehr gefährlich sein!*
Aber ja! Seit den Anfängen menschlicher Geschichte gehört das zu den Dingen, die der Freiheit am gefährlichsten sind. [...] Es gibt Menschen, die können töten, foltern, ungeheure Verbrechen begehen und dabei zutiefst davon überzeugt sein, im Namen der göttlichen Weltordnung zu handeln. Sie glauben, dadurch das ewige Leben zu gewinnen und ein Anrecht auf das Paradies zu erwerben. Das raubt ihnen die Achtung vor allem und jedem ...

*Gibt es in allen Religionen Fanatiker?*
Ja! Es gibt praktisch keine Ausnahmen. Allerdings ist sogleich hinzuzufügen, dass es in allen Religionen auch weise Menschen gibt, die den Fanatismus ablehnen. Ihnen ist daran gelegen, die anderen zu achten, ihnen mit Toleranz zu begegnen. [...] Wir begegnen fast überall Fanatikern und fast überall toleranten Geistern.
Ich habe deine Frage aber nicht vergessen: „Was tun, wenn uns die anderen ihre Ideen aufzwingen wollen und sich weigern, die unseren zu respektieren?“ Ich glaube, da gibt es nur eines: einen Raum der Toleranz zu schaffen, das heißt ein Recht auf freie Meinungsäußerung und ein Recht auf Religionsfreiheit, das wirklich jedem garantiert ist.
*Aus: Droit, Roger-Pol: Wer glaubt was? Wie ich meiner Tochter die Religionen erkläre. Hamburg: Hoffmann & Campe 2003. S. 57–61.*

**1** Worum geht es in dem Gespräch?
**2** Sammle in einer Spalte die Aussagen des Textes zum Fanatismus, in einer anderen die zur Toleranz.
**3** Fertige eine kleine Rede zur Bedeutung und Notwendigkeit der Toleranz an.

# Wahrheit und Lüge, gut und böse – zur Frage nach dem rechten Handeln

**Seite**

## Begriffsnetz

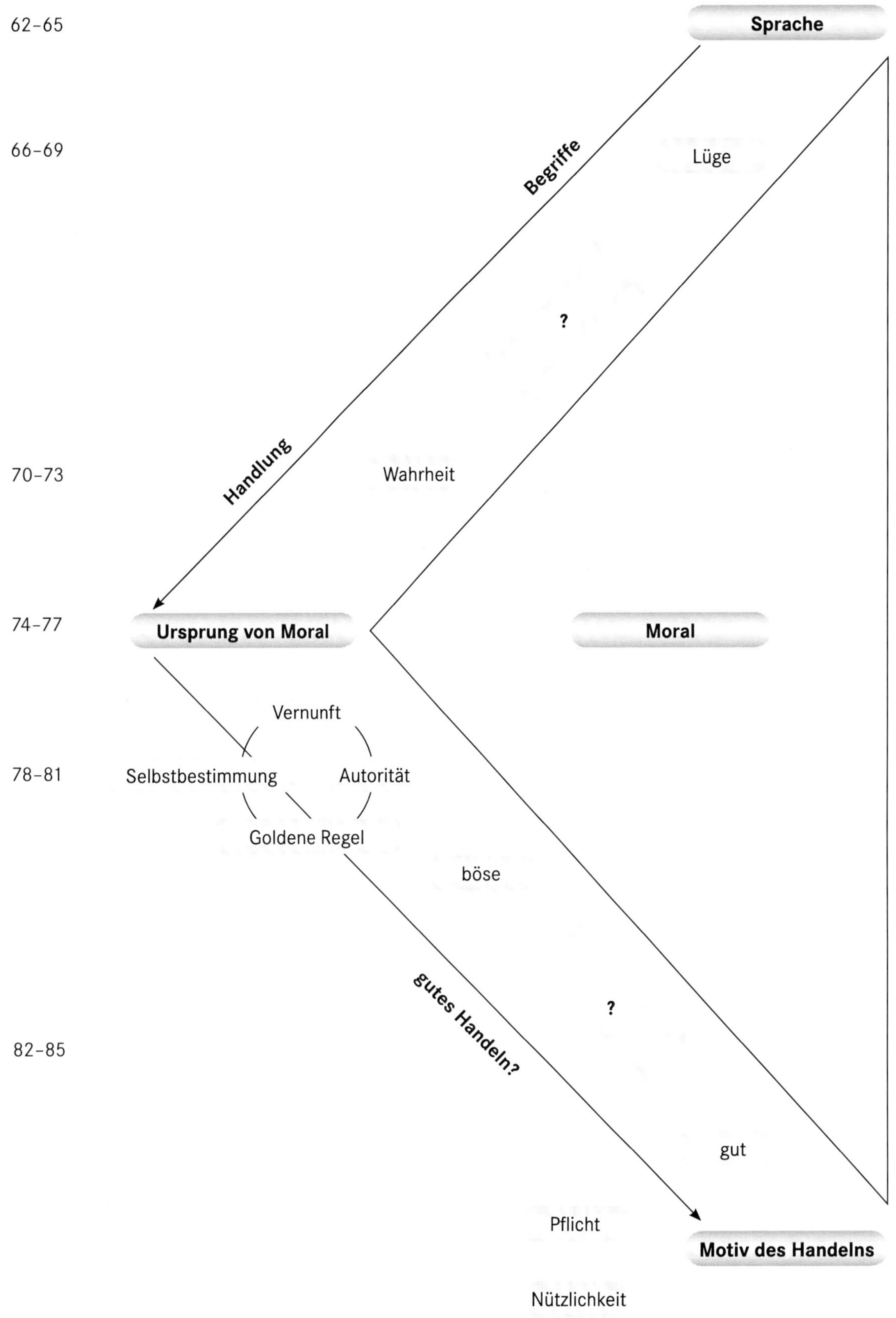

## Verlaufsskizze zu den wichtigsten Fragestellungen und Thesen des Kapitels

**S. 62–65 Wahrheit und Lüge, gut und böse – wie wir Wörter gebrauchen**

Platon: „Denn kein Ding hat seinen Namen von Natur aus, sondern nur durch Brauch und Gewohnheit derer, die mit Wörtern umgehen und sie verwenden." – Unsere Begriffe stehen in Wechselwirkung mit unseren Handlungen, dabei sind sie keineswegs immer so eindeutig, wie sie manchmal erscheinen. Das kann besonders bei moralischen Begriffen erhebliche Auswirkungen haben.

**S. 66–69 Wer einmal lügt, dem glaubt man nie! – Muss ich immer die Wahrheit sagen?**

Kant: „Lügen darf niemals erlaubt sein." vs. Rousseau: „... nur die Wahrheit zu sagen, eigentlich eine Anleitung zur Lüge ist." – Eine kontroverse Auseinandersetzung mit der Verpflichtung zur Wahrhaftigkeit und ihren möglichen Folgen.

**S. 70–73 Versteckte Wahrheiten – offene Wahrheiten**

Pascal: „Der Mensch ist also nichts als Verstellung, Lüge und Heuchelei, sowohl gegen sich selbst als gegen die anderen. Er will nicht, dass man ihm die Wahrheit sage, ..." – Menschen benötigen zuweilen Verstecke, wollen sich nicht ganz und gar entblößen, weil Wahrheit auch schmerzlich sein kann. Die Grenzziehung zwischen Privatsphäre, Selbst- und Fremdtäuschung steht im Zentrum dieses Unterkapitels.

**S. 74–77 Woher kommt die Moral?**

Tugendhat: „Wir sollten aber nicht annehmen, dass etwas gut ist, weil es Gott gebietet, sondern umgekehrt, dass Gott es gebietet, weil es gut ist." – Die Suche nach dem Begründungsursprung von Moral steht in diesem Unterkapitel im Vordergrund. Die These von der selbstbestimmten Moral steht im Kontrast zur autoritären Moral, wenngleich sich beides nicht ausschließt.

**S. 78–81 Einmal böse, immer böse? – die Bedeutung von Erfahrungen**

Kant: „Der Mensch soll seine Anlagen zum Guten erst entwickeln; die Vorsehung hat sie nicht schon fertig in ihn gelegt ..." – Der Schwerpunkt liegt in diesem Unterkapitel auf der Auseinandersetzung mit der Bedeutung vergangener Erfahrungen und mit dem Potenzial von Erziehung.

**S. 82–85 „Gut gemacht!" – zählt der Wille oder der Erfolg?**

Gaarder: „... dabei kommt es darauf an, dass du das tust, weil du es für richtig hältst. Selbst wenn das Geld, das du gesammelt hast, unterwegs verlorengeht oder niemals die Menschen satt macht, die es satt machen sollte, so hast du doch das Moralgesetz befolgt." [...] „Ist es nicht wichtiger, dass das, was wir tun, anderen Menschen nützt?" – Eine Einführung in grundlegende Thesen der Pflichtethik Kants und der teleologischen Ethik am Beispiel des Utilitarismus Benthams.

# Kommentar zu den Materialien und Arbeitsanregungen

## S. 62–65 Wahrheit und Lüge, gut und böse – wie wir Wörter gebrauchen

M 1

Im Roman erklärt Brom dem jungen Eragon, welch mächtige Magie in der sogenannten alten Sprache steckt. Sie ermöglicht den Romanhelden einerseits Herrschaft über ihre Umwelt, enthält gleichzeitig aber eine moralische Komponente, da sie zur Aufrichtigkeit zwingt. Der Romanausschnitt führt damit ebenso in das Problemfeld Sprache wie auch in Probleme der Moral ein.

Der Dialog zwischen Brom und Eragon eröffnet die Frage nach unserer Verwendung und unserem Verständnis von Begriffen. Auf die Frage, ob Elfen niemals lügen, räumt Brom ein, dass es eine Kunst gebe, „etwas zu sagen und etwas anderes zu meinen“. Damit wird die Problemstellung des Unterkapitels – Macht und Ambivalenz der Sprache – deutlich. Zusätzliche Anregungen: Welche Macht hat unsere Sprache? Was bedeuten Worte?

AA 1, AA 2

Beide AA leiten die SuS an, sich mit der Macht ihrer eigenen, statt einer fiktiven Romansprache auseinanderzusetzen. Das Sprachspiel ermöglicht es ihnen zu erfahren, wie sehr Sprache von menschlichen Vereinbarungen abhängt und zugleich eine Handlung enthält. An dieser Stelle ließen sich gruppendynamische Prozesse in der Klasse – Cliquenbildung, Ausschluss einzelner Mitschüler – weiter vertiefen. Die Überlegungen der SuS zur Macht von Sprache sollten im Rahmen der intuitiven Problemlösung festgehalten werden.

AA 2– AA 4, M 2

Zur kontrollierten Problemlösung lässt sich der Dialog zwischen Hermogenes und Kratylos heranziehen, der die SuS zur vertiefenden Auseinandersetzung mit der Herkunft von Sprache anleitet. Hier stehen sich die Ansichten von einer „natürlichen Richtigkeit von Wörtern“ (Kratylos) und einer Abhängigkeit der Wörter von „Brauch und Gewohnheit“ gegenüber.

Unter Heranziehung der Infobox lassen sich die Ergebnisse der Problemlösungsphasen folgendermaßen im Tafelbild zusammenfassen

**Die Macht von Sprache**

trennt

UMWELT — SPRACHE — ICH

- Natur
- andere Menschen

verbindet

- mein Denken
- meine Wahrnehmung

Einfluss von Gewohnheiten

AA 5

In der Diskussion könnten die SuS unter Rückgriff auf eigene Fremdsprachenkenntnisse Hermogenes' Ansicht unterstützen, indem sie auf sprachliche Unterschiede verweisen (dt. „Himmel“ – engl. „heaven“ oder „sky“ mit unterschiedlichen Bedeutungen; Eigen- und Fremdwahrnehmung wird auch bei Völkerbezeichnungen deutlich: griech. „Barbaren“ – Nichtgriechen, die als roh, unkultiviert und unverständlich redend galten. Ähnliches gilt für die slawischen Sprachen, in deren Bezeichnung für Deutscher „nemez“ die Wurzel des Adjektivs „nemoj“ = „stumm“ steckt.).
Die Erkenntnis der eigenen Macht im Gebrauch von Sprache eröffnet auch die Frage nach der eigenen Verantwortung. Was den Griechen die Barbaren waren, sind vielen SuS heute die „Looser“ oder „Opfer“. Die Macht, die in diesen Bezeichnungen steckt, lässt sich ebenso lohnend thematisieren, wie der Einfluss von Gewohnheiten auf die eigene Wahrnehmung.

AA 6 M 3

Während ihnen der Gegensatz zwischen Lüge und Wahrheit zuerst einleuchtend erscheint, erfahren die SuS hier in einer erweiterten Lernphase während der Skalierung, dass viele verwandte Begriffe keineswegs eindeutig skalierbar sind: Wenn jemand einem Irrtum unterliegt, kann jemand durchaus Unwahrheiten verbreiten, ohne tatsächlich zu lügen, obwohl es seinen Mitmenschen so erscheint.

Sind Lüge und Wahrheit Gegensätze?

AA 7–AA 9 M 4

Gerade das Problem von Wahrhaftigkeit und Lüge, Wahrheit und Irrtum steht im Zentrum der Doppelseite. Der erkenntnistheoretische Aspekt von Wahrheitssuche wird hier nur dahingehend gestreift, dass Wahrheit nicht immer eindeutig erkennbar und vom Begriff Wahrhaftigkeit zu unterscheiden ist. Letzterer bekommt in diesem Kapitel zur philosophischen Ethik den größeren Stellenwert.
Die beiden Familienszenen nach einer Idee von Helmut Engels fordern von den SuS in der intuitiven Problemlösungsphase eine eigene Begriffsanalyse und -definition.

AA 10–AA 12 M 5

Die Überprüfung der eigenen Formulierungen anhand der Definitionen aus einem philosophischen Wörterbuch und anhand der provokativ erscheinenden Ansicht Platons in **M 5** sollte den Schülern bewusstmachen, dass die Absicht einer Aussage in der Regel für die Definition von Lüge entscheidend ist. Platons Auffassung von Lüge und Irrtum findet sich im zweiten Buch seines Werkes „Der Staat". Im Dialog mit Adeimantos kritisiert Sokrates die Götterdarstellungen großer Dichter wie Homer und beklagt, dass den Menschen ein falsches, unsittliches Bild vorgegaukelt werde. Da in Platons Vorstellung der sittliche Kosmos zugleich eine erzieherische Wirkung auf die Menschen ausübt, stellt die Lüge für ihn weit mehr als ein ethisches Problem dar: Sie sei bei Göttern und Menschen gleichermaßen verhasst und bewirke grundsätzliche Irrtümer über die Beschaffenheit der Welt.

AA 13

Der Rückbezug der eigenen kritisch geprüften Definition von Lüge auf die Ausgangsgeschichte mit Nils und Lars (M 4) dient der Sicherung des Gelernten. In der Regel definieren wir weder Irrtum noch allgemein Schweigen als Lüge, da die absichtsvolle Täuschung als Kriterium fehlt. Dies ließe sich dann im Tafelbild wie folgt festhalten:

**Die Bedeutung von Lüge und Wahrhaftigkeit**

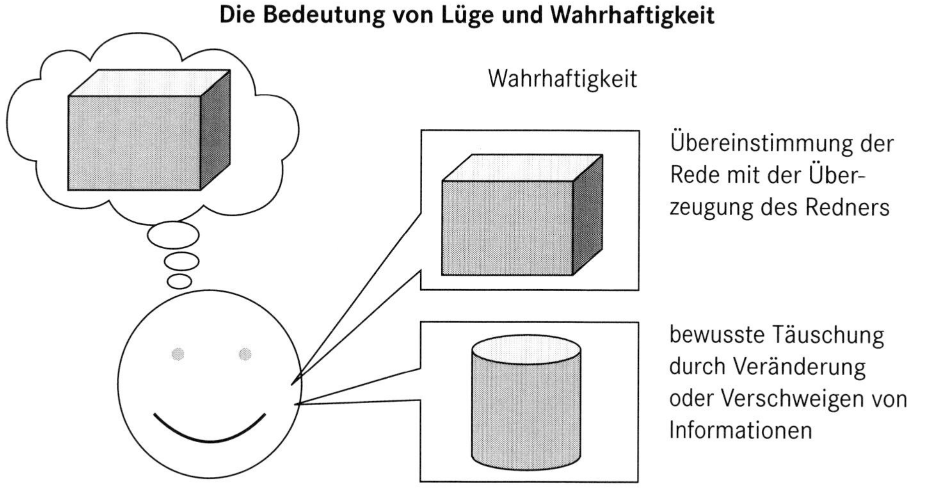


AA 14, AA 15 M 6

Die Auseinandersetzung mit der Analyse und Definition moralischer Begriffe setzt sich in **M 6** fort. Sie dient der Bewusstwerdung der Vieldeutigkeit von „gut" und einer Abgrenzung der Adjektive „schlecht" und „böse". Gerade im Fall von „gut" und „böse" lässt sich nur eine Annäherung an Definitionen erreichen. Diese Vagheit der Begriffe soll ein kritisches Bewusstsein im Hinblick auf ihren scheinbar eindeutigen Gebrauch schärfen.

AA 16, AA 17 M 7

**M 7** geht über den bloßen Gebrauch von Begriffen hinaus und regt eine Auseinandersetzung mit Logik an, die zur Begründung moralischer Urteile ebenso unabdingbar ist wie die Worte selbst.

## S. 66–69 Wer einmal lügt, dem glaubt man nie! – Muss ich immer die Wahrheit sagen?

AA 1, AA 2 | M 8 | ⇩

Die Auseinandersetzung mit **M 8** wird bei den SuS Erinnerungen an Situationen wecken, in denen ihnen selbst Versprechen gegeben wurden. Diese eigenen Erfahrungen können die Diskussion bereichern, da die SuS die Bedeutung der Versprechen besonders gut einschätzen können.

?

Muss – und kann – ich immer die Wahrheit sagen?

AA 3– AA 5 | M 9

**M 9** veranschaulicht in besonderem Maße die Brisanz von Schwüren und Versprechen und regt so die intuitive Problemlösung an: Einerseits erscheint es unabdingbar, dass sich die Elfe auf Eragon verlassen kann, andererseits kann Eragon die Ausmaße seines Versprechens kaum absehen. Sein eigenes Leben könnte davon abhängen. Hier liegt die Besonderheit des Versprechens: Es soll eine wahrhaftige Aussage sein, die für die Zukunft gilt, welche aber selbst noch nicht bekannt ist. Dieser Zwiespalt könnte zur Unwahrhaftigkeit verleiten. **AA 5** leitet die SuS an, ihr bisher erlangtes Wissen auf diese neue Situation anzuwenden.

AA 6, AA 7 | M 10

Diesen Überlegungen steht in der kontrollierten Problemlösungsphase Kants kategorische Verneinung der Lüge gegenüber. In der Kontrastierung mit Platon erarbeiten die SuS, dass Kant in der Lüge eine vorsätzliche Täuschung sieht und sie gerade deshalb verurteilt, weil sie der vernunftorientierten Natur des Menschen zu widersprechen scheint. Hervorzuheben ist, dass Kant selbst scheinbar gute Gründe für die Lüge nicht akzeptiert. Hier lässt sich das **Zusatzmaterial LB S. 62 f.** einsetzen.
Diesen Ansatz sollte L zunächst festhalten und diskutieren. Im nächsten Unterkapitel lernen die SuS dann im Kontrast zu Kant die Ansicht Rousseaus kennen, um ihren eigenen intuitiven Widersprüchen zusätzliche Argumente zu geben.

AA 6 | !

Um den Kontrast zwischen Kant und Rousseau zu verdeutlichen, empfiehlt sich ein zweigeteiltes Tafelbild. Die erste Stufe könnte in etwa so aussehen:

**Muss ich immer die Wahrheit sagen?**

| Immanuel Kant (1724–1804) | |
|---|---|
| • „Lügen darf niemals erlaubt sein“<br>• Alle Motive<br>- Leichtsinn<br>- Gutmütigkeit<br>- Guter Zweck<br>widersprechen der menschlichen Vernunft<br>Ø eine Lüge ist ein Verbrechen an sich selbst | |

AA 8, AA 9 | M 11 | ⇔ ⇩

Die Transferphase, **AA 8, AA 9** und **M 11**, stellt zugleich eine Hinführungsphase für die gegenteilige Betrachtung dar, die Gegenstand einer vertiefenden Lernphase ist. In der kritischen Auseinandersetzung mit Kants Ansicht formulieren die SuS selbst das Problem, dass Lügen manchmal unumgänglich ist, manchmal einfach zum menschlichen Leben dazu gehört.

?

Ist Nicht-Lügen unmenschlich?

AA 10, AA 11 | M 11

Die Bildergeschichte zur intuitiven Problemlösung veranschaulicht das Dilemma Sohns. Das schlechte Ergebnis in der Schule lässt ihn sicheren Ärger zu Hause vermuten. Um diesen zu vermeiden, betrügt er den Vater und den Lehrer und hofft, sich den Ärger zu ersparen – zumindest so lange, bis der Schwindel auffliegt. Die betrügerische Lüge entsteht hier also aus der Angst, den Erwartungen der Erwachsenen nicht gerecht werden zu können. Die Zeichnung lädt zur Erziehungskritik ein, wirft aber auch die Frage nach dem Willen und der Verantwortung des Einzelnen auf.

AA 12– AA 14 M 12 In Rousseaus Ansicht, die Eltern und Lehrer ermutigten die Kinder zur Lüge, indem sie bei Versagen mit Strafen drohten, werden sich vermutlich viele SuS wiederfinden. Die Schlussfolgerung für die eigene Erziehung „Wir wollen sie lieber zu guten als zu gelehrten Menschen erziehen" scheint die SuS von jedem intellektuellen Erwartungsdruck zu befreien. Weder Versprechen noch Wahrheiten werden ausdrücklich verlangt, da Kinder nicht imstande seien, die Konsequenzen abzuschätzen.

! Zur Sicherung und Kontrastierung sollte L diese Ergebnisse im Tafelbild neben den Notizen zu Kants Auffassung festhalten.

**Muss ich immer die Wahrheit sagen?**

| Immanuel Kant (1724–1804) | Jean-Jacques Rousseau (1712–1778) |
|---|---|
| • „Lügen darf niemals erlaubt sein"<br>• Alle Motive<br>- Leichtsinn<br>- Gutmütigkeit<br>- Guter Zweck<br>widersprechen der Vernunft.<br>Ø Eine Lüge ist ein Verbrechen an sich selbst. | • Die Erziehung zur Wahrheit ist „eine Anleitung zur Lüge".<br>• Motive zur Lüge sind die Angst vor Strafe und fehlende Weitsicht (Kinder können Konsequenzen nicht abschätzen).<br><br>Ø Wahrheit und Versprechen sollte man von Kindern nicht erwarten. |

Am Tafelbild wird deutlich, wie unterschiedlich Kant und Rousseau die menschlichen Fähigkeiten einschätzen: Kants unerschütterlichem Glauben an die menschliche Vernunft setzt Rousseau die Probleme gesellschaftlicher Erziehung entgegen.

AA 15 Die Konsequenzen aus Rousseaus Forderung erscheinen vielen SuS vermutlich nur auf den ersten Blick verlockend. Bereits zu M 11 werden viele SuS festgestellt haben, dass Sohn die Bedeutung und die Konsequenzen seiner Tat sehr wohl einzuschätzen vermag. Das Gleiche können sie aus vielen Alltagssituationen von sich selbst bestätigen. Wenn Rousseaus Vorschlag zum allgemeinen Erziehungsgrundsatz erhoben würde, dann bedeutete das für die Kinder, dass ihnen nichts mehr zugetraut werden könnte. Ihre eigenen Pläne, die Möglichkeit, Aufrichtigkeit und Willenskraft zu beweisen, wären unbedeutend. Der Ansporn sich bestimmten Herausforderungen zu stellen entfiele. Die Auseinandersetzung sollte auch den Zusammenhang von Vernunft und Verantwortung thematisieren.

AA 16 M 13 Das Thema Verantwortung steht im Zentrum von **M 13**, das einem weiteren Transfer dient. Die Freundschaft von Mareike und Anne steht auf dem Spiel: Gesteht Mareike die Nachlässigkeit bei der Pflege der Fische oder gefährdet sie das Vertrauen, indem sie lügt? In der Form der Dilemmadiskussion können die SuS sich besonders intensiv mit ihren eigenen Werten auseinandersetzen und lernen, diese begründet zu vertreten.

## S. 70–73 Versteckte Wahrheiten – offene Wahrheiten

AA 1– AA 5 M 14 Die Konfrontation mit einem Spiegel regt zur Selbstreflexion an. Er gibt manches vom Ich preis, doch vieles hängt auch von der eigenen Wahrnehmung, von der Einstellung, vom Erkennen-Wollen ab. **AA 1–AA 5** zu **M 14** sollen gerade zu dieser Auseinandersetzung den Auftakt bilden. Die Problemstellung lautet also weniger „Was sehe ich?" als vielmehr:

? Was will ich von mir sehen (und zeigen)?

AA 2 Der intuitiven Problemlösung dienen **M 15** und **M 16. M 15** thematisiert das Verschweigen der eigenen Vergangenheit. Murtagh verheimlichte bislang seinem Gefährten Eragon, dass er der Sohn eines Abtrünnigen sei. Ein naheliegender Grund dafür ist zweifellos die Sorge, Eragons Vertrauen zu verlieren. Ein weiterer Grund könnte aber auch die Scham vor der eigenen Vergangenheit sein, der Wunsch, vergangene Fehler zu verdrängen, um sich selbst und anderen ein tugendhaftes Leben vorzutäuschen. Diesen Gedanken nimmt auch Brom in **M 16** auf. Er warnt Eragon, dass unverschleierte Selbsterkenntnis für viele Menschen eine schwer erträgliche Realität darstelle, die schon manche in den Wahnsinn getrieben habe. Die Auseinandersetzung der SuS kann an dieser Stelle die Identitätsfrage vertiefen. Selbst wenn unsere Identität von unseren vergangenen Erlebnissen geprägt ist, wählen wir doch bewusst aus, woran wir uns erinnern und was wir lieber verdrängen. Auch diese Entscheidung bestimmt unser Selbst.

AA 10– AA 12 M17

Trotz dieser Reflexionen dürfte die These Blaise Pascals in der kontrollierten Problemlösung auf viele SuS provokativ wirken. Gerade die Allaussagen (nichts als, niemand ...) reizen zum Widerspruch. Andererseits erleben viele SuS die gegenseitige Täuschung, das Lästern und die Heuchelei in ihrem Schulalltag. Die in **AA 11** angeregte Diskussion regt daher eine intensive Auseinandersetzung mit den eigenen Gewohnheiten an.

Zur Sicherung der Ergebnisse sollte man das Tafelbild besonders flexibel gestalten, also nicht nur Pascals Behauptungen, sondern auch die Überlegungen der SuS aufnehmen.

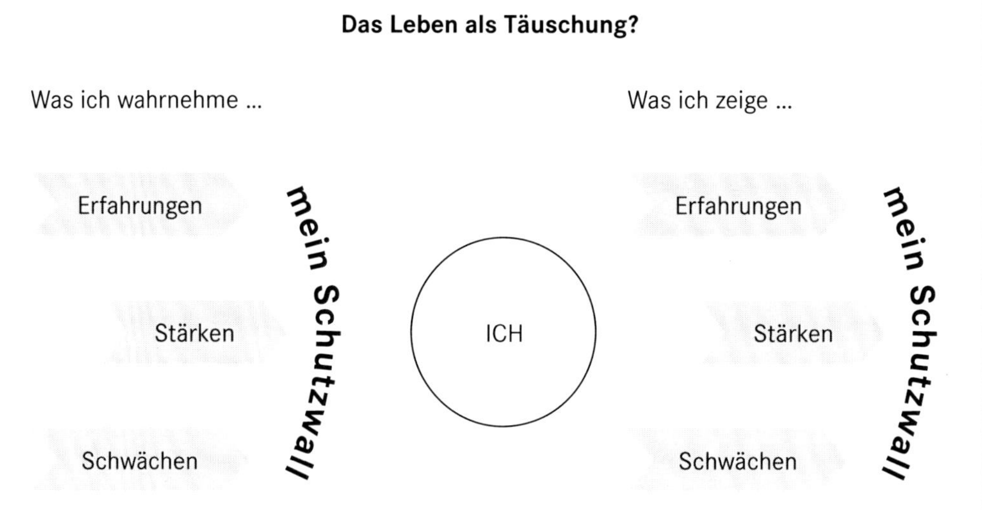


*Blaise Pascal (1623-1662): „Der Mensch ist also nichts als Verstellung, Lüge und Heuchelei, sowohl in sich selbst als gegen die anderen."*

AA 13, AA 14

Da es gerade in diesem Unterkapitel um sehr persönliche Reflexionen geht, soll auch die Transferphase Raum für individuelle Überlegungen bieten. Dazu dient der Brief, den die SuS an sich selbst verfassen sollen, in dem sie sich einen aussagekräftigen „wahren" Namen geben und ihn begründen. Einen besonderen Reiz erhält diese AA dadurch, dass L diese Briefe in verschlossenen, an sich selbst adressierten Umschlägen einsammelt und nach einigen Monaten (oder Jahren) den SuS zurückgibt.
Das Gespräch über die Nicknames kann noch einmal besonders verdeutlichen, dass es in einigen Situationen - z. B. im Chat - sogar aus Sicherheitsgründen notwendig erscheint, die eigene Identität nicht völlig preiszugeben. Die Wahl des Nickname zeigt dabei allerdings wieder eine eigene Form von Persönlichkeit.

AA 15 M 18

Auf den vorangegangenen Seiten SB S. 70/71 haben die SuS erfahren, dass es für uns ein sinnvoller Schutz sein kann, nicht immer die ganze Wahrheit über sich selbst zu verraten. In der folgenden differenzierten Lernphase geht es um die Frage, ob sich Unehrlichkeit eigentlich verheimlichen lässt. Zur Hinführung dient die bekannte Märchenfigur Pinocchio, der aufgrund der Verwünschung einer Fee bei der kleinsten Lüge die Nase wächst. Doch trotz des offensichtlichen Merkmals flunkert Pinocchio munter weiter. Aus der Identifikation mit der Figur ergibt sich die Problemstellung:

Lassen sich Lügner entlarven? und weitergehend: Welche Konsequenzen hat die Entlarvung als Lügner?

AA 16

Die intuitive Problemlösung bezieht sich auf das Pinocchio-Beispiel. Das fiktive Gespräch mit der Fee soll die SuS dazu anregen, sich über die Konsequenzen der Entlarvung Gedanken zu machen und sie begründet zu bewerten. Dazu könnten sie beispielsweise auf die Arbeitsergebnisse der SB S. 70/71 (vgl. Rousseau oder persönliche Geheimnisse) zurückgreifen. **AA 16** ließe sich auch sinnvoll auf ein szenisches Spiel ausweiten, in dem der S und die Fee gemeinsam auftreten.

AA 17– AA 19 M 19 M 20

Zur kontrollierten Problemlösung erhalten die SuS mit **M 19** und **M 20** zwei gegensätzliche Positionen zur Frage nach der Erkennbarkeit von Lügnern. Während Reinhard behauptet, dass Lügner an keinen besonderen Merkmalen erkennbar seien, hält Ekman dem entgegen, dass minimale Veränderungen der Mimik einen Schwindler entlarvten.

Die Argumente der beiden Psychologen sollten zur Festigung an der Tafel gesichert werden.

**Lassen sich Lügner entlarfen?**

| Marc-André Reinhard | Paul Ekman |
|---|---|
| Ø Schwindler sind nicht zu entlarven<br>• typische Merkmale (zappeln, erröten usw.) sind trügerisch<br>• Lügner müssen sich nicht unbedingt schuldig fühlen<br>• schlechtes Gewissen lässt jemanden nicht unbedingt erröten | Ø Schwindler verraten sich an der Mimik<br>• Gesichtsmuskeln verursachen je nach Gefühl unbewusst winzige Veränderungen<br>• „Mechanik“ der Gefühle ist studierbar |

Während Reinhard also von der Tücke vermeintlich „typischer“ Merkmale ausgeht, verweist Ekman auf die genaue Untersuchung winziger Muskeltätigkeiten im Gesicht. Fragwürdig bleibt, inwiefern seine geschulten Fachkräfte diese Details im hektischen Flughafenalltag zuverlässig erkennen können.

AA 20

Der Rückbezug einer möglichen Entlarvung als Lügner zum eigenen Verhalten der SuS dient der Anwendung der bisherigen Erkenntnisse und stellt einen ersten Transfer her. In der Auseinandersetzung können sich die SuS dann der grundlegenden Frage zuwenden, ob und inwiefern bestimmte Kenntnisse tatsächlich zu einer Verhaltensänderung führen.

AA 21– AA 25 M 21 M 22

Eine *zweite* Transferphase befasst sich mit den möglichen Konsequenzen, die sich aus der Entlarvung von Lügnern ergeben. Was wäre, wenn wir alle nur noch die Wahrheit sagten? **M 21** lädt die SuS ein, sich kreativ auf diesen Gedanken einzulassen und dabei auch alle Erkenntnisse und Eindrücke der vergangenen Stunden zum Thema Lüge und Wahrheit zu verarbeiten. Die Ambivalenz der Begriffe, die Frage nach Vertrauen und Verantwortung kann man ebenso aufgreifen, wie die Verletzlichkeit, die aus der nackten Wahrheit entsteht. Natürlich ist dieses Gedankenexperiment auch umgekehrt durchführbar: „Die Lügenwelt“, in der jede Aussage eine Lüge ist; der Mensch, der nichts als „Verstellung, Lüge und Heuchelei“ ist (vgl. Blaise Pascal). Mit dieser Alternative lässt sich auch die These Pascals konsequent zu Ende denken und auf den Prüfstand stellen.
Aus der eigenen Erfahrung heraus können sich die SuS **M 22** zuwenden, mit ihren Ergebnissen vergleichen und kritisch prüfen. Erwächst aus der Wahrhaftigkeit Beschimpfung und Gewalt? Welche Bedeutung hat Höflichkeit? Ist sie unehrlich?

## S. 74–77 Woher kommt die Moral?

AA 1 M 23 M 24

Den Auftakt zur Auseinandersetzung mit der Moral bildet die Vorstellung zweier allgemein als „böse“ bezeichneter Menschen. Während Harriets Verhalten den SuS aus dem Schulalltag durchaus bekannt sein dürfte, treibt Killer-Murphy die Boshaftigkeit auf die Spitze. L sollte die SuS auffordern, ihre Urteile über beide kritisch zu befragen. Aus der Frage nach den Kriterien ihrer Urteile ergibt sich die Problemstellung:

[?] Was ist richtiges und falsches Handeln? Woran lässt sich richtig und falsch messen?

AA 2 [M 25] [A] **M 25** dient zur Einführung in den Begriff Moral. Die intuitive Problemlösung erfolgt durch den – von Law selbst angeregten – Rückgriff auf Harriet und Murphy. Eine gezielte Untersuchung ihres Verhaltens gibt den SuS Anhaltspunkte für die Kategorisierung in richtig und falsch.

[Y] In der Infobox erhalten die SuS konkrete Hinweise auf die Herkunft moralischer Grundsätze: Sie basieren auf gesellschaftlichen Vereinbarungen.

AA 3 [!] Als *Zwischensicherung* (**AA 3**) empfiehlt es sich, eine schülerorientierte Definition von Moral an der Tafel festzuhalten, z. B..

**Richtiges und falsches Handeln**

Die Vorstellung innerhalb einer Gesellschaft, welches Handeln richtig und welches falsch ist, nennen wir Moral.

- moralisch richtiges Handeln: Mitschülern bei schwierigen Aufgaben helfen
- moralisch falsches Handeln: Mitschüler treten
- moralischer Grundsatz: Wir sollten einander helfen.

## S. 75/76 Woher kommt die Moral? Teil I: Personale Moral

AA 3, AA 4 [⇩] Während der Auseinandersetzung mit Moralgrundsätzen (vgl. **AA 3, AA 4**), werden die SuS immer wieder auf unterschiedliche Wertmaßstäbe stoßen, die die Frage aufwerfen, woher ein Schüler, eine Klasse, eine Schule, eine Gesellschaft weiß, was moralisch richtig ist. Daraus ergibt sich die Problemstellung:

[?] Woher kommt eigentlich die Moral?

*Die folgenden Seiten stellen den SuS aus der Vielzahl von Erklärungsmodellen zwei vor. Im ersten Modell (**M 26–M 28**) steht die personale Moral im Vordergrund, Empfindungen und Vernunft werden dabei gleichermaßen berücksichtigt. Im zweiten Modell stehen verschiedene moralische Autoritäten im Zentrum der Überlegungen (**M 29–M 31**). Wenngleich beide Modelle kontrastiv vorgestellt werden, wird besonders bei Tugendhat deutlich (**M 30**), dass selbst bestimmte und autoritäre Moral keineswegs gegensätzlich sein müssen.*

AA 4 [M 26] [A] **M 26** führt in die Vorstellung von der personalen Moral ein. Dabei lässt er an dieser Stelle noch offen, ob eher das Denken oder das Gefühl unsere Vorstellungen dominiert. Dazu sollten die SuS im Rahmen der intuitiven Problemlösung ihre eigenen Schwerpunkte formulieren und begründen können (vgl. **AA 4**).

AA 5 [M 27] [Y] Tugendhat betont besonders die Bedeutung der Empörung für das moralische Empfinden. Im fiktiven Gespräch mit einigen Jugendlichen lässt er Herrn Ibarra erklären, dass ein erlittener Nachteil nicht mit einer schlechten Tat gleichzusetzen sei. Dazu gehöre vor allem die Empörung über eine Tat durch Dritte, die wiederum beim Betroffenen Verletztheit und beim Täter unter Umständen Schuldgefühle auslösen würde. Dies sind seines Erachtens die drei wichtigsten moralischen Empfindungen. Er selbst erklärt das im weiteren Textverlauf am Beispiel des Wettrennens und verdeutlicht, dass eine sportliche Niederlage keine Empörung auslöse und daher auch nicht als Unrecht empfunden werde.

AA 5 [!] Die Bedeutung der Empfindungen im Rahmen der personalen Moral kann man in folgendem Tafelbild festhalten:

**Woher kommt Moral?**

Antwort 1: Moral kommt von uns Menschen

Moralische Empfindungen:

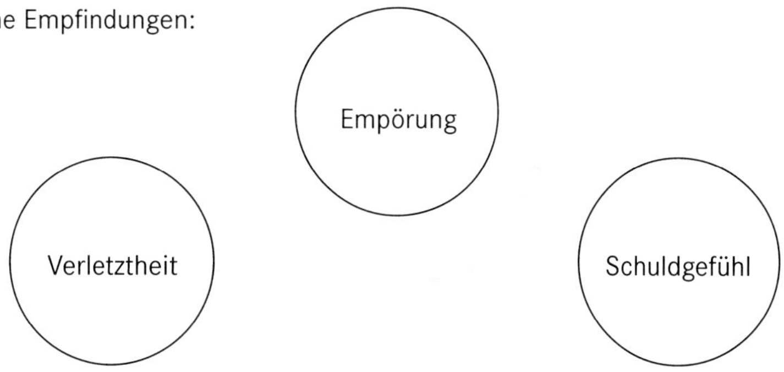


AA 6, AA 7

Anwendung und Transfer des bisher Erarbeiteten finden sich in **AA 6** und **AA 7**. Die Überlegungen ließen sich noch auf eigene Erlebnisse ausweiten, bei denen die SuS die Empörung als entscheidende moralische Empfindung überprüfen.

Die Auseinandersetzung mit den Empfindungen kann bei vielen SuS dahingehend Widerspruch hervorrufen, dass sie ein moralisches Urteil nicht nur in den Empfindungen begründet sehen wollen. Die Empörung entsteht häufig erst durch ein reflektierendes Abwägen der Situation, z. B. in Hinblick auf die Gerechtigkeit. AA 5 regte bereits zur intuitiven Berücksichtigung des Denkens als moralische Instanz an. Diesen Gedanken greift **M 28** zu Beginn einer erweiterten Lernphase auf.

AA 8 M 28

Tugendhat entwickelt im weiteren Gesprächsverlauf des Herrn Ibarra die „Idee der Selbstbestimmung". Es ist die Vorstellung davon, dass es Regeln gibt, die wir uns selbst auferlegt haben, weil wir sie für richtig halten. Sie sind damit also ein Produkt unserer Freiheit, unserer Selbstbestimmung. Die grundlegende dieser Regeln ist für ihn die der gegenseitigen Achtung: Sie ergibt sich zwingend logisch aus unserem eigenen Bedürfnis, mit Achtung behandelt zu werden. Die hohe Bedeutung dieser Regel wird in der „Goldenen Regel" deutlich: Herr Ibarra weist darauf hin, dass sie einen zeitlosen und interkulturellen Wert besitzt – ebenso wie das Edelmetall Gold.

Das bereits entwickelte Tafelbild zur personalen Moral sollte mit dieser Idee ergänzt werden:

**Woher kommt Moral?**

Antwort 1: Moral kommt von uns Menschen

Moralische Empfindungen: [...]

Selbstbestimmung:

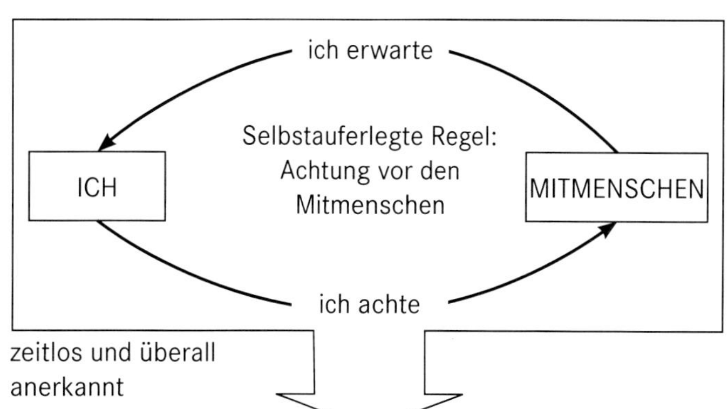


Die Goldene Regel
„Alles nun, was ihr wollt, dass es euch die Menschen tun, das sollt ihr auch ihnen tun."

AA 9, AA 10 — Eine kritische Prüfung von Idee und Anwendung der Goldenen Regel regt die SuS an, sich mit dem Sinn moralischer Grundsätze überhaupt auseinanderzusetzen. Wenngleich moralische Grundsätze oft nicht befolgt werden (vgl. auch „Lügen"), so bieten sie doch eine notwendige Handlungsorientierung.

## S. 76/77 Woher kommt die Moral? Teil II: Autoritäre Moral

Die Karikatur zur Entstehung der Zehn Gebote leitet ein weiteres Erklärungsmodell ein. Die Problemstellung bleibt dieselbe:

Woher kommt eigentlich die Moral?

M 29 — Viele SuS sind mit dem Gedanken einer religiösen Moralinstanz vertraut. Gerade Laws provokative Überspitzung des Gedankens – „Auch wenn wir Menschen etwas absolut nicht falsch fänden, dann wäre es trotzdem falsch, wenn Gott es so bestimmt hätte."(Z. 3–5) – sollte jedoch bei einigen Widerspruch hervorrufen und auf diese Weise eine intuitive Auseinandersetzung mit der autoritären Moral in Gang setzen. Vor allem geht es dabei um die Frage nach dem Zusammenwirken von menschlicher Vernunft und göttlicher Autorität.

AA 12, AA 13, M 30 — Tugendhat verweist in **M 30** auf zwei verschiedene Autoritäten. Dies sind einerseits die Eltern, zu deren Vorgaben die Kinder nach und nach eine kritischere Einschätzung entwickeln. Des Weiteren gilt Gott als moralische Autorität. Im Gespräch wird die Antithese zu Laws Überspitzung formuliert: Handlungen seien nicht gut oder schlecht, weil dies von Gott vorgegeben werde, sondern Gott gebiete bestimmte Handlungen, weil sie gut seien. Entsprechend dieser Auffassung gibt also nicht Gott die Moral vor, sondern orientiert sich an einer grundsätzlichen Vernunft, deren Ursprung hier jedoch nicht weiter ergründet wird. Daran wird deutlich, dass autoritäre und selbst bestimmte Moral durchaus nicht gegensätzlich sein müssen, solange sie sich an denselben Vernunftprinzipien orientieren.

AA 14 — Diesen Gedanken vertieft **AA 14**; er lässt sich im Tafelbild veranschaulichen.

**Woher kommt Moral?**

Antwort 1: Moral kommt von uns Menschen

Moralische Empfindungen: […]

Selbstbestimmung: […]

Antwort 2: Moral kommt von Autoritäten

Menschen (Eltern, Lehrer…)

Gott

kein Widerspruch: z. B. Goldene Regel ist selbst bestimmt und gilt auch als Gottes Wort ⇒ **Vernunft** ist das Bindeglied

AA 15, M 31 — In der Transferphase sind die SuS aufgefordert, die Vorstellung an kultur- und religionsübergreifenden Moralvorstellungen zu vertiefen. Den Gedanken, dass es innerhalb eines Kulturbereiches gemeinsame Moralgrundsätze gibt, sollen sie aufgrund der inzwischen erworbenen Kenntnisse ausbauen. Dabei wird gerade in multiethnischen Lerngruppen der Blick von den trennenden Merkmalen auf gemeinsame Werte gelenkt.

## S. 78–81 Einmal böse, immer böse? – die Bedeutung von Erfahrungen

M 32 — Die scheinbar klare, märchenhafte Abgrenzung zwischen Gut und Böse im Roman lässt auf den ersten Blick keinen Zweifel daran, dass Eragon „der Gute" und sein Gegner Galbatorix „der Böse" ist. Diese Darstellung lässt sich unter Rückgriff auf das Bild SB S. 78 und die Romanzusammenfassung SB S. 60 vertiefen. Andererseits sind die SuS auf den vergangenen Seiten damit vertraut gemacht worden, dass Begriffe und Urteile oft nicht so eindeutig sind, wie sie zuerst zu sein scheinen. Die Frageform im Titel von **M 32** sollte hier eine Diskussion anregen, die in der zentralen Problemfrage mündet:

[?] Was ist eigentlich „böse"?

AA 1–AA 4 [A] In der intuitiven Problemlösungsphase werden die SuS dazu angeleitet, sich sehr differenziert mit dem Lebenslauf von Galbatorix zu befassen. Sie erfahren dabei, dass dessen Werdegang aus mehreren Stationen besteht, an denen er eine Wahl hatte, sich auf die eine oder andere Weise zu entscheiden. Erst die Gesamtheit seiner Entscheidungen und Handlungen lässt ihn als Bösewicht erscheinen.
Dieser Aspekt erscheint besonders vor dem Hintergrund wichtig, dass vermutlich viele SuS bereits selbst als „böse", „gemein" oder „dumm" bezeichnet wurden. Die Erkenntnis, dass ein Mensch nicht an sich böse ist, sondern in seinem Werdegang immer eine gewisse Entscheidungsfreiheit hat, kann einige SuS ermutigen, sich aus der zugewiesenen Rolle zu befreien und für sich selbst neue Wege zu gehen.

AA 5 [Y] Dieser Aspekt von Freiheit und Selbstbestimmung (vgl. auch SB S. 76) steht im Zentrum von Kants Moralphilosophie. Die SuS erhalten hiermit unter Rückgriff auf das vorangegangene Unterkapitel eine Definitionshilfe für den Begriff „böse".

[!] Dies kann man in einer Sicherung als Antwort auf die Problemstellung festhalten:

| **Was ist böse?** |
|---|
| BÖSE = bewusstes Handeln gegen die Vernunft, gegen selbst bestimmte Moralregeln |

Mit Verweis auf die Definition für „Lüge" kann L an dieser Stelle nochmals auf die Bedeutung des bewussten, absichtsvollen Handelns hinweisen, das wiederum als Kriterium für einen moralischen Fehler angeführt wird.

AA 6 [⇔] In der Transferphase werden die SuS angeregt, die Möglichkeiten von Freiheit und Selbstbestimmung genauer zu prüfen. Bereits bei der Diskussion um Harriet und Murphy (SB S. 74/75) dürfte die Frage aufgekommen sein, warum sich Menschen denn überhaupt böse verhalten. Inwiefern sind sie in ihren Entscheidungen tatsächlich immer selbstbestimmt? Welche Wahl hat ein Kind, wenn es von einem Erwachsenen angewiesen wird zu lügen oder zu stehlen?

AA 7–AA 9 [M 33] [⇩] Nachdem die SuS sich auf der vorangegangenen Doppelseite damit befasst haben, wie man „böse" definieren kann, geht es in einer erweiterten Lernphase nun um die Frage, wodurch sich das Verhalten zum Guten oder Bösen hin verändern lässt.
Als Hinführung dient **M 33**. Der Text erschließt weder die Ursachen von Friederichs Verhalten noch den weiteren Verlauf der Geschichte. Die Diskussion, die der Ergebnisvorstellung zu **AA 9** folgt, wird vermutlich eine Uneinigkeit der SuS hervorrufen, ob die bittere Erfahrung Friederichs eine Verhaltensbesserung oder -verschlechterung zur Folge haben wird. Daraus ergibt sich konsequent die Problemstellung:

[?] Wie beeinflussen Erfahrungen (Strafe und Lob; Erziehung) gutes oder böses Verhalten?

AA 10–AA 11 [M 34] [A] Zur intuitiven Problemlösung folgt erneut die Biografie eines der Romanhelden. Murtagh gesteht seinem Gefährten Eragon, dass sein Vater der Abtrünnige Morzan sei. Murtagh wurde von seinem Vater seelisch und körperlich verletzt, wurde im Palast des Galbatorix von dessen Gefolgsleuten erzogen und von ihm selbst als Partner angeworben. Diese vielschichtigen Erfahrungen lassen keine eindeutige Prognose zu Murtaghs weiterem Verhalten zu. Auch der Roman spielt bis zum dritten Band mit dieser Unsicherheit und lässt den Leser über die wahre Gesinnung Murtaghs im Unklaren. Gerade diese Offenheit lässt viel Raum für begründete Spekulationen: Hat Murtagh etwas von der Bosheit seines Vaters geerbt? Oder wendet er sich gerade aufgrund seiner Verbitterung gegen die Abtrünnigen? Lässt er sich von Galbatorix' Verlockungen beeinflussen? Oder wendet er sich gegen ihn, weil er das Spiel durchschaut?

AA 12 M 35

Immanuel Kant gibt auf die Frage, ob das Böse nun vererbt oder anerzogen sei, eine klare Antwort: „Der Mensch soll seine Anlagen zum Guten erst entwickeln; die Vorsehung hat sie nicht schon fertig in ihn gelegt." (Z. 1ff.)
Die Idee, eine Wahl zu haben, sich aus scheinbar festgefahrenen Situationen lösen und sich weiterentwickeln zu können, steht auch in dieser kontrollierten Problemlösung im Vordergrund. Kant betont im Kontrast zur individuellen Freiheit („sich selbst besser machen, sich selbst kultivieren" (Z. 3f.)) den erzieherischen Einfluss des Umfeldes und veranschaulicht diesen am Beispiel eines Baumes im Wald. Entscheidend ist dabei, dass der Baum zwar durch sein Umfeld gelenkt wird, das Wachstum jedoch von ihm selbst ausgeht.

AA 13

Zur Festigung zeichnen die SuS die Bäume in ihre Hefte. Diese Gestaltung dient nicht nur der Veranschaulichung von Kants Gedanken, sondern fördert zumeist auch wertvollen Widerspruch. Manche SuS werden den weit ausladenden, krummen Baum gerade deshalb als schön empfinden, weil er etwas Besonderes, Originelles ist. Er gibt mehr Raum für Gestaltung und Kreativität als der gerade gewachsene.
Auf die „Kultivierung" eines Menschen angewandt, kann sich an dieser Stelle eine gewinnbringende Diskussion zum Zwiespalt von Freiheit und gesellschaftlichem Druck ergeben.

AA 14

**AA 14** regt den Transfer an. Die Erziehung nach Kants Vorstellung steht in der Spannung zwischen Freiheit und Lenkung, die sich nach ihm nur durch die vernünftige Einsicht in das Moralgesetz lösen lässt. Wenngleich die SuS mit dem Begriff Moralgesetz noch nicht vertraut sind, so könnten sie aber doch die Schlüsselrolle der Vernunft hervorheben, die sie bei der selbstbestimmten und autoritären Moral (SB S. 75ff.) kennengelernt haben.

## S. 82–85 „Gut gemacht!" – Zählt der Wille oder der Erfolg?

AA 1–AA 3 M 36

**M 36** thematisiert eindrücklich das Problem von Absicht und Erfolg einer moralischen Handlung. Dabei ist die verantwortliche Rolle bei genauerer Betrachtung gar nicht so einfach bestimmbar: Vater prüft die Hinweise von Sohn nicht weiter, rettet den Schwimmer gegen dessen Willen und behindert ihn beim Wettkampf: gute Absicht, kein Erfolg. Sohn unterliegt einer Fehleinschätzung, will dem Schwimmer Hilfe zukommen lassen und bringt damit die Situation in Gang: gute Absicht, kein Erfolg. Der Schwimmer selbst macht die Situation erst zu einem moralischen Problem, indem seine Empörung für Schuldgefühle bei Vater und Sohn sorgt (vgl. Tugendhat SB S. 75). Wäre er über die prinzipielle Hilfsbereitschaft dankbarer gewesen und hätte den Wettkampf demgegenüber geringer geschätzt, wäre die Situation für Vater und Sohn erfolgreicher verlaufen. Diese in AA 1–AA 3 angeleiteten Überlegungen führen zur Problemstellung des letzten Unterkapitels:

?

Welche Bedeutung haben der gute Wille oder der reale Erfolg für eine moralische Handlung?

AA 4

Schon die Auseinandersetzung mit **M 36** regt die intuitive Problemlösung bereits an, die **AA 4** zusammengefasst. Die SuS sollen sich hier begründet entscheiden, ob ihrer Meinung nach für eine moralische Handlung eher der Wille oder der Erfolg zählt.

AA 5–AA 8 M 37

Der komplexe Begriff des Moralgesetzes als Bestandteil von Kants Pflichtethik wird im Rahmen der kontrollierten Problemlösung an einem Textausschnitt aus „Sofies Welt" vorgestellt. Wenngleich die tiefere Bedeutung des Moralgesetzes in diesem Text sicherlich nicht erfassbar ist, so kann man den SuS die intrinsische moralische Verpflichtung durch Rückgriff auf die „selbst bestimmte Moral" (vgl. SB S. 76) nahebringen. Die AA dienen einem vertiefenden Verständnis dieses Ansatzes und einer ersten kritischen Bewertung, wie sie Sofie schon in **M 37** selbst anregt: „Ist es nicht wichtiger, dass das, was wir tun, anderen Menschen nützt?"

AA 9 M 38

Diese Kritik greift die Zusammenfassung von Jeremy Benthams Ethik auf. Im Kontrast zu Kant misst Bentham eine moralische Handlung – von der Absicht unabhängig – daran, welche Konsequenzen sie für die Betroffenen hat. Er begründet damit den klassischen Utilitarismus, der sich an dem größtmöglichen Nutzen für eine größtmögliche Anzahl von Menschen orientiert.

AA 10 Die Gegenüberstellung der Ansätze Kants und Benthams sollte mit Beispielen gefestigt (AA 6 und AA 9) und an der Tafel gesichert werden.

**Was macht eine moralische Handlung aus? Der Wille oder der Erfolg?**

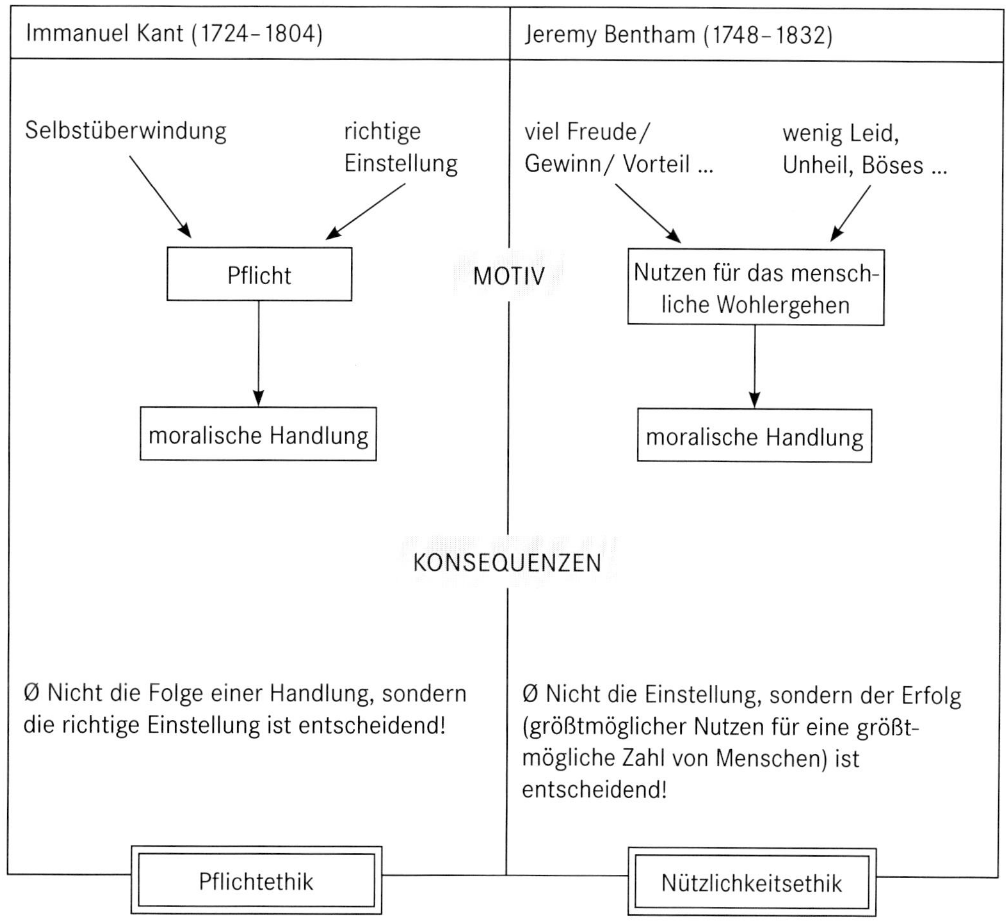


AA 11 Der fiktive Dialog zwischen Kant und Bentham dient dem Transfer auf lebensnahe Situationen und der kritischen Prüfung beider Ansätze. Als Schwäche der Kantschen Argumentation ist die fehlende Berücksichtigung der Nutzen zu sehen, andererseits gewinnt der Betroffene grundsätzlich an Vertrauenswürdigkeit. Die SuS könnten sich an dieser Stelle bewusstwerden, dass das prinzipielle Einhalten gewisser Regeln einfach vernünftig erscheint. Auf der anderen Seite besticht Benthams Theorie durch den zu erwartenden Nutzengewinn. Die SuS könnten aber kritisch bemerken, dass die erwarteten positiven Konsequenzen keineswegs eintreten müssen. L könnte den Verlust des Aufgabenzettels bemerkt haben und einen neuen verfassen. Vielleicht ist L aufgrund der Unaufrichtigkeit der SuS enttäuscht und verschärft den Umgang mit ihnen? In jedem Fall sollten die SuS ausreichend Zeit haben, die Stärken und Schwächen der beiden Ansätze gründlich zu untersuchen. Der Dialog ließe sich auch zu zweit verfassen und gegebenenfalls aufführen.

AA 12– AA 14 M 39 – M 41 Eine weitere, umfassendere Transferphase bietet sich den SuS durch die Auseinandersetzung mit **M 39–M 41**. Dabei geht es nicht nur um die Prüfung der Motive dieser Kinderrechte (Pflicht oder Nutzen?). Die Auswahl der drei Kinderrechte knüpft an Erkenntnisse der vorangegangenen Doppelseiten an und ermöglicht es den SuS, bei ihren Argumenten auf erworbenes Wissen zurückzugreifen: **M 39** weist auf die Notwendigkeit hin, Geheimnisse haben zu dürfen, sich anderen gegenüber nicht immer „entblößen“ zu müssen (vgl. SB S. 70/71); **M 40** bezieht sich auf den Wunsch, sich selbst zu erkennen, über das eigene Leben nicht getäuscht zu werden (SB S. 71); **M 41** verweist auf die Bedeutung der Erziehung, vgl. SB S. 80/81.

Die AA fragen nach den möglichen Gründen/Motiven, warum die UNO dieses Recht festgehalten hat. In der Diskussion werden die SuS feststellen, dass eine eindeutige Antwort nicht immer möglich ist, da manche Regelungen auf Dauer auch nützlich sind. Grundsätzlich überwiegt jedoch der Aspekt einer prinzipiellen Verpflichtung im Sinne der Menschenrechte.

| | | | | | | | | | | | | | |
|---|---|---|---|---|---|---|---|---|---|---|---|---|---|
| | | | | | | | 1 S | | | | | | |
| | 2 G | O | L | D | E | N | E | R | E | G | E | L | |
| | | | | | | | L | | | | | | |
| | | | 3 S | | | | B | | 4 L | | | | 5 N |
| | | | P | | | | S | | Ü | | | | Ü |
| 6 W | 7 A | H | R | H | A | F | T | I | G | K | E | I | T |
| | U | | A | | | | B | | E | | | | Z |
| | T | | C | | | | E | | | 8 P | | | L |
| | O | | H | | | | S | | | F | | | I |
| | R | | E | | | | T | | | L | | | C |
| | I | | | | | | I | | | I | | | H |
| | T | | | | 9 M | | M | | | C | | | K |
| | Ä | | | | O | | M | | | H | | | E |
| | T | | 10 V | E | R | N | U | N | F | T | | | I |
| | | | | | A | | N | | | | | | T |
| | | | | | L | | G | | | | | | |

Auflösung des Kreuzworträtsels S. 61

# Wissen macht Spaß – Wie gut kennst du dich aus?

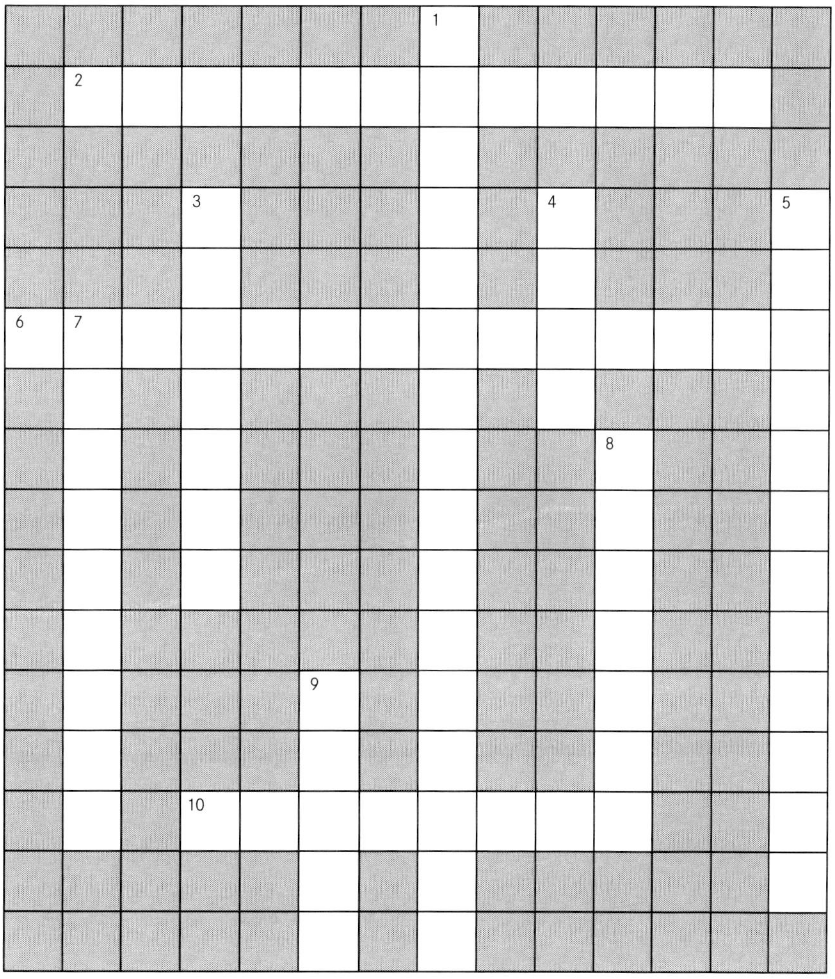


**Waagerecht:**

2 „Was du nicht willst, das man dir tu', das füg' auch keinem andern zu." 6 Das Gegenteil von Lüge. 10 Diese Fähigkeit hilft dem Menschen, seine eigenen Handlungen und Absichten kritisch zu beurteilen. Manchmal hält sie uns von Dummheiten ab.

**Senkrecht:**

1 Die Freiheit eines Menschen, sein Handeln so zu gestalten, wie er es selbst für richtig hält. 3 Eine Zusammensetzung von Lauten, die uns Menschen eine Verständigung ermöglicht. 4 Eine Aussage, mit der ein Redner seinen Zuhörer absichtlich täuschen will. 5 Für viele Philosophen (z. B. auch Jeremy Bentham) Merkmal einer moralisch guten Handlung. 7 Davon lassen wir häufig unsere Handlungen beeinflussen. Sie geht z. B. von deinen Eltern, von deinem Schuldirektor oder auch von bestimmten Gesetzen aus. 8 Eine besondere Form von Verantwortung, die dir von anderen Menschen auferlegt werden kann (z. B. Schul...) oder die du selbst verinnerlicht hast (z. B. Hilfsbereitschaft). 9 Eine in einer Gesellschaft verbreitete Meinung darüber, welches Handeln als richtig oder falsch gilt.

## Zu S. 66–69 Wer einmal lügt, dem glaubt man nie“ – Muss ich immer die Wahrheit sagen?

In der Zeitschrift KiNDER (April 2008) befasst sich die Autorin Marie Johannson mit der Frage „Dürfen Eltern flunkern?“ Sie geht dabei davon aus, dass es eigentlich kein Leben ohne Lüge gebe, wir aber dennoch bestrebt seien, unsere Kinder zur Wahrheit zu erziehen. In ihrem Artikel finden sich zwei Listen mit Hinweisen für Eltern, wann Lügen verboten und Schummeln erlaubt sei. Diese Listen sind hier abgedruckt und bieten Anlässe für vielfältige Auseinandersetzung.

**Lügen verboten**

| **Die Ansicht von Marie Johannson:** | **Meine Meinung** | **Meinung meiner Eltern** |
|---|---|---|
| * Bei schwerer Krankheit<br>Wenn ein Angehöriger oder Freund schwer erkrankt ist, kann man ihn nicht gesund reden. Besser ist es, Kindern das Thema dem Alter angemessen zu erklären. Auch ein Suchtproblem in der Familie gehört in diese Kategorie. Man kann es zwar umschreiben („Papa ist krank“), aber das Kind sollte nicht erst völlig unvorbereitet von Fremden erfahren, dass der Vater süchtig ist. | | |
| * Tod<br>Selbst wenn der Hamster in Abwesenheit des Kindes stirbt, sollte das nicht verheimlicht werden - schon gar nicht, indem schnell ein neuer kleiner Freund in der Zoohandlung gekauft wird. Kinder merken das - und fühlen sich hintergangen. Besser ist es, eine angemessene Beerdigung im Garten oder Park zu arrangieren, um den kleinen Nager zu verabschieden. | | |
| * Adoption<br>Sobald ein Kind alt genug ist zu verstehen, dass es nicht im Bauch seiner Mutter gewachsen ist, sollte man anfangen, über das Thema Adoption zu sprechen. Es ist schlimm für ein Kind, wenn es später von anderen erfährt, dass seine Eltern nicht die echten sind. | | |
| * Falsche Komplizen<br>„Oma meint das auch.“ Tatsächlich? Nicht andere Bezugspersonen zu den eigenen Komplizen gegen das Kind machen - sonst steht man irgendwann ganz blöd da, denn solche Behauptungen lassen sich schnell nachprüfen. | | |
| * Schnöder Egoismus<br>Keine Lust, Opa im Altenheim zu besuchen? Die Ausrede „Ich kann nicht kommen, ich bin krank“ ist eine glatte Lüge, die auch noch gemein ist. Und da reagieren feinfühlige Kinder ganz empfindlich. | | |
| * Das verstehst du noch nicht<br>Wenn Kinder deutlich fragen, sollte man ebenso deutlich und ehrlich antworten. Denn die Kleinen merken sofort, wenn etwas nicht einwandfrei ist. „Ich bin gerade traurig und möchte ein wenig allein sein“ ist besser als ein abwertendes „Das verstehst du noch nicht“. | | |

**Schummeln erlaubt**

| **Die Ansicht von Marie Johannson:** | **Meine Meinung** | **Meinung meiner Eltern** |
|---|---|---|
| • Geheimnis wahren<br>Ihre Tochter hat ihnen ein Geheimnis anvertraut? Dann ist Schweigen Ehrensache. Also flunkern Sie die Geschwister ruhig an, ohne rot zu werden. Motto: „Mein Name ist Hase, ich verrate nichts." | | |
| • Aus Rücksichtnahme<br>Falsche Geschenke von der Patentante? Trotzdem kann man sich bedanken, weil sie sich ja viel Mühe gegeben hat. Auch eine Ausrede ist erlaubt: „Der Pulli ist leider zu eng, vielleicht können wir ihn umtauschen?" | | |
| • Um eine Freude zu machen<br>Stunden hat der Knirps an dem Bild herumgemalt? Klar, dass es dann einen Ehrenplatz bekommt, auch wenn es eine Erklärung des kleinen Künstlers bedarf, zu erkennen, was es darstellen soll. | | |
| • Die Wahrheit kindgerecht schönen<br>Die Großmutter ist gestorben? Das sollte den Kindern nicht verschwiegen werden. Aber auf die Frage „Wo ist die Omi denn jetzt?" darf man doch mit einem schönen Gedanken antworten. Zum Beispiel: „Siehst du die vielen Sterne am Himmel? Einer davon gehört ihr jetzt." | | |
| • Um zu trösten<br>Der Sohn hat eine Fünf in Mathe geschrieben und ist jetzt unglücklich. „Das ist mir auch in der dritten Klasse passiert - ich kann mich noch genau daran erinnern, wie traurig ich war." Eigene Schwächen einzugestehen, tröstet ungemein, auch wenn Sie dabei ein wenig schummeln. | | |

*Aus: Johannson, Marie: Dürfen Eltern flunkern? In: KiNDER. Für Eltern, Erzieher und Kinder, 4/ 2008. Hamburg: Junior. S. 12*

**1** Hast du schon einmal erlebt, dass deine Eltern gelogen haben? Was hast du dabei gedacht und gefühlt?

**2** Tauscht euch über eure Überlegungen aus 1. aus. In welchen Situationen sind deines Erachtens Notlügen für Eltern erlaubt? Wann erwartet ihr von euren Eltern unbedingte Wahrhaftigkeit?

**3** Lies die beiden Listen der Autorin Marie Johannson „Lügen verboten" und „Schummeln erlaubt". Mit welchen Punkten bist du einverstanden, mit welchen gar nicht? Trage deine Meinung mit „Ja" oder „Nein" in die entsprechende Spalte. Begründe deine Meinung.

**4** Zeige die Listen zu Hause deinen Eltern, frage auch sie nach ihrer Ansicht und bitte sie, sich in ihre Spalte einzutragen. Worin stimmt ihr überein? Habt ihr auch Meinungsunterschiede?

**5** Entwirf mit deinen Eltern und Geschwistern eigene „Lügen verboten"- und „Schummeln erlaubt"-Listen. Was gilt bei euch als erlaubte Notlüge? In welchen Fällen ist euch Wahrhaftigkeit besonders wichtig?

## Zu S. 66–69 „Wer einmal lügt, dem glaubt man nie“ – Muss ich immer die Wahrheit sagen?

*Mehrere Jugendliche unterhalten sich darüber, warum sie nicht oder nur wenig lügen wollen. Ihre Motive sind dabei ganz unterschiedlich.*

**Die mit den kurzen Beinen oder: Über die Wahrheitsliebe**

1

Hans sagte im Brustton der Überzeugung: „Ich lüge grundsätzlich nicht. Auch Notlügen kommen für mich nicht in Frage.“

„Du scheinst einen sehr festen Charakter zu haben, bewundernswert“, sagte Anne zu ihm. „Aber warum lügst du nicht, nicht einmal im Notfall?“

„Für mich ist es ganz selbstverständlich, nicht zu lügen. Der Grund? Du kennst doch das Sprichwort ‚Lügen haben kurze Beine‘. Die Türken sagen etwas Ähnliches: ‚Die Kerze des Lügners brennt nur bis Mitternacht.‘ Und meine Großmutter pflegte zu sagen: ‚Es ist nichts so fein gesponnen, es kommt doch ans Licht der Sonnen.‘ Jetzt weißt du, warum ich grundsätzlich nicht lüge.“

Hans richtete sich auf und hob den Kopf ein wenig. Man konnte sehen, wie stolz er auf seine Charakterfestigkeit war. Anne schaute ihn fragend an und schüttelte ein wenig den Kopf.

2

„Ob ich charakterfest bin, weiß ich nicht“, sagte Thilo. „Aber auch ich lüge nicht. Ich habe allerdings einen anderen Grund als Hans.“

„Und welcher wäre das?“, fragte Karla.

„Wenn ich nie lüge, dann mache ich Eindruck bei den Leuten.“

„Wie meinst du das? Kannst du mir nicht genauer erklären, von welchem Eindruck du sprichst und warum du bei den Leuten Eindruck machen willst?“

„Den Gefallen tu ich dir gern. Und das ist auch nicht gelogen. Also: Wenn ich nie lüge, merken das die Leute. Logisch. Sie sagen dann: ‚Der Thilo ist einer, der nie lügt. Auf den kann man sich verlassen. Wenn der was sagt, dann ist das ehrlich. So etwas ist heute selten.‘ Ist doch klar: Wenn man mich für ehrlich und zuverlässig hält, dann kann das nur gut für mich sein.“

„Gut für dich?“, sagte Karla. „Dir muss man jeden Wurm aus der Nase ziehen.“

„Also gut, ich bringe ein Beispiel. Nehmen wir an, ich brauche einen speziellen Schraubendreher, habe aber keinen. Also gehe ich zu unserem Nachbarn, der alle möglichen Werkzeuge hat, und leihe mir einen. Ich sage: ‚In einer Stunde haben Sie ihn zurück.‘ Der Mann weiß, dass ich zuverlässig bin. Er kann damit rechnen, dass er den Schraubendreher in einer Stunde zurückhat. Also leiht er mir das Ding. Wenn er aber wüsste, dass ich mein Wort nicht halte, dann würde er mir den Dreher bestimmt nicht geben. Also ist es gut für mich, immer die Wahrheit zu sagen.“

„Das habe ich verstanden“, sagte Karla, „trotzdem gefällt mir nicht, was du sagst. Ich muss darüber nachdenken. Eigentlich ist es ja richtig, nicht zu lügen. Aber ...“ Sie beendete den angefangenen Satz nicht.

3

„Auch ich lüge fast nie“, sagte Karla. „Und warum nicht?“, wollten Hans, Thilo und Anne wissen. „Ganz einfach: Meine Mutter hat gesagt, man darf nicht lügen. Mein Vater hat das gesagt, meine Oma hat das gesagt und unsere Lehrerin auch. Deshalb lüge ich nicht. So einfach ist das. Aber es fallt mir nicht immer leicht, die Wahrheit zu sagen.“ „Schön, dass du das zugibst“, meinte Anne.

4

„Mir fällt es überhaupt nicht schwer, die Wahrheit zu sagen. Das macht mir sogar Spaß“, sagte Egon.

„Spaß?“, fragte Karla. „Das kann ich mir nicht vorstellen.“ „Los, erklär’ mal!“, rief Hans.

„Also: Gestern traf ich David. Der hatte sich seine langen Haare abschneiden lassen. Jetzt sind seine Haare nur fünf Millimeter lang, eh, kurz, meine ich. Zu ihm habe ich genau das gesagt, was ich gedacht habe. Ich habe ihm die Wahrheit gesagt.“

„Was denn?“, riefen die anderen ungeduldig.

„Ich habe gesagt: ‚Du siehst aus wie eine kahl geschorene Ratte.‘ Ihr hättet mal sein Gesicht sehen sollen. Und ob mir das Spaß gemacht hat!“

„Sagst du Erwachsenen gegenüber auch die Wahrheit?“ Thilo war skeptisch.

„Klar doch, macht auch Spaß“, erwiderte Egon. „Als der Müller letztens in die Klasse kam, hatte er vergessen, seine Hose zuzumachen; kann ja passieren. Alle grinsten. Keiner traute sich, was zu sagen. Ich aber: ‚Herr Müller, haben wir heute Tag der offenen Tür?‘ Zuerst verstand der Müller mich nicht. Dann merkte er, was mit seiner Hose los war. Ihr könnt euch denken, wie verlegen der war, als er sich umdrehte, um Ordnung zu schaffen. Ich hatte meinen Spaß. Erst recht, als der Müller sich noch bei mir bedankte.“

Alle lachten, wurden aber wieder ernst. „Hast du noch so ein Beispiel deiner Wahrheitsliebe?“ Karla schaute Egon kritisch an. Ja, jede Menge“, sagte Egon. „Also noch ein Beispiel. Ihr kennt doch den Marvin, der im Rollstuhl sitzt. Mit dem unterhielt ich mich, und er redete dauernd über irgendwelche tollen Mädchen. Als es mir zuviel wurde, habe ich ihm gesagt: ‚Mach dir mal keine Illusionen. Du kriegst doch keine ab.‘ Genau das hatte ich gedacht. Man muss den Leuten doch die Wahrheit sagen.“ „Logo, vor allem, wenn du deinen Spaß dabei hat!“ Annes Stimme klang empört.

5

„Ich habe den Eindruck“, sagte Anne, „dass ich hier der einzige Mensch bin, der manchmal lügt und manchmal die Wahrheit sagt. Mal ist es richtig, die Wahrheit zu sagen, und mal ist es falsch. Mal ist es richtig zu lügen, mal ist es falsch. Manchmal lüge ich, wenn ich meine, ich sollte eigentlich ehrlich sein, und manchmal sage ich die Wahrheit, wenn ich meine, ich sollte eigentlich lügen.“

„Mein Gott, ist das kompliziert“, meinte Thilo. „Dass man nicht immer tut, was man eigentlich tun sollte, das kenne ich. Das ist normal. Das ist menschlich. Aber sag mal, woher weißt du, wann es richtig ist zu lügen und wann es richtig ist, die Wahrheit zu sagen.“ Anne dachte nach. Dann sagte sie: „So genau weiß ich das auch nicht. Es ist mehr ein Gefühl, das mir sagt: Tu das oder das. Ich kann dir das nicht genauer erklären.“

Thilo war nicht zufrieden: „Und wer sagt dir, dass dein Gefühl richtig tickt?“

„Vielleicht gibt mir mein Gefühl auch manchmal einen falschen Ratschlag; kann sein. Ich muss darüber noch einmal nachdenken, wann genau es richtig ist, die Wahrheit zu sagen, und wann es genau richtig ist, zu lügen. Aber ich bin ziemlich sicher: Man darf nicht immer die Wahrheit sagen.“

*Aus: Engels, Helmut: Blaue Schokolade. Geschichten zum Denken und Querdenken. Hannover: Siebert $^{2}$2010. S. 30–33*

**1** Jeder der fünf Beiträge endet mit einer Reaktion von Anne. Versuche dich in Anne hineinzuversetzen und schreibe in zwei Sätzen ihre Gefühle oder Gedanken auf. Zum Beispiel: Anne schaute ihn fragend an und schüttelte ein wenig den Kopf. Ihr Gefühl sagte ihr, dass ...

**2** Erarbeite aus den fünf Beiträgen, welches Motiv Hans, Thilo, Karla, Egon und Anne jeweils angeben, warum sie nicht lügen. Versuche jedes Motiv in einem Satz zusammenzufassen.

**3** Stell dir vor, du seist selbst beim Gespräch der Jugendlichen dabei. Formuliere deinen Redebeitrag.

# „Es gibt nichts umsonst“ – Regeln und Gesetze im Staat und im Umgang mit dem Geld

## Begriffsnetz

| Seite | | | |
|---|---|---|---|
| 88/89 | Wie wird man reich? ← | **Geld, Reichtum** | → Ein Ziel, das man anstreben sollte? |
| 90/91 | Privateigentum ← | **Eigentum** | → Gemeinschaftseigentum |
| 92/93 | **Gewinnstreben** ← | Wie sollen sich Unternehmen verhalten? | → **soziales Engagement** |
| 94/95 | ↓ | nach Adam Smith | |
| | als unbeabsichtigte Wirkung, d. h. wie durch eine **„unsichtbare Hand“** gelenkt | → | allgemeiner Nutzen |
| 96/97 | **Orientierung am eigenen Nutzen (Egoismus)** | ↔ | **Orientierung am Nutzen anderer (Altruismus)** |
| 98/99 | Ursachen ← | **Armut** und **Arbeitslosigkeit** | → Folgen |
| 100/101 | | | |
| | **Marktwirtschaft** | → | Wettbewerb |
| 102/103 | | bedeutet | |
| 104/105 | Wurzeln des Verbrechens | → | z. B. der **Wirtschaftskriminalität** |
| 106–109 | Wahrung/Herstellung der inneren und äußeren Sicherheit durch den **Staat** ← | **Regeln und Gesetze, z. B.** | → sozialer Ausgleich durch den **Staat** |
| | | Finanzierung: Steuern | |
| 110/111 | | **Unternehmensgründung**– Was gilt es zu beachten? | |

## Verlaufsskizze zu den wichtigsten Fragestellungen und Thesen des Kapitels

**S. 86/87 Eingangsseiten: Bilder von Armut, Reichtum, Wohlstand**
Die Bilder regen dazu an, sich begrifflich reflektiert mit dem Phänomen Armut auseinanderzusetzen.

**S. 88/89 Alles nur eine Frage des Geldes?**
Die zentrale Frage der Doppelseite ist, ob Reichtum ein Ziel ist, für das es sich zu leben lohnt.

**S. 90/91 Das Recht auf Eigentum**
Die Schülerinnen und Schüler denken darüber nach, ob und inwiefern es wichtig ist, dass die Bürger ein Recht auf Eigentum besitzen.

**S. 92/93 Gewinnstreben oder Profitgier?**
Die Schülerinnen und Schüler werden an die in der Wirtschaftethik diskutierte Frage herangeführt, wie das Gewinnstreben von Unternehmen zu beurteilen ist.

**S. 94/95 Von Bäckern, Brauern und Fleischern**
Hier geht es darum, Adam Smiths Idee der unsichtbaren Hand zu verstehen und sie zum Gegenstand des Nachdenkens zu machen.

**S. 96/97 Vom Nutzen für sich selbst und für andere**
Es ist zwischen dem Egoismus und verwandten Motivationen zu unterscheiden. Außerdem regt das Unterkapitel dazu an, den Egoismus einer begründetet Beurteilung zu unterziehen.

**S. 98/99 Arm und Reich**
Die Schülerinnen und Schüler denken über die individuellen Folgen der Armut und die Ursachen der Armut nach.

**S. 100/101 Arbeitslos in Schönstadt**
In diesem Unterkapitel geht es um die Frage, wie sich Arbeitslosigkeit auf Betroffene auswirkt.

**S. 102/103 Marktwirtschaft bedeutet Wettbewerb**
Die Lerngruppe soll in die Lage versetzt werden, Merkmale einer Marktwirtschaft zu erkennen und zu beurteilen, ob ihre Vorteile die Nachteile überwiegen.

**S. 104/105 Kriminalität in der Wirtschaft**
Im Zentrum dieses Unterkapitels stehen Gefahren, die in der Wirtschaft drohen. Namentlich stellt sich die Frage, wie Wirtschaftskriminalität zu erklären ist.

**S. 106–109 Aufgaben des Staates**
Die Schülerinnen und Schüler machen sich grundsätzlich Gedanken über den Zweck des Staates: Welche Aufgaben hat er zu erfüllen? Wie lässt sich die Erfüllung der Aufgaben finanzieren?

**S. 110/111 Gründung eines Unternehmens**
Die Schülerinnen und Schüler versetzen sich in die Rolle von Unternehmensgründern und überlegen, was bei der Gründung eines Unternehmens zu beachten ist.

## Kommentare zu den Materialien und Arbeitsanregungen

### S. 86/87 Eingangsseiten

AA 1 [⇩] Indem die SuS die Begriffe „Elend“, „Armut“, „Wohlstand“ und „Reichtum“ den Fotos zuordnen, beschäftigen sie sich mit Kategorien, die für die Beurteilung von Wirtschaftssystemen von großer Bedeutung sind. So wird von der Marktwirtschaft selbstverständlich erwartet, dass sie zu einem hohen Wohlstandsniveau führt, und sie schneidet in dieser Hinsicht auch besser ab als alle anderen gegenwärtigen Wirtschaftsformen. Dennoch vermag sie offenbar die Armut nicht gänzlich zu beseitigen, und sie kann auch nicht von sich aus, d. h. ohne Mitwirkung des Staates, auf eine Weise sozialen Ausgleich herbeiführen, den die Wortführer der sozialen Gerechtigkeit verlangen. Diese Aspekte werden im Verlauf des Kapitels eine Rolle spielen, die Eingangsseiten stimmen die SuS spielerisch darauf ein. Darüber hinaus regt **AA 1** an, begrifflich zu differenzieren und Begriffe zu analysieren. Dabei könnte L zur Sprache bringen, dass Elend eine Steigerung von Armut ist, wie Reichtum eine Steigerung von Wohlstand ist. Als „Elend“ ließe sich ein Zustand bezeichnen, der durch Hoffnungslosigkeit der betroffenen Personen charakterisiert ist und damit die Armut noch übertrifft. Als „Reichtum“ könnte man einen Zustand bezeichnen, der es den Betroffenen ermöglicht, sich mehr materiellen Luxus zu leisten.
Zum Thema „Armut“ siehe das **Zusatzmaterial LB S. 80.**

### S. 88/89 Alles nur eine Frage des Geldes?

AA 1 M 1 [⇩] Felix stört an seinen Eltern, dass sie sich immer wieder wegen Geldsorgen streiten. Vor allem fühlt er sich bei solchen Streitigkeiten übergangen und nicht genügend ernstgenommen.

AA 2 [?] Mögliche Motive der Eltern: z. B. ein teurer Schaden am Haus, der bezahlt werden muss; eine unerwartete Autoreparatur; berufliche Probleme des Vaters; eine Krankheit im Familienkreis.

AA 4– AA 6 M 2 [Y] Felix möchte von den Geldsorgen der Eltern unabhängig sein, und ihn stört sehr, dass Erwachsene ihn nicht in ihre Entscheidungen einbinden. Er hofft, über die finanzielle Unabhängigkeit zu mehr Freiheit und Selbständigkeit zu gelangen (Z. 31ff.).
(**AA 5**): Die SuS könnten z. B. folgende Stichworte nennen: Fleiß / harte Arbeit, Glück, Erbschaft, Durchhaltevermögen, Intelligenz, kluge Geldanlage, gute Beziehungen, gute Schulausbildung.
(**AA 6**): Als ein Nachteil des häuslichen Geldhortens wäre natürlich die Entwertung des Geldes zu nennen. Der Wahlspruch des Vaters („Geld muss arbeiten“) bedeutet, dass gut angelegtes Geld Erträge einbringt, wie etwa die Zinsen eines Bankguthabens oder einen gewinnbringenden Betrag aus dem Verkauf von Goldmünzen, in die man zuvor Geld investiert hat.

AA 7 [!] Es ist nicht vermessen zu erwarten, dass SuS in ihrem Text feststellen, dass Besitz sowohl unmittelbar das Selbstwertgefühl stärken als auch das Ansehen bei anderen steigern kann. Im Unterrichtsgespräch, das sich an das Verfassen des Textes und verschiedene „Hörproben“ anschließt, werden sie bestimmt gern darüber sprechen, wie es ihnen selbst ergeht, wenn sie etwas Neues besitzen. Welche Gefühle löst neuer Besitz bei ihnen aus? Wie reagieren die Freunde und Mitschüler darauf, wenn man als SuS etwa ein neues Handy besitzt? Wie geht es einem dagegen, wenn man gewisse „angesagte“ Gegenstände oder Kleidungsstücke nicht besitzt?
Einen besonders interessanten Verlauf könnte das Gespräch nehmen, wenn das Sprichwort als Gesellschaftskritik und damit als ein in einen deskriptiven Satz gekleidetes Werturteil aufgefasst würde, das besagt, dass der Einzelne bedauerlicherweise erst dann Anerkennung findet, wenn er über viel Geld verfügt. Für die wechselseitige Achtung durch die Mitmenschen wären also z. B. Tugenden wie Ehrlichkeit oder Zuverlässigkeit nicht erheblich. Ist es aber wirklich der Fall, dass wir unsere Anerkennung anderen gegenüber nur von deren Besitz abhängig machen und wir über ihre menschlichen Qualitäten einfach hinwegsehen?

AA 8 [⇔] Bei der Diskussion über die Frage, ob Reichtum ein erstrebenswertes Lebensziel darstellt, sollten Gesichtspunkte aufgriffen werden, die zuvor schon zur Sprache kamen. So wäre auf der Pro-Seite die Befreiung aus der Abhängigkeit von anderen Personen zu nennen, ein Gedanke, auf den die SuS in **M 1** gestoßen sind. Dort ist mit Unabhängigkeit vor allem gemeint, dass man nicht am

„Tropf“ anderer Menschen hängt und von deren finanzieller Situation in Mitleidenschaft gezogen wird. Auf der anderen Seite kann Reichtum bedeuten, dass der Einzelne zunehmend mit Menschen in Kontakt kommt, die in erster Linie daran interessiert sind, von seinem Reichtum zu profitieren. Es dürfte ihm nicht immer leichtfallen zu unterscheiden, wem er wirklich vertrauen kann.

## S. 90/91 Das Recht auf Eigentum

AA 1 M 3 In dieses Unterkapitel ließe sich einsteigen, indem die SuS **M 3** lesen und anschließend ausnahmsweise eine Kopie des Buchmaterials ausgeteilt bekommen. Auf ihr sollten die SuS die Stellen mit wörtlicher Rede markieren und die leer gelassenen Zeilen in den eckigen Klammern mit Anweisungen füllen, die das sinngestaltende Vorlesen betreffen. So könnten sie etwa vermerken: „Er stellt die Frage zugewandt und freundlich.“ Danach können sich drei SuS bereitmachen, die Szene mit der Kopie in der Hand vor der Klasse zu spielen. Ein/e S übernimmt die Rolle des Erzählers, zwei lesen Felix und Peter. Im Mittelpunkt der Szene steht ein politisch-moralischer Dialog über die Frage, ob die Institution des Privateigentums gerechtfertigt ist.

AA 2 ?

| **Peter (pro wildes Fischen im Krebsbach)** | **Felix (contra wildes Fischen im Krebsbach)** |
|---|---|
| 1. Sie werden nicht erwischt (Z. 19f.).<br>2. „Eigentum ist Diebstahl“: Die Fische gehören allen, keiner hat das Recht auf Eigentum verdient (Z. 20ff.).<br>3. Gott hat die Fische gemacht, damit hungrige Menschen sie verspeisen können.<br>4. Der Diebstahl führt dem Eigentümer der Fische vor Augen, was er an seinen Fischen hat.<br>5. Der Diebstahl ist gerecht, denn der Eigentümer der Fische, Herr Becker, schlägt seine Frau, wenn er betrunken ist. | 1. Absurde Konsequenz: Falls es richtig sein sollte, dass Eigentum Diebstahl bedeutet, dann wäre alles „irgendwie“ Diebstahl (Z. 25f.).<br>2. Widersprüchlichkeit: Wenn alle hungrigen Menschen hier fischten, gäbe es bald keine Fische mehr im Bach. Das zeigt: Stehlen hat nur solange Sinn, als es nicht alle tun (Z. 32ff.).<br>3. Menschen behandeln Dinge, die ihr Eigentum sind, pfleglicher als andere Dinge. Auf Gemeineigentum achten sie weniger.<br>4. „Es gibt kein Recht im Unrecht“: Unrecht bleibt Unrecht, ganz gleich, was man damit erreichen will. |

AA 3 M 4 Während der Diskussion dürfte klar werden, dass Felix die weitaus stärkeren Argumente beisteuert. Er verwendet eine Reductio ad absurdum (siehe Argument 1), argumentiert im Sinne von Kants kategorischem Imperativ (siehe Argument 2), bringt eine kluge, auf Aristoteles zurückgehende Überlegung zur Einstellung der Menschen gegenüber Privateigentum und Gemeineigentum vor (Argument 3) und behauptet am Ende (Argument 4) wie schon Sokrates in Platons Dialog „Kriton“, dass Unrecht Unrecht bleibt, auch wenn die entsprechende Handlung eine Reaktion auf das Unrecht einer anderen Person darstellt (siehe http://www.textlog.de/platon-sokrates-unrecht-vergelten.html). Dagegen erscheinen Peters Argumente als wenig überzeugend und teilweise als fast schon anmaßend. So braucht man den religiösen Bezugsrahmen gar nicht aufzugeben, um zu erkennen, dass Argument 3 sehr schwach ist. Man kann nämlich einwenden, dass Gott die Tiere und die Natur insgesamt wohl kaum nur unter dem Gesichtspunkt der unmittelbaren Bedürfnisbefriedigung der Menschen in die Welt gebracht hat. Denn dann würden diese dem Menschen zugedachten Werke sehr schnell großen Schaden leiden, was Gott bestimmt nicht gern sähe. Die Argumente 4 und 5 schließlich weisen den beiden Jungen Rollen zu, die ihnen eigentlich nicht zustehen. Weshalb sollte Herr Becker nicht sehr wohl wissen, was er an seinen Fischen hat? Und wird eine Handlung allein dadurch moralisch richtig, dass sie in Reaktion auf eine moralisch falsche Handlung einer anderen Person ausgeführt wird?

AA 4 M 4 Inhalt von **M 4**:

- Frage nach der Richtigkeit einer staatlichen Ordnung, in der die Bürger möglichst viele Güter gemeinsam besitzen;

- Ablehnung einer solchen Ordnung mit dem Hinweis darauf, dass das, was den meisten gemeinsam gehört, am wenigsten Pflege erfährt und die größte Sorge der Menschen dem gilt, was ihnen allein gehört;
- Begründung: Trittbrettfahrerverhalten, Verschiebung der Verantwortung für die Sache auf andere („weil sich doch ein anderer darum kümmern wird“, Z. 14);
- Beispiel: geringere Leistung durch viele Diener im Vergleich zu wenigen.

AA 5 [!] Auch Felix argumentiert, dass Privateigentum wichtig sei, weil sich Menschen um die Dinge, die sich in ihrem Privateigentum befinden, stärker kümmerten als um das Gemeineigentum (siehe **M 3**, Z. 36ff. und **M 4**, Z. 10f.).

AA 6 [⇔] Weitere Beispiele könnten sein: verschmutzte Parks, öffentliche Strände, Zugabteile oder Schultoiletten, Abfall in Klassenzimmern, beschädigte Schulmöbel.
Bei der Beurteilung von Aristoteles' These ist es wichtig zu sehen, dass sie nicht behauptet, die Menschen kümmerten sich von sich aus gar nicht um Gemeineigentum. So ist sie durchaus mit der diskutablen Auffassung vereinbar, dass Personen, die das, was ihnen selbst gehört, pfleglich behandeln, verantwortungsvoller mit Gemeineigentum umgehen als solche, die auf den Erhalt ihres privaten Eigentums nicht aufpassen.

## S. 92/93 Gewinnstreben oder Profitgier?

AA 1 [M 5] [⇩] Als Einstieg in dieses Unterkapitel bietet es sich an zu sammeln, was sich die SuS aus den vorigen Stunden zu Felix und Peter gemerkt haben. Sodann sollten sie **M 5** lesen und fragen, was sich Felix unter einer „Raffgesellschaft“ (Z. 56) vorstellen könnte. Man kann sich denken, dass er darunter eine Gesellschaft versteht, deren Mitglieder nichts unversucht lassen, ihre Besitztümer zu vermehren.

AA 2 [?] Felix' Mutter ist im Gegensatz zu seinem Vater von dem Plan, reich zu werden, nicht begeistert. Hier die Auffassungen beider Elternteile:

| **Felix' Mutter** | **Felix' Vater** |
|---|---|
| - Das Vorhaben erzieht zu „Profitsucht“ (oder führt dazu) und ist die Reaktion auf die häuslichen Geldprobleme, die der Vater verursacht hat.<br>- zu Felix' Absicht, Geld für häusliche Arbeiten zu verdienen: In der Familie verbietet es sich, Geld für Tätigkeiten zu nehmen, die allen zugutekommen. | - Ein bisschen „Gewinnstreben“ ist nicht schädlich.<br>- Felix kann sich auf diese Weise schon früh an Arbeitsdisziplin gewöhnen. |

In einer reiferen Klasse wäre es durchaus vorstellbar, die Begriffe „Profitsucht“ und „Gewinnstreben“ vergleichend zu untersuchen. Im Unterschied zu dem anderen Begriff weist „Profitsucht“ eine negative Konnotation auf und bezeichnet ein Verhalten, das sich hemmungslos der Gewinnmaximierung unterordnet, wohingegen „Gewinnstreben“ eine Mischung von Motiven zulässt und z. B. auch dann vorliegt, wenn jemand nur unter der Voraussetzung Gewinne erzielen möchte, dass grundlegende moralische Normen nicht verletzt werden. Indem die Mutter das negativ konnotierte Wort „Profitsucht“ verwendet, bringt sie Felix in Erklärungsnöte, ohne auch nur ein Argument vorgebracht zu haben. Man könnte mit den SuS besprechen, wie dieses Vorgehen zu beurteilen ist.

AA 3– AA 5 [M 6] [M 7] [⅄] **M 6** passt eher zum Standpunkt der Mutter, die vor der „Raffgesellschaft“ warnt. **M 7** harmoniert eher mit der Einstellung des Vaters, der sich erhofft, dass Felix über den Plan, reich zu werden, früh zur Arbeitsdisziplin findet.
(**AA 4**): Arbeitsdisziplin ist für SuS wichtig im Zusammenhang mit: Klassenarbeiten, Hausaufgaben, Erlernen eines Computerprogramms, Erlernen von Sportarten, Musizieren u. a.

AA 6 M 8

| Aufgabe der Unternehmen | Aufgabe des Sozialstaats |
|---|---|
| Bereitstellung von Gütern oder Dienstleistungen, nach denen die Kunden verlangen | - Hilfe für Schwache<br>- Ausgleich sozialer Unterschiede (z. B. über den Solidarzuschlag, der helfen soll, das Lebensniveau der Bürger Ostdeutschlands dem der Bürger Westdeutschlands anzugleichen, s. M 33) |

Zur Festigung und Vertiefung des Themas kommt folgende zusätzliche AA in Betracht: Fertigt eine kurze Liste an, die all die Eigenschaften enthält, die ein Geschäftsmann deiner Ansicht nach heute aufweisen sollte.

Nach einigen Worterklärungen (evtl. der Ersetzung der schwierigeren Begriffe durch schülernähere Formulierungen) dürften die meisten SuS in der Lage sein, die folgende Aussage des Wirtschaftsethikers Peter Ulrich zu verstehen:

> „Gewinnmaximierung [die Erzielung des größtmöglichen Gewinns] um jeden Preis ist gleichbedeutend mit der Entscheidung für die Ausblendung aller ethischen Fragen. Das ist weder legitim [vertretbar] noch nachhaltig und führt über kurz oder lang zu Rückschlägen. Das Gewinnstreben einer Unternehmensführung, die sich ihrer ethischen [moralischen], sozialen und ökologischen [umweltbezogenen] Verantwortung bewusst ist und sich an deklarierte [erklärte] Geschäftsprinzipien bindet, halte ich hingegen für absolut legitim." http://www.fit-4fonds.de/Unternehmen-duuml;rfen-keine-Gewinnmaximierung-betreiben/183/nachrichte-nid/57973/nachrichtenseite//nachrichten_suchfeld//

Die Lerngruppe kann nun gemeinsam herausarbeiten, wogegen und wofür Ulrich plädiert. Anschließend ließe sich diskutieren, (1) ob und inwiefern Felix' Vater dem Statement Ulrichs zustimmen würde (siehe **M 5**, Z. 37ff.) und (2) ob das Zitat mit dem Inhalt von **M 8** logisch verträglich ist.

## S. 94/95 Von Bäckern, Brauern und Fleischern

AA 1 Auch in einem ungezwungen geführten Unterrichtsgespräch wäre es angemessen, das Augenmerk der SuS auf die Begründungen ihrer Stellungnahmen zu lenken und die damit verbundenen Werthaltungen anzusprechen.

M 9 Als Problemstellung lässt sich thematisieren, inwieweit die Annahme, die Menschen verhielten sich eigeninteressiert, ausreicht, um das Wirtschaftsleben zu erklären. Ist z. B. die Entscheidung einer Marktverkäuferin, die Kundin beim Wiegen der Ware nicht zu betrügen, auf ihr Eigeninteresse zurückzuführen? Oder kommt hier und in ähnlichen Situationen ein spezifisch moralisches Denken zum Tragen? Welche Rolle spielt dabei die Fähigkeit und Bereitwilligkeit, sich in die Situation anderer hineinzuversetzen, von der in **M 9** die Rede ist?

AA 2 Bei der Besprechung der Tagebucheinträge sollte Giannas Interpretation der Rede von der „unsichtbaren Hand" im Vordergrund stehen.

AA 3 Wer soziale Phänomene über Mechanismen der „unsichtbaren Hand" erklärt, behauptet, dass sie auf unbeabsichtigte Weise zustandekamen. Gerade das Eigeninteresse der Menschen vermag, wie schon Adam Smith hervorhebt, wohltätige Wirkungen nach sich zu ziehen, ohne dass die betreffenden Personen sie intendiert haben. Ein Beispiel ist ein Unternehmer, der Menschen als Arbeitskräfte einstellt, und zwar einfach aus geschäftlichen Erwägungen und nicht etwa, weil er ihnen aus Mildtätigkeit zu einer Arbeit verhelfen will.

AA 4 [!]

Ergänzend sollten sich die SuS - um eines besseren Verständnisses der Smith'schen Idee willen - einmal vor Augen führen, dass das Eigeninteresse auf nichtintendierte Weise auch Dritten schaden kann. Ferner wäre es wert, erwähnt zu werden, dass bisweilen auch andere Motive als das Eigeninteresse zu nichtbeabsichtigten Resultaten führen. So ist manches Übel - zumindest teilweise - auf den Einfluss moralischer Gesinnungstäter zurückzuführen, die wahrscheinlich frühzeitig von ihren Idealen abgerückt wären, wenn sie sich klar gemacht hätten, wohin die Entwicklung führt.

(**AA 4**): Nach Adam Smith wären alle Situationen zu nennen, die nach einer moralischen Stellungnahme verlangen. Seiner Moraltheorie zufolge liegt unseren moralischen Urteilen nämlich die Fähigkeit zugrunde, „sympathy" zu empfinden, d. h. uns in andere hineinzuversetzen (siehe *Raphael, D. D.:* Adam Smith. Frankfurt a. M./New York: Campus 1991. S. 40ff.).

AA 5, AA 6 M 10 [⇔]

**M 10** zeigt, dass die Marktwirtschaft trotz der wohltätigen Wirkung der „unsichtbaren Hand" kein harmloses Idyll ist, sondern vom Kunden eines gewissen Maß an Aufmerksamkeit verlangt, damit er nicht ausgetrickst wird. Es ist daher wünschenswert, wenn L bei der Umsetzung von **AA 5** und **AA 6** Bezug auf die Idee der „unsichtbare Hand" nimmt. In **AA 5** geht es darum, dass Mobilfunkfirmen den Anschein erwecken, als verschenkten sie Handys. In Wahrheit bezahlt der Kunde den Preis des Geräts monatlich zusammen mit der Rechnung für die Gesprächsminuten. Ähnliche Illusionen spricht **AA 6** an. Bei den sensationell günstig anmutenden (Tintenstrahl-) Druckern sind die Hersteller offensichtlich bestrebt, die Nachlässe über die hohen Preise für die Tintenpatronen wieder wettzumachen.

## S. 96/97 Vom Nutzen für sich selbst und andere

AA 1–AA 3 M 11 [⇩]

**AA 1** bis **AA 3** dienen der Einführung in die Frage nach der Beurteilung des Egoismus.

AA 4 [?]

Die SuS werden mit großer Wahrscheinlichkeit Mitleid als Motiv des Helfens in „Samariter"-Situationen nennen, denn das Attribut der Barmherzigkeit legt dies nahe. Ein weiteres mögliches Motiv wäre die Erfüllung einer moralischen Pflicht, wie z. B. der Goldenen Regel („Was du nicht willst, das man dir, das füg' auch keinem anderen zu"). Sinnvoll ist es, an dieser Stelle zur Vorbereitung der Frage nach der Beurteilung des Egoismus den Unterschied zwischen den Begriffen des Egoismus und des Mitleids herauszuarbeiten. Hier ließe sich Arthur Schopenhauers klare Unterscheidung zwischen Egoismus, Bosheit und Mitleid als zusätzlicher Impuls (evtl. als Zitat auf einer Folie) einführen:

> „Es gibt überhaupt nur drei Grund-Triebfedern der menschlichen Handlungen [...]. Sie sind:
> a) Egoismus; der das eigene Wohl will (ist grenzenlos).
> b) Bosheit; die das fremde Wehe will (geht bis zur äußersten Grausamkeit).
> c) Mitleid; welche das fremde Wohl will (geht bis zum Edelmut und zur Großmut)."
> (*Schopenhauer, A.*: Preisschrift über das Fundament der Moral. Hamburg: Meiner 1979. S. 107. Die Rechtschreibung wurde an einigen Stellen modernisiert.)

AA 5–AA 9 M12 M13 [⩓]

*Beispiel 1*: Der Schlusssatz wirkt geheuchelt, da das Paar weniger am Wohl des Hundes interessiert ist als an dessen optischer Außenwirkung. Insofern es den beiden um ihr eigenes Wohl geht, handeln sie egoistisch. *Beispiel 2*: Falls Daniel nicht gerade einer anderen Person hilft, kann man seine Weigerung, das Glas wegzubringen, getrost egoistisch nennen. *Beispiel 4*: Es liegt ein Fall von rationalem Egoismus in Form von Trittbrettfahrerverhalten („free riding") vor.

(**AA 6**): Eine solche Verwendung des Wortes „Egoismus" ist problematisch, weil der Begriff dadurch an Inhalt verliert. In letzter Konsequenz wird eine Aussage wie „Hans handelt egoistisch" zu einer leeren Tautologie.

(**AA 7–AA 9**): Hier wäre es sinnvoll, mit den SuS zu besprechen, ob (auch?) egoistisches Denken Jugendlicher zu derartigen Zerstörungen führen kann.

AA 10 M 14 [Y]

Schädlichere Motive als der Egoismus sind nach Patzig Rachsucht, Machtrausch, Zerstörungswut u. a.

Zur Festigung der Arbeitsergebnisse, besonders **AA 10**, empfiehlt sich für weniger starke Lerngruppen die selbständige Entwicklung eines Schaubilds, das Patzigs Unterscheidung zwischen den Motiven übersichtlich darstellt.

AA 11

Eine der historischen Katastrophen, an die Patzig gedacht haben dürfte, ist der Zweite Weltkrieg. Als Beispiele sog. „großer Männer“, denen ihr Wohl gleichgültig war, kommen Hitler und Goebbels in Betracht, die sich gegen Ende des Krieges, als die Kapitulation Deutschlands bevorstand, umbrachten.

## S. 98/99 Arm und Reich

AA 1– AA 3 M 15 M 16

(**AA 1** und **AA 2**): Die SuS sollten auch die Gelegenheit haben, sich über eigene Erfahrungen mit Armut auszutauschen, wenngleich L dieses Gespräch sehr zurückhaltend moderieren sollte.
(**AA 3**): Eine mögliche Erklärung: Felix kann dem Bettler nicht ins Gesicht sehen, weil er befürchtet, von Mitleid überwältigt zu werden.

M 17

**M 17** macht die SuS mit der Problemfrage des Unterkapitels vertraut (Ist Armut eine Folge des Reichtums?).

AA 4

Das Streitgespräch zwischen Sarah und Felix dreht sich um die auch jüngeren SuS vertraute Frage, ob es richtig sei, Bettlern Geld zu geben. Sarah bejaht dies und vertritt in ihrer Begründung folgende Ansichten:
- Viele Bettler sind unschuldig an ihrer Situation, denn unter ihnen finden sich genügend Personen, die aufrichtig, aber vergeblich eine Arbeit suchen.
- Die Bettler sind arm, weil andere Personen reich sind.
- Behauptungen, wie die, dass sie das Geld nicht für Sinnvolles ausgeben, sind nur Ausreden, dafür, selbst nichts abgeben zu wollen.

Felix bestreitet, dass es gut ist, Bettlern Geld zuzustecken. Dabei tritt er Sarah mit diesen Auffassungen gegenüber:
- Die Bettler sind arbeitsunwillig. Wer ernsthaft eine Arbeit sucht, findet eine.
- Bettler geben das Geld, das sie bekommen, doch nur für Alkohol aus. Dann finden sie noch schwerer Arbeit.

AA 5, AA 6 M 18

(**AA 5**): Damit die SuS die (am besten in Kleingruppen durchgeführten) Expertenbefragungen gut vorbereitet angehen, könnten sie im Unterricht gemeinsam Interviewleitfaden erarbeiten, die auf die jeweiligen Befragungssituationen zugeschnitten sind. Erhellend für die Mitschüler wäre es, wenn die Gruppen wichtige Aussagen der befragten Personen anschließend schriftlich, z. B. auf einem Plakat, präsentierten.
(**AA 6**): Während Sarah behauptet, dass Reichtum die Ursache von Armut sei, bestreiten sowohl die arme als auch die reiche Figur im Comic, dass sie es selbst in der Hand haben, reich bzw. arm zu sein. Ein Gespräch darüber, ob und inwiefern der Einzelne für seinen Reichtum oder für seine Armut selbst verantwortlich ist, bietet sich an dieser Stelle an.

AA 7

Hier fassen die SuS Erkenntnisse über die Ursachen von Armut in unserer Gesellschaft zusammen. Ausgehend von dem Beispiel aus **M 15** und **M 17**, ist es naheliegend, die Ursachen von Obdachlosigkeit anzuführen, als da wären: hohe Mietschulden, Arbeitslosigkeit, Scheidung, Sucht, psychische Erkrankungen u. a.

Die Frage nach dem Zusammenhang zwischen Armut und Reichtum ist anspruchsvoll, selbst wenn man sie nur auf unsere Gesellschaft bezieht. Einerseits ist klar, dass Menschen typischerweise nicht verarmen oder gar in die Obdachlosigkeit geraten, weil wohlhabende Leute sie um ihr Hab und Gut bringen. Auf der anderen Seite ist natürlich die Frage berechtigt, wie wohlhabende Bürger helfen können, die Situation der Ärmsten zu verbessern. Hier zwei Gesichtspunkte, die im Unterrichtsgespräch angesprochen zu werden verdienen: 1. Bezogen auf die Obdachlosigkeit ist zu bedenken, dass Sucht oder psychische Erkrankungen den Nutzen finanzieller Zuwendungen stark einschränken und sich auf der anderen Seite Zwangseinweisungen schwer mit den freiheitlichen Grundsätzen unserer Gesellschaft vereinbaren lassen. 2. Die eigene Auffassung darüber, wie weit ein Staat durch Zwangsabgaben versuchen sollte, das Einkommensniveau armer Menschen zu heben, ist abhängig von dem Menschenbild, das man vertritt. Wer z. B. annimmt, die Menschen seien rationale Egoisten, wird konsequenterweise argumentieren, dass bei starker Alimentierung der Anreiz, sich eine Arbeit zu suchen, abnimmt.

## S. 100/101 Arbeitslos in Schönstadt

AA 1 M 19 — Als zusätzliche AA bietet sich die Frage an, weshalb Felix so darauf erpicht ist, hinter das Geheimnis des Schatzes zu kommen. Weil dahinter Sarahs These vom Zusammenhang zwischen Armut und Reichtum steht (siehe Z. 13 ff.), ergibt sich eine didaktisch sinnvolle Brücke zum vorigen Unterkapitel.

AA 2 — Die SuS werden keine Schwierigkeiten haben zu erkennen, dass Felix' Vater um seinen Arbeitsplatz fürchtet und deshalb sehr empfindlich auf die euphemistische Ausdrucksweise der Zeitung reagiert. Dies führt unmittelbar zu der Frage nach den Problemen, die mit der Arbeitslosigkeit verbunden sind.

AA 3 — Auf mögliche Folgen wie Depression oder Alkoholismus dürften die SuS selbst kommen.

AA 4, AA 5 M 20 — Die originale Inschrift lautet „Glücklicherweise werde ich nie arbeitslos!“
(**AA 5**): „Arbeitslosigkeit“: das Fehlen einer bezahlten Beschäftigungsmöglichkeit für eine erwerbsfähige Person; die in dem Cartoon zu sehende Person versteht darunter einfach das Fehlen von Beschäftigung.

AA 6 — Bedeutung der Erwerbarbeit für den Einzelnen: z. B. Freude an der Arbeit selbst, Erhalt von Anerkennung und Bestätigung, Strukturierung des Tagesablaufs, Unabhängigkeit durch selbst verdientes Geld.

AA 7 M 21

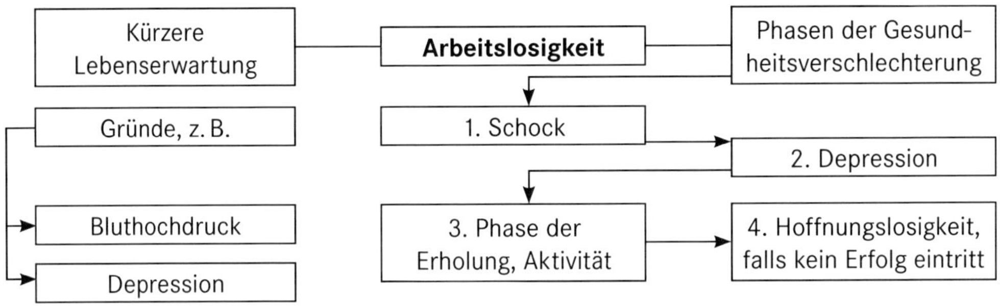


AA 8 — Weitere Gründe:
- Arbeitlose belasten ihre Angehörigen durch die Probleme, die sie haben.
- Hohe Arbeitslosigkeit sorgt für Unruhe in der Bevölkerung und stärkt radikale Kräfte in der Gesellschaft.
- Arbeitslosigkeit mindert die Nachfrage und schwächt damit die Wirtschaft.
- Der Anspruch der Arbeitslosen auf Zahlung von Arbeitslosengeld belastet die staatlichen Kassen der Bundesagentur für Arbeit.

Einen Anspruch auf die volle Regelleistung haben Alleinstehende, Alleinerziehende und Antragsteller, deren Partner minderjährig ist. Sie beträgt seit dem 1. Juli 2009 bundeseinheitlich 359 €. Die Regelleistung für (Ehe-)Partner beträgt jeweils 323 €. Kinder, die jünger als 6 Jahre sind, erhalten 215 €. Von 6 bis einschließlich 13 Jahren sind es 251 €. Kinder ab 14 Jahren und Volljährige, die noch keine 25 Jahre alt sind und bei ihren Eltern wohnen, erhalten 287 €. http://www.arbeitsagentur.de/nn_25828/Navigation/zentral/Buerger/Arbeitslos/Alg-II/Hilfen/Alg-II-Sozialgeld/Alg-II-Sozialgeld-Nav.html#d1.1

## S. 102/103 Marktwirtschaft bedeutet Wettbewerb

AA 1 M 22 — **M 22** und **AA 1** dienen der Hinführung zum Thema.

M 23 ? **M 23** macht auf anschauliche und sehr schülergerechte Weise deutlich, dass Wettbewerb den Kern der Marktwirtschaft ausmacht, und führt zu der Frage, ob er mehr positive oder mehr negative Seiten hat.

AA 2, AA 3 — 1. „Jetzt wisst ihr, dass ihr eine gute Idee hattet.“ (Z. 20) Die Textstelle besagt, dass auch Timberg die Kunden durch den Lieferservice beeindrucken will. 2. „Der Timberg hat's eben nötig. [...]“ (Z. 28) Offenbar hat Timberg nicht so viele zufriedene Kunden wie Bäcker Mühlbach und will wirtschaftlich nicht ganz ins Hintertreffen geraten.
(**AA 3**): Bedeutung des Sprichworts (Z. 31): Wettbewerb bringt neue Ideen hervor, die dem Kunden nützen. Hintergrundannahme: Die Menschen neigen zur Trägheit und können ohne Wettbewerb leicht den Anreiz verlieren, richtig aktiv und erfinderisch zu sein.

AA 4 — Zur Bekräftigung des Sprichworts:
- Wettbewerb führt zu größerer Qualität von Waren und Dienstleistungen. Wenige Wahlmöglichkeiten und relativ schlechte Qualität der Waren sind typische Kennzeichen für Länder ohne Konkurrenzwirtschaft (z. B. ehemalige DDR, heutiges Nordkorea).
- Wettbewerb um die Kunden führt zu erfinderischer Werbung (z. B. im Fernsehen).
- Strenger Wettbewerb bringt im Profisport Qualität hervor (z. B. spannende und hochwertige Fußballspiele zwischen echten Konkurrenten).

Allerdings:
- Arbeitslosigkeit kann die Folge davon sein, dass ein Unternehmen in seiner Branche nicht konkurrenzfähig ist.
- Wettbewerb kann auch zu Eintönigkeit führen (ein großes Einkaufszentren außerhalb einer Stadt kann für viele kleine Geschäfte in der Stadt den Ruin bedeuten).
- Manche sensible Menschen leiden unter starkem Wettbewerb.

! Der Infotext SB S. 103 und der nachfolgende Autorentext festigen und vertiefen das, was die SuS bis jetzt über die Marktwirtschaft gelernt haben.
Siehe auch **Zusatzmaterial LB S. 81** zur Bedeutung von Vertrauen im Wettbewerb.

AA 5 M 24 — Der Automobilmarkt zeigt, wie stark der Wettbewerb die Qualität von Gütern verbessern kann. Gerade in puncto Sicherheit, Komfort und Haltbarkeit haben sich in den letzten Jahrzehnten beträchtliche Fortschritte ergeben, die zu einem Gutteil dem Wettbewerb zwischen den Herstellern zugeschrieben werden können. Informationen zum „Trabi“ finden sich auf http://de.wikipedia.org/wiki/Trabant_(Pkw). Dieser Autotyp hatte eine Reihe von Nachteilen im Vergleich zu Westfabrikaten: z. B. bescheidene Beschleunigung, geringer Bedienkomfort, aufdringlicher Abgasgeruch aufgrund von Zweitaktmotor, insgesamt schlechtere technische Werte (siehe http://www.focus.de/auto/fahrberichte/tid-6214/fahrbericht-trabant-p-601l_aid_60248.html).
(**AA 6**): *Folgen des Wettbewerbs für den durchschnittlichen Autofahrer:* ständiger Fortschritt im Bereich der Sicherheit, des Fahrkomforts, mehr Ausstattungsmerkmale, große Auswahl an Modellen.
*Folgen für die Beschäftigten in der Automobilindustrie:* Risiko des Arbeitsplatzverlusts bei mangelnder Wettbewerbsfähigkeit, evtl. Aussicht auf Erfolgsprämien.
*Umweltverträglichkeit:* Bei der Entwicklung der Umweltverträglichkeit war es aber offenbar bislang notwendig, dass die Politik steuernd eingriff (steuerliche Förderung umweltfreundlicherer Autotypen).

## S. 104/105 Kriminalität in der Wirtschaft

AA 1 M 25 — **M 25** und **AA 1** führen zum Thema Wirtschaftskriminalität hin.

? Das Unterkapitel lädt die SuS ein, sich ganz allgemein Gedanken über Ursprünge des Verbrechens zu machen. Deshalb kann es im Anschluss an die Realisierung von **AA 1** sinnvoll sein, über Charakter und Lebensstil des Mannes mit dem roten Ferrari zu nachzudenken, denn er erweist sich im Laufe der Geschichte als Mitglied einer Bande von Wirtschaftverbrechern. Wie es scheint, ist sein Motiv der Wunsch, ein aufwändiges Leben zu führen.

AA 2 Die intuitive Problemlösung hängt von der Gestaltung der Texte ab.

AA 3 M 26 Rappke macht sich des Anlagebetrugs schuldig.

AA 4 M 27 ! Die vier Wurzeln des Verbrechens legen nahe, dass bei Rappke der Wunsch nach materiellem Gewinn ausschlaggebend ist. Ein aufgeblähtes und deshalb schnell gekränktes Selbstwertgefühl scheint bei ihm nicht vorzuliegen (nach Baumeister ist nicht ein zu geringes, sondern ein überhöhtes Selbstwertgefühl problematisch). Dass er telefonisch Rücksprache hält, bevor er die Kinder weiter über die Anlagegeschäfte unterrichtet, spricht eher für ein geringes Selbstwertgefühl. Auch Sadismus und moralischer Idealismus scheiden als Quelle des Verbrechens hier aus.

⇔ In der Transferphase können die SuS versuchen, Beispiele für die vier Wurzeln des Verbrechens (auch aus den Bereichen der Literatur oder des Films) zusammenzustellen.
Zu Ehrbarkeit und Moral in der Wirtschaft siehe das **Zusatzmaterial LB S. 82.**

## S. 106–109 Aufgaben des Staates

AA 1 M 28 ⇩ **M 28** liest sich spannend wie ein Krimi, und die gemeinsame Lektüre eignet sich deshalb als Hinführung zu der staatstheoretischen Themenstellung.
(**AA 1**): Die SuS werden aus dem Deutschunterricht die Merkmale des Berichts kennen (z. B. Präteritum, Beantwortung wichtiger W-Fragen, wie „Wo?“, „Wann?“, „Wer?“, sachlicher Stil). Ansonsten sollte L sie an dieser Stelle einführen.

? Die Frage nach dem Verhalten der Polizisten berührt zumindest ansatzweise die Problemstellung (Wozu brauchen wir einen Staat?). Dabei sollte L im Unterricht betonen, dass es sich bei der Polizei um ein *staatliches* Vollzugsorgan handelt. Auch könnte man als Vorbereitung auf die weiteren Arbeitsschritte nach weiteren staatlichen Organen (z. B. Arbeitsamt, Schule oder Militär) fragen.

AA 2 Die Aufgaben der Polizei lassen sich mit Hilfe der Begriffe „Gefahrenabwehr“ (z. B. Absperrung einer Unfallstelle) und „Strafverfolgung“ (z. B. Anhalten eines Temposünders) klassifizieren.

AA 3 M 29 Das Foto links betrifft die äußere, das rechtes die innere Sicherheit.

| Gefährdungen der inneren Sicherheit, z. B. | Gefährdungen der äußeren Sicherheit, z. B. |
|---|---|
| – Bankraub<br>– Wohnungseinbrüche<br>– Terrorismus<br>– Unruhen unter Fußballfans | – Aufrüstung eines feindlich eingestellten Staates (bzw. dessen Regierung) mit Atomwaffen<br>– direkte Bedrohung durch feindliches Militär |

AA 4 M 31 Petersdorffs Argumente für staatliche Förderung gleicher Chancen (Beispiel: Hochschulbildung): a) *Gerechtigkeit:* Markt allein schafft keine gleichen Startbedingungen der Bürger → Benachteiligung ärmerer Menschen, b) *Effizienz*: Verzicht der Gesellschaft auf wichtige Arbeitskräfte, wenn Kindern ärmerer Eltern nicht studieren können.
Zum Thema „Gerechtigkeit“ siehe **Zusatzmaterial LB S. 83.**

AA 5, AA 6 ! Ausgangspunkt der Diskussion sollte der letzte Absatz von **M 31** sein, in dem Petersdorff zwei Gründe für die geringere Studierhäufigkeit von Kindern ärmerer Eltern nennt. Ein Grund: Manche solcher Kinder trauen es sich selbst nicht zu, zu studieren, weil es ihnen an Vorbildern in der Familie fehlt.

(**AA 6**): Beispiele effizienten Verhaltens: Arbeitsteilung in einer Fußballmannschaft (jeder nach seinen Fähigkeiten); Beauftragung eines Mechanikers, wenn die eigenen Fähigkeiten nicht ausreichen, ein technisches Problem zu lösen u. a.

Als Transferaufgabe könnten Beispiele wie die folgenden angeführt werden, die die SuS mit den drei genannten Aufgaben des Staates (rechter Kasten) in Beziehung setzen sollen.

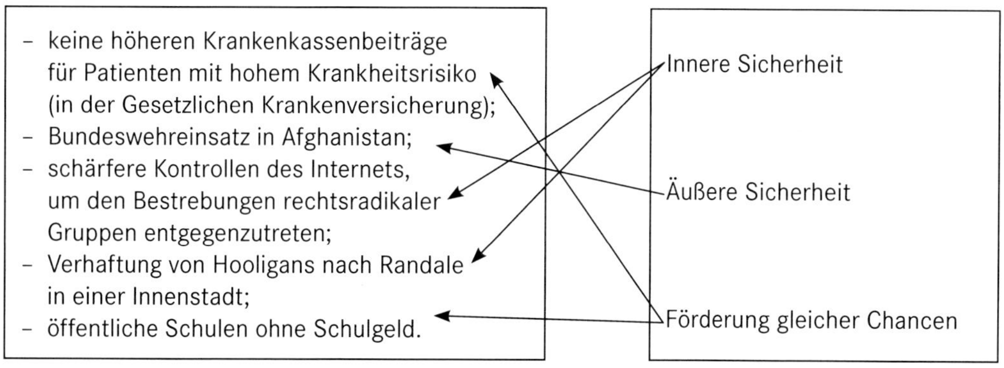


AA 7, AA 8 M 32

**M 32** leitet auf unterhaltsame Weise zu dem Thema „Finanzierung staatlicher Leistungen" über, das als kleine, unabhängig zu bearbeitende Lerneinheit gestaltet ist. Damit bietet es sich als zusätzliches Angebot für Lerngruppen an, die die anspruchsvolle Frage nach den Leistungen des Staates weiterverfolgen wollen.
Die Pointe von **M 32** liegt zum einen in der Kritik an der Selbstverständlichkeit, mit der Steuern erhoben werden – handelt es sich doch immerhin um vom Bürger zu entrichtende Zwangsabgaben. Zum anderen scheint der Missbrauch von Steuergeldern aufgespießt zu werden: Der Bürger hat schließlich nicht für jede beliebige Ausgabe des Staatsoberhaupts oder der Regierung aufzukommen.

An dieser Stelle könnte man als Problemstellungsphase ein stark schülerzentriertes Unterrichtsgespräch über den Zweck von Steuern führen.

AA 9 M 33

Die SuS erfahren zur Verwendung von Steuern einiges aus **M 33**, Z. 1–13. Zusätzliche Informationen zur Gliederung der Einnahmen und Ausgaben des Bundes nach Funktionen/Aufgabenbereichen kann man z. B. zum Jahr 2008 unter http://www.bundesfinanzministerium.de/bundeshaushalt2008/pdf/vorsp/vsp_m.pdf erhalten.

AA 10

Bevor die SuS zur schriftlichen Formulierung ihrer Überlegungen übergehen, sollte man sie über strittige Formen öffentlicher Finanzierung informieren, wie die staatliche Unterstützung bestimmter kultureller Einrichtungen. So kann erreicht werden, dass sie zu einer wirklich abwägenden Stellungnahme in der Lage sind.

Spekulationen darüber, wie man sich einen Zustand ohne staatliche Ordnung (= Naturzustand) vorzustellen hat, könnten die Arbeitsergebnisse abrunden. Den SuS sollten dabei die Ausdrücke „innere" und „äußere Sicherheit" sowie „Förderung gleicher Chancen" verwenden. Bei einigem Nachdenken könnten sie zu dem Ergebnis kommen, dass es im Naturzustand keine Sicherheit und folglich auch keine Zivilisation gibt und sich deshalb dort die Frage nach Chancengleichheit gar nicht erst stellt. Damit hätten sie sich an die Staatsphilosophie Thomas Hobbes' (1588–1679) angenähert, ohne dass diese auf dieser Alterstufe vertieft werden könnte und müsste.

## S. 110/111 Unternehmensgründung

M 34

Der Hinführung zum Thema dient **M 34** und ein Gespräch über den Textinhalt und den Zusammenhang zum bisherigen Geschehen im Roman. So wäre z. B. zu besprechen, welche Vorteile Felix' Vater von der Gründung des Stadtanzeigers hat.

[?] Anschließend könnten die SuS diskutieren, ob sie sich später gern einmal selbständig machen würden und falls ja, in welcher Branche oder welchem Beruf.

AA 1 Anregungen zum Erzählen finden sich in Lehrwerken zum Deutschunterricht. Wichtig ist z. B., dass die SuS zu Beginn entscheiden, welche Erzählperspektive sie verwenden möchten (Ich-Erzähler oder Er/Sie-Erzähler). Vergleiche und wörtliche Rede sorgen für Lebendigkeit.

AA 2 M 35 L könnte mit den SuS auch nach einer anderen markanten Geschäftsidee suchen. Sie könnten sogar über eine noch nicht realisierte Geschäftsidee spekulieren, wie einen für viele erschwinglichen Pendelverkehr ins Weltall.

[!] Ausgehend von **M 35** könnten die SuS Chancen und Risiken von Unternehmensgründungen zusammenstellen. Ein großer Vorzug ist der Umstand, dass man sich niemandem unterordnen muss, sondern selbst der ist, der bestimmt. Ein Risiko besteht darin, auf dem Markt nicht bestehen zu können.

[⇔] Abschließend lassen sich (wiederum recht spekulativ) die in **M 35** aufgeführten Gesichtspunkte auf die in **M 34** beschriebene Gründung des Stadtanzeigers übertragen. Beispielsweise wäre auf die Frage zur Nachfrage nach dem Stadtanzeiger (siehe M 35, A. Die Geschäftsidee) zu antworten, dass in Anbetracht der generellen Beliebtheit von Stadtanzeigern die Nachfrage wohl recht groß sein dürfte. Auf die Frage nach dem Preis für das Produkt ist festzustellen, dass sich Stadtanzeiger finanziell selbst tragen können.

Auflösung des Tests S. 79: 1C, 2D, 3B, 4A, 5D, 6B, 7B, 8D, 9A, 10C

# Wissen macht Spaß

Ein Test zu den 10 wichtigsten Begriffen des Kapitels

## Was versteht man unter ...

**1. Unsichtbare Hand:**

A Auf den Zoologen Fredericus von Trugstein (1789–1844) zurückgehende Bezeichnung für eine seltene Missbildung bei Menschenaffen.
B Religiöse Erklärung von Wundern.
C Von Adam Smith (1723–1790) geprägter Ausdruck für nichtbeabsichtigte, aber nützliche Folgen menschlicher Handlungen.
D Vom Schiedsrichter nicht bemerktes Handspiel beim Fußball.

**2. Marktwirtschaft:**

A Wirtschaftsform, die auf der Unterdrückung von Märkten beruht.
B Restaurant, das direkt am Wochenmarkt liegt.
C Wirtschaftsform, die keine Industrie kennt, sondern nur auf dem Handel mit Waren beruht, die auf Wochenmärkten angeboten werden (vor allem Obst und Gemüse).
D Wirtschaftsform, in der so viele Bereiche wie möglich durch Märkte, d. h. durch Angebot und Nachfrage, geregelt werden.

**3. Konkurrenz:**

A Anderes Wort für Inflation (= Geldentwertung).
B Anderes Wort für Wettbewerb.
C Anderes Wort für Übereinstimmung.
D Anderes Wort für Zusammenarbeit.

**4. Steuern:**

A Zwangsabgaben, die der Bürger an den Staat bezahlt, damit dieser Aufgaben verrichten kann, die von öffentlichem Nutzen sind.
B Zuwendungen von Unternehmen an besonders motivierte Mitarbeiter.
C Abgaben der Mitarbeiter an das Unternehmen, in dem sie arbeiten.
D Einmal jährlich entrichtete besondere Zuwendung des Staates an seine Bürger.

**5. Arbeitslosigkeit:**

A Zustand der Langeweile nach einer Weile des Nichtstuns.
B Die Zeit, in der die Mitarbeiter einer Firma nicht arbeiten müssen, aber weiter bezahlt werden.
C Situation eines Unternehmens, das kurzzeitig oder dauerhaft keine Arbeit zu vergeben hat.
D Fehlen einer bezahlten Beschäftigungsmöglichkeit für eine erwerbsfähige Person.

**6. Egoismus:**

A Einstellung, die sich ganz am Wohl des anderen orientiert.
B Einstellung, die sich ganz am eigenen Wohl orientiert (von lat. „ego“ = ich).
C Asiatische Religion mit vielen Anhängern unter deutschen Akademikern.
D Standpunkt in der Philosophie, wonach nur das Ich wirklich existiert.

**7. Effizienz:**

A Anderes Wort für Wirksamkeit.
B Anderes Wort für Wirtschaftlichkeit (ein Ergebnis mit möglichst wenigen Mitteln erreichen oder mit gegebenen Mitteln ein möglichst gutes Ergebnis erzielen).
C Besondere Güte eines Gegenstands oder einer Handlung.
D Anrede von Personen von besonderem Rang („Eure Effizienz“).

**8. Innere Sicherheit:**

A Begriff aus der Notfallmedizin: Unversehrtheit der inneren Organe.
B Begriff aus der Psychologie: großes Selbstbewusstsein.
C Begriff aus der Flugzeugtechnik: keine Gefährdung der Passagiere.
D Begriff aus der Politik: Schutz vor Bedrohungen, die aus dem Inneren eines Landes entstehen.

**9. Äußere Sicherheit:**

A Schutz eines Landes vor Bedrohungen, die außerhalb seiner Grenzen entstehen.
B Selbstbewusstsein, das sich aus äußeren Faktoren wie Erfolg oder Aussehen ergibt.
C Begriff aus der Notfallmedizin: Unversehrtheit der äußeren Organe.
D Begriff aus der Flugzeugtechnik: keine Gefährdung der äußeren Teile des Flugzeugs.

**10. Geschäftsplan:**

A Plan, der die Abwicklung einer nicht mehr konkurrenzfähigen Firma betrifft.
B Entwurf eines Architekten, der den Bau eines Geschäftshauses plant.
C Sorgfältige Überlegungen, die Personen anstellen, bevor sie ein Unternehmen gründen.
D Fluchtweg eines großes Geschäftsgebäudes.

## Zu S. 86/87 Armut und Reichtum

**Sehnsucht nach Liebe und Sicherheit**

Wenn der elfjährige Basti* aus Hamburg sich etwas wünschen dürfte, so wäre es, dass seine Eltern netter zu ihm sind und mal mit ihm spielen würden. Sein zweitgrößter Wunsch ist ein eigenes Fahrrad. Tamika*, zwölf Jahre alt, besitzt ein nagelneues Mountainbike. Doch am Wochenende hat sie kaum Zeit, damit zu fahren: Sie muss im Imbiss ihrer Adoptiveltern für den Lebensunterhalt mitarbeiten. Die zwölfjährige Rhina* wünscht sich mehr Geld, damit auch ihre Mutter sich etwas leisten kann.

Für Kinder hat Armut kein einheitliches Gesicht. [...] Forscher der Universität Bielefeld interviewten etwa 200 Kinder aus Hamburg und Berlin, die regelmäßig das Kinderhilfswerk „Die Arche" besuchen. Erstmals wurden sozial benachteiligte Jungen und Mädchen von 6 bis 13 Jahren befragt, wie sie die eigene Situation einschätzen und was ihnen wichtig ist. Kinder, die in Armut aufwachsen, wie Tamika, Basti und Rhina wünschen sich danach vor allem mehr Zuwendung und Unterstützung. Befragt wurden sie im Rahmen der Studie, was ein gutes Leben ausmacht: „Von den Eltern geliebt zu werden", „genug zu essen zu bekommen", „gute Freunde" und „immer jemanden zu haben, der sich um sie kümmert" ist ihnen am Wichtigsten. „Kinder wünschen sich für alle Altersgenossen gute Beziehungen, die Versorgung von Grundbedürfnissen, aber sie verlangen auch ein Recht auf Schulbildung, Gewaltfreiheit, Freizeit und medizinischer Versorgung", sagt die Bielefelder Erziehungswissenschaftlerin Sabine Andresen, die die Studie leitet.

Gefragt nach den wichtigsten Dingen in ihrem Leben, nennen die meisten Kinder mit knapp 18 % zuerst Personen wie Familienangehörige und Freunde, dicht gefolgt von elektronischen Geräten wie Playstation oder Handy mit fast 17 %. Als arm gelten Mädchen und Jungen in Deutschland, wenn ihren Eltern weniger als 60 % des durchschnittlichen Nettoeinkommens zur Verfügung steht. Nach dem Deutschen Kinderschutzbund ist etwa jedes sechste Kind in Deutschland betroffen.

Trotz der schwierigen Lebensumstände glauben die meisten der befragten Kinder, dass ihr Leben richtig schön werden wird. Etwa jedes zehnte Kind aus einer armen Familie meint dagegen, „wenig Hoffnung auf eine persönlich gute Zukunft zu haben". Das Vertrauen in die eigenen Fähigkeiten ist bei den meisten groß: Rund 85 % der Jungen und Mädchen sind der Meinung, dass sie viele Dinge richtig gut können, und etwa 70 % denken, dass ihnen bei Problemen immer etwas einfällt.

* Name von der Redaktion geändert.

*Aus: Wiemann, Esther: Sehnsucht nach Liebe und Sicherheit. Spiegel-online, 23. 3. 2009*

**1** Gib wieder, was für die befragten Kinder ein „gutes Leben" ausmacht und welche Dinge für sie am wichtigsten sind.

**2** Wie erklärt du dir, dass die Kinder trotz der ungünstigen Lebensverhältnisse so zuversichtlich sind?

**3** Schreibe auf, was für sich dich selbst ein „gutes Leben" darstellt, und gib an, welche fünf Dinge für dich am wichtigsten sind.

**4** Vergleiche deine eigenen Vorstellungen mit denen der befragten Kinder.

## Zu S. 102/103 Marktwirtschaft bedeutet Wettbewerb

**Vertrauenssache**

Informieren ist klasse. Nur: Manchmal funktioniert es nicht. Folgendes Beispiel: Ein Kunde geht auf einen Gebrauchtwagenmarkt, um ein Auto zu kaufen. Plötzlich kommen ihm Zweifel: Er kann den gebrauchten Autos nicht ansehen, wie funktionstüchtig sie noch sind und ob sie noch lange fahren werden. Der Verkäufer weiß genau, welche Macken die Fahrzeuge haben. Er verrät die Fehler aber nicht, weil er das Auto teuer verkaufen will. Letztendlich kauft der Kunde nicht, weil er Angst vor möglichen Fehlern im Auto hat.

Das bedeutet, dass der Handel nicht zustande kommt. Es gibt zwei Gründe dafür: Einer weiß mehr als der andere, und der Käufer misstraut dem Verkäufer. [...]

Was nun? Man kann sich mehrere Möglichkeiten vorstellen: Der Kunde könnte einen Gutachter mitbringen, der das Auto genau untersucht. Das kostet Geld. Aber danach fühlt sich der Kunde sicherer. Oder der Verkäufer bezahlt eine Prüffirma, die das Auto durchleuchtet und danach ein Zeugnis ausstellt. Wenn der Kunde der Prüffirma traut, ist das eine gute Sache. Wenn nicht, dann ist man genauso weit wie vorher. Der Handel kommt nicht zustande.

Was kann der Verkäufer also tun, um das Vertrauen zu gewinnen? Er versucht, den Ruf zu bekommen, dass er ehrlich ist. Dabei gibt es viele Methoden. Zum Beispiel Banken. Für Eigentümer von Banken, den Bankiers, ist ein gutes Image lebenswichtig. Kunden eröffnen nur bei jenen Banken ein Konto, denen sie vertrauen. Wenn die Kunden das Gefühl haben, die Bankiers machen sich mit dem Geld davon, geht die Bank sofort pleite.

Wie stellen Bankiers Vertrauen her? Zum Beispiel durch schöne teure Gebäude für die Filialen. Wer teuer baut, vermittelt nicht den Eindruck, über Nacht mit unserem Geld abzuhauen. In Banken gelten auch strengere Kleidungsvorschriften als in den meisten anderen Unternehmen. Die Männer sollen dunkle Anzüge und Krawatten tragen, die Frauen Anzüge oder Kostüme. [...]

Es gibt noch eine Methode, Vertrauen zu bekommen. Firmen engagieren einen Superstar für einen Werbespot. Superstars sind teuer. Aber ein Unternehmen, das viel Geld für den Prominenten ausgibt, findet, dass sich das trotzdem lohnt: Weil die Kunden denken, wenn der Star das Produkt kauft, kann ich ihm trauen, denn dann ist es sicher gut. Außerdem glaubt das Unternehmen, dass es durch die Verkäufe die Gage für den Superstar auf Dauer wieder einspielt. Noch etwas kommt hinzu: Ein Superstar lebt vor allem von seinem Ruf. Den wird er nicht so leicht für schlechte Ware aufs Spiel setzen.

Für die Telekom-Aktie hat einmal der den Älteren gut bekannte Schauspieler Manfred Krug Werbung gemacht, der unter anderem als Kommissar im „Tatort" aufgetreten ist. Später zeigte sich, dass das Unternehmen schlechter war als sein Ruf und der Kurs der Aktie in den Keller ging. Die Kunden waren sauer. Auf die Telekom – und auf Manfred Krug. Sie fanden, er habe sie irregeführt, weil sie ihm vertraut hatten, als er für die Telekom warb. Der Schauspieler hat sich dafür öffentlich bei den Menschen entschuldigt. Schließlich hilft Ehrlichkeit und Anstand. Auch das spricht sich herum.

*Aus: Petersdorff, Winand von: Das Geld reicht nie. Warum T-Shirts so billig, Handys umsonst und Popstars reich sind. Ein Wirtschaftsbuch für Jugendliche. Frankfurt/M.: Frankfurter Allgemeine Buch 2007. S. 39ff.*

**1** Wie könnte der Kunde prüfen, ob das Auto, für das er sich interessiert, technisch in Ordnung ist? Was überlegst du dir selbst, bevor du einen etwas teureren Gegenstand kaufst? Stellst du z. B. Vergleiche an?

**2** Auf welche Weise kann der Verkäufer beim Kunden Vertrauen gewinnen? Stelle die Aussagen des Texts in einer Liste zusammen und vergleiche sie mit dem, was du über das Verhalten von Unternehmen weißt.

**3** Sprecht darüber, was für euch eine vertrauenswürdige Person ausmacht.

## Zu S. 102/103 Kriminalität in der Wirtschaft

**Ehrbare Kaufleute**

Bereits im Jahr 1340 sprachen Kaufmannshandbücher im mittelalterlichen Italien vom „wahren und ehrlichen Kaufmann“. Ein Kaufmann musste über praktische Grundfähigkeiten verfügen. Sie waren die notwendige Grundlage für seinen wirtschaftlichen Erfolg. Rechnen, Lesen, Sprachkenntnis, Bildung in den Bereichen Warenkunde, Recht, Geografie und Währung wurden ergänzt durch [...] Intelligenz, Organisationstalent und politischen Überblick, aber natürlich auch durch ein ausgeprägtes Gewinnstreben.

Doch das allein machte noch keinen ehrbaren Kaufmann aus. Die Ehrbarkeit entstand erst durch sein tugendhaftes Verhalten. [...] Tugendhaftes Verhalten steigerte die Ehre und damit das Ansehen durch die Mitbürger. Ein ehrbarer Kaufmann tat Gutes, indem er ehrbar wirtschaftete und damit seinen eigenen und den Wohlstand der Gemeinschaft mehrte. Dadurch sicherte er den geschäftlichen Erfolg auch langfristig und über Generationen hinweg.

Grundlegende Tugenden waren im Mittelalter Ehrlichkeit, Vorsicht, Misstrauen, die Wahrung von Geschäftsgeheimnissen, Wagemut im richtigen Moment, Friedensliebe, Ernsthaftigkeit, Höflichkeit, Klugheit, Ordnung, eine gute Erscheinung und eine gute Erziehung. Da Gott in der mittelalterlichen Gesellschaft allgegenwärtig war, wurde er sogar als Teilhaber eingesetzt, der ein eigenes Konto und einen Gewinnanteil bekam, der an die Armen verteilt wurde. Darüber hinaus förderten Kaufleute die Entwicklung des Zusammenlebens in ihren Städten, und sie beschleunigten die kulturelle Entwicklung der Architektur, der Malerei und des Kunsthandwerks. Sie waren bisweilen auch Geschichtsschreiber, Politiker für ihre Stadt oder Entdecker wie Marco Polo und Christoph Kolumbus.

Der Aufstieg der Hanse [Gemeinschaft vorwiegend deutscher Handelsstädte] in Nordeuropa ist untrennbar mit dem Bild des ehrbaren Kaufmanns verbunden. Der lockere hansische Städtebund konnte nur durch gegenseitige Toleranz und die Anwendung des tugendhaften Verhaltens zu geschichtsbestimmender Größe heranwachsen. Noch heute ist der Begriff „ehrbarer Kaufmann“ in Norddeutschland im Umlauf.

*Aus: Psychologie heute, 21. 2. 2008 (online; leicht geändert)*

Gib wieder, was früher von einem ehrbaren Kaufmann erwartet wurde. Lege dazu eine Liste mit Stichworten an.

**Soziales Engagement von Unternehmen**

Der Drogeriemarktkette R. ist ein [...] Beispiel für soziales Engagement in der freien Wirtschaft. Der Chef des Unternehmens, Dirk R., hat eine Stiftung gegründet, die sich die Eindämmung des Bevölkerungswachstums in der Welt zum Ziel gesetzt hat. In einem Interview meinte er: „Es gibt keinen erfolgreichen Unternehmer, der nicht versucht, anderen etwas wegzunehmen. So ist das nun mal. Der Erfolg des einen ist die Niederlage des anderen. Aber [die Firma] R. ist nicht nur eine Geldmaschine, die Profit machen will, sondern hat auch eine soziale Verantwortung.“

*Aus: welt-online, 22. 7. 2009.*

**1** Vergleiche die beiden Texte. Inwieweit entspricht das soziale Engagement des Drogeriemarkts R. dem, was in früheren Zeiten von einem ehrbaren Kaufmann erwartet wurde?

**2** Besprecht, welche Gründe es für euch gibt, bei einem bestimmten Geschäft einzukaufen. Ist es nur der Preis, der entscheidend ist? Wäre auch das soziale Engagement einer Firma oder eines Geschäftsmanns ein Gesichtspunkt, der für euch in Betracht kommen könnte, wenn ihr euch überlegt, wo er ihr einkauft?

## Zu S. 106–109 Aufgaben des Staates

### Gerechtigkeit – die wichtigsten Antworten

*Sind Kinder gerechter als Erwachsene?*

Anders als oft angenommen haben Kinder keinen stärkeren Gerechtigkeitssinn als Erwachsene. Im Gegenteil: Sie verhalten sich sogar deutlich egoistischer. Das fand der Wirtschaftsforscher Matthias Sutter von der Universität Innsbruck in Österreich heraus. Sutter testete in einem Experiment, wie viel Geld Kinder für sich behalten und wie stark ihre Bereitschaft ist, ihr Geld mit anderen zu teilen. In diesem Spiel gibt ein Kind einem anderen Kind zehn Euro. Durch eine Verzinsung werden daraus 30 Euro. Das zweite Kind muss entscheiden, wie viel Geld es an das erste Kind zurückgeben will.

Der Versuch ergab: Achtjährige behalten 90 % des Geldes für sich und geben nur 10 % an das andere Kind zurück. Je älter Kinder werden, desto stärker teilen sie ihren Betrag auf. So behalten Zwölfjährige nur noch 80 % des Geldes für sich, Erwachsene schließlich sogar lediglich 65 %. Sutter interpretiert das Ergebnis so: Jugendliche lernen im Laufe des Erwachsenwerdens, dass alle von einer gleichmäßigeren Verteilung profitieren.

*Welche Gerechtigkeit wollen wir denn?*

„Glauben Sie, dass es in Deutschland im Großen und Ganzen gerecht zugeht?" Diese Frage stellte die Marktforschungsfirma GfK mehr als 1000 Menschen im Auftrag von WELT-ONLINE. Die große Mehrheit, 75 %, antwortete mit Nein. Vor allem in Ostdeutschland sagten viele, dass die Zustände nicht gerecht seien. Wobei wir natürlich nicht wissen, was die Befragten unter Gerechtigkeit verstehen.

Klar ist: Gerechtigkeit herrscht nur, wenn man seine Rechte einfordern kann. Es muss daher Gesetze geben und Menschen oder Behörden, die ihre Einhaltung überwachen. Doch gibt es verschiedene Arten von Gerechtigkeit. Teilweise stehen sie in einem Zielkonflikt: Man kann oft eine Art von Gerechtigkeit nur herstellen, wenn man in anderer Hinsicht Ungerechtigkeiten hinnimmt.

Wenn gewährleistet ist, dass jeder Mensch seine Talente nutzen und aufsteigen kann, spricht man von Chancengerechtigkeit. Auch hierzu hat die GfK gefragt, und zwar: „Glauben Sie, dass Sie persönlich mit Blick auf Ausbildung und Beruf gerechte Startchancen haben bzw. hatten?" Hier zeigt sich eine deutliche Diskrepanz: Viele Menschen, die glauben, dass es in Deutschland nicht gerecht zugeht, sagen zugleich, dass sie selbst durchaus gute Startchancen hatten. Insgesamt sind 52 % dieser Meinung, bei Frauen ist der Anteil etwas geringer als bei den Männern. Auffällig ist, dass Jugendliche ihre Startchancen skeptischer beurteilen, als Erwachsene es im Rückblick tun. Vielleicht liegt das daran, dass Menschen ihre Möglichkeiten unterschätzen.

Bedürfnisgerechtigkeit ist verwirklicht, wenn jeder genügend Mittel zur Verfügung hat, um seine Bedürfnisse befriedigen zu können. Demnach müsste etwa ein Sachbearbeiter, der im Rollstuhl sitzt, mehr Einkommen haben als sein nicht behinderter Vorstandschef – zum Beispiel, weil es Geld kostet, eine Wohnung behindertengerecht auszustatten. Von der Idee her verwandt mit der Bedürfnisgerechtigkeit sind die Verteilungsgerechtigkeit und die „soziale" Gerechtigkeit. Diese Begriffe werden jedoch regelmäßig verwendet, ohne dass genau erklärt wird, was eigentlich mit ihnen gemeint ist und was getan werden müsste, um sie zu erreichen.

Wer viel und gut arbeitet, soll mehr bekommen als der, der lieber seine Freizeit genießt: Leistungsgerechtigkeit heißt dieses Prinzip. Die Leistungsgerechtigkeit wird geschmälert, wenn der Staat Einkommen durch Steuern und Sozialleistungen umverteilt, um Bedürfnisgerechtigkeit zu erreichen.

[...]

*Aus: welt-online, 10. 7. 2009*

1. Der Verfasser des Textes sagt, dass Erwachsene gerechter seien als Kinder. Stimmt dieses Ergebnis mit deinen Erfahrungen überein?
2. Finde heraus, welche Voraussetzung für Gerechtigkeit der Text nennt.
3. Schreibe auf, zwischen welchen Formen von Gerechtigkeit er unterscheidet. Erarbeite anschließend ein kleines Schaubild mit diesen Typen der Gerechtigkeit.
4. Überlege, mit welchen dieser Formen von Gerechtigkeit du in der Schule schon in Berührung gekommen bist.

# Hände weg von der Natur – Wie sollten wir mit anderen Lebewesen umgehen?

## Begriffsnetz

| Seite | | | |
|---|---|---|---|
| 114/115 | Verstand | - - - - - - | Instinkt |
| | ↓ Mensch | ←→ Tier ⇛ | Freundschaft |
| 116/117 | **Zweck an sich selbst** | = | Mensch |
| | | **Mitleid** | |
| | **Anthropozentrismus** | | **Pathozentrismus** |
| 118/119 | Bedürfnisse von Tieren | → | Pflichten des Menschen |
| | Bedürfnisse des Menschen | → | Gehorsam von Tieren |
| 120–123 | Freiheit von Tieren | | Haltung von Haus- und Nutztieren |
| | | **Instrumentalisierung** | |
| 124/125 | Tiermode | | Jagd aus Spaß |
| 126/127 | **Ökologie** | ≠ | Natur als Vorbild |
| | | **Sein-Sollen-Fehlschluss** | |
| 128/129 | | **Moralischer Status** | |
| 130/131 | Menschlichkeit | - - - → | Fürsorge |
| | | → | Respekt |
| 132/133 | | Artgerechtigkeit | |
| | Artenschutz | - - - → | **Ökologie** |
| 134–137 | Eigenwert der Lebewesen | - - - → | Ehrfurcht vor dem Leben |
| | | **Biozentrismus** | |
| | Mitgeschöpf | - - - → | Achtung |

## Verlaufsskizze zu den wichtigsten Fragestellungen und Thesen des Kapitels

**S. 112/113 Wie sollten wir mit anderen Lebewesen umgehen?**
Die Lebenssituation des jungen Black Beauty wirft die Frage nach der Berücksichtigung der Bedürfnisse nichtmenschlicher Lebewesen auf.

**S. 114/115 Was unterscheidet Tiere vom Menschen?**
Die spezifische Differenz sehen wir häufig in der Vernunft und Intelligenz, der Sprache oder dem Einfühlungsvermögen. Können Mensch und Tier trotz Unterschiede Freunde sein?

**S. 116/117 Erst der Mensch, dann das Tier?**
Argumentiert die anthropozentrische Position dafür, dass Um- und Mitwelt im Interesse des Menschen zu schützen seien, verweist die pathozentrische Position auf den inhärenten Wert der leidensfähigen Lebewesen.

**S. 118/119 Müssen Tiere dem Menschen immer gehorchen?**
Haus- und Nutztiere müssen Menschen gehorchen, damit ein Zusammenleben möglich ist. Dem steht die Pflicht von Tierbesitzern gegenüber, die Bedürfnisse der Tiere zu beachten.

**S. 120–122 Haustiere und Zootiere - zur Unterhaltung des Menschen?**
Dem Bedürfnis der Tiere nach Freiheit steht das menschliche Interesse gegenüber, mit Haustieren zusammenzuleben und Tiere im Zoo oder Zirkus zu sehen.

**S. 123/124 Necken, spielen, ausnutzen - oder: Wo fängt Tierquälerei an?**
Der Mensch spielt oder betreibt Sport mit Tieren. Die ethische Frage ist: Wo hört der Spaß auf und fängt Tierquälerei an? Darf man an Tieren im Interesse der Menschen forschen?

**S. 125–127 Wie das Raubtier, so der Mensch - Ist es erlaubt, Tiere zu erlegen?**
Häufig wird damit argumentiert, dass etwas gut sei, weil es natürlich sei oder in der Natur vorkomme. In einem ethischen Urteil muss die ethische Prämisse eigens begründet werden.

**S. 128/129 Salat oder Hamburger: Ist es in Ordnung Tiere zu töten und zu essen?**
Einige Pathozentriker argumentieren für eine vegetarische Lebensweise, da das Essen von Fleisch ein Luxusinteresse sei, dem das Leiden vieler Tiere gegenüberstehe. Andere Philosophen sind der Auffassung, dass die Frage der Tierhaltung entscheidender sei.

**S. 130/131 Wie sollte man Tiere behandeln, die ausgedient haben?**
Alt gewordenen Nutztieren kann man ein Gnadenbrot geben oder ihnen den Gnadenschuss geben. Viele Menschen wollen ihre Haustiere nach dem Tod beerdigen.

**S. 132/133 Den Tieren ein Zuhause geben - um jeden Preis?**
Artgerechtigkeit ist ein zentrales Kriterium im Umgang mit Lebewesen. Umstritten ist, ob Artenschutz grundsätzlich, z.B. auch bei Mikroben und Bakterien, zu fordern ist.

**S. 134–137 Müssen wir auch Pflanzen als Lebewesen achten?**
Die biozentrische Grundposition argumentiert dafür, dass allen Lebewesen ein inhärenter Wert zukomme, der angemessen zu berücksichtigen sei. Die Wohlordnung des Ganzen ist den Menschen aufgegeben.

# Kommentare zu den Materialien und Arbeitsanregungen

## S. 112/113 Eingangsseiten

Die Geschichte des schwarzen Hengstes „Black Beauty" aus dem 19. Jahrhundert dient als Leitfaden durch das Kapitel über die Frage nach dem angemessenen Umgang mit der Natur und ihren Lebewesen. Die zentralen ethischen Fragestellungen ergeben sich aus dem Roman selbst, der ursprünglich an Pferdepfleger, Kutscher und Stallburschen gerichtet war, um sie zu einer rücksichtvollen Behandlung der Tiere zu motivieren. Er eignet sich jedoch ohne Weiteres für SuS der unteren Klassen der S I. Da die Verfasserin aus der Sicht des Pferdes selbst erzählt, sind die tierethischen Probleme besonders anschaulich und einfühlsam dargestellt. Zugleich entfaltet die anthropomorphe Darstellung eine suggestive Kraft, die eine Distanzierung im Interesse einer differenzierten ethischen Reflexion notwendig macht. Dementsprechend verknüpft das Kapitel die vom Buch ausgehenden Probleme mit entsprechenden Argumenten aus der ethischen Debatte. Es greift in seinem Verlauf die ethischen Fragen zum moralischen Status verschiedener Lebewesen und die Konsequenzen für den Umgang mit ihnen auf und reflektiert sie. Die ethische Auseinandersetzung orientiert sich dabei an drei zentralen Dimensionen: Darf man Lebewesen (vor allem Tiere) nutzen, darf man sie quälen, und darf man sie töten? Zum Schluss wird die Frage diskutiert, wie Menschen einen angemessenen Umgang mit Tieren und Pflanzen gestalten können. Dies fördert altersgerecht die ethische Urteilskompetenz der SuS durch eine komplexe tier- und umweltethische Reflexion. Es ist hilfreich und spannend, aber nicht notwendig, dass die SuS das ganze Buch gelesen haben; entscheidende Schlüsselstellen stellt das Kapitel vor. Die Eingangsseite zeigt Fotos aus der Verfilmung von Black Beauty und von weiteren Lebewesen. Diese sind mit zentralen Leitfragen verbunden, die den Problemstellungen der folgenden Unterkapitel entsprechen. Die SuS werden so motiviert, sich die zentralen Fragestellungen des Kapitels vor Augen zu führen.
Die Informationen zum Jugendbuch und der einleitende Text, der den Beginn des Leidenswegs von Black Beauty schildert, dienen der Hinführung zur zentralen Problemstellung des Kapitels, nämlich der Frage, wie wir Menschen mit anderen Lebewesen und der Natur allgemein umgehen sollten.
In einer ersten Problemeröffnungsphase sollen die SuS anhand des Fotos von Pferden darüber nachdenken, welche Art von Lebensweise sie mit einem Pferd verbinden. Diese ersten intuitiven Assoziationen werden dann im Folgenden mit der Reflexion des Unterschieds von Mensch und Tier kontrastiert und im Verlaufe der gesamten Reflexion problematisiert.

## S. 114/115 Was unterscheidet Tiere vom Menschen?

In diesem Unterkapitel geht es um die zentrale anthropologische Frage nach der spezifischen Differenz von Mensch und Tier. Die anthropologische Klärung dient als Grundlage der folgenden ethischen Reflexion über den moralischen Status anderer Lebewesen und über die daraus sich ergebenden Folgen für den Umgang mit ihnen.

M 1 ⇩ **M 1** dient der Hinführung zur Problemstellung des Kapitels. Der Gutsbesitzer Gordon ist der Auffassung, dass Gott den Menschen den Verstand und Tieren den Instinkt gegeben habe.

? Diese Meinung führt zur Frage nach der spezifischen Differenz zwischen Mensch und Tier.

AA 1, AA 2 ⚠ Diese anthropologische Zuschreibung sollen die SuS in der intuitiven Problemlösungsphase mit **AA 1** und **AA 2** aufgreifen und zunächst darüber nachdenken, worin sie selbst den Unterschied zwischen Mensch und Tier sehen, und dann auf dieser Grundlage über die Auffassung von Mr. Gordon diskutieren. Das **Zusatzmaterial LB S. 97** bietet einen weiteren Aspekt.

AA 3 M 2 **M 2** bringt auf etwas ironische Weise die Kategorie der Intelligenz ins Spiel. Normalerweise sprechen wir zunächst nur Menschen Intelligenz im strengen Wortsinne zu. Auf dem Foto wird die mögliche Intelligenz des Affen durch die wachen Augen angedeutet. Die SuS sollen hier, ohne auf diskursive Argumente zurückgreifen zu können, selbst nachdenken, ob Tiere intelligent sind und wie sich deren Intelligenz möglicherweise von der der Menschen unterscheidet. Im Anschluss sollen sie die Fähigkeit zu sprechen und einfühlsam zu sein in ihre Reflexion des Unterschieds von Mensch und Tier einbeziehen.

AA 4 M 3 M 4

**M 3** und **M 4** gehören zur kontrollierten Problemlösungsphase und greifen verschiedene Kategorien auf, die in der philosophischen Anthropologie eine zentrale Rolle spielen: Intelligenz, Sprachvermögen und Einfühlungsvermögen.
In **M 3** weist Perler darauf hin, dass Tiere, auch wenn sie eine Signalsprache benutzen, keine Sprachfähigkeit wie die Menschen besitzen. Semantik, Syntax, Grammatik und Pragmatik der menschlichen Sprache ermöglichen es, über Vergangenes zu reflektieren und Zukünftiges zu planen.
Der niederländisch-amerikanische Tierforscher Frans de Waal geht in **M 4** davon aus, dass Tiere durchaus Fähigkeiten haben, die man sonst nur den Menschen zutraut. Auch Tiere haben, wie er am Beispiel der Bonobos berichtet, Einfühlungsvermögen und kümmern sich fürsorglich um andere Tiere.

In **M 3** und **M 4** haben die SuS Gemeinsamkeiten und Unterschiede zwischen Mensch und Tier kennengelernt. Diese können sie in einem Tafelbild festhalten:

| | **Mensch** | **Tier** |
|---|---|---|
| Einfühlungsvermögen | Ja | Ja |
| Sprache | Ja | nur Signalsprache |

AA 5–AA 8 M 5 – M 7

Die sich daraus ergebenden Konsequenzen übertragen die SuS in der Transferphase auf das Beispiel Freundschaft zwischen Menschen und Tieren.
Zunächst sollen die SuS anhand der These des Pferdepflegers John (**M 5**) überlegen, ob Menschen und Tiere, die ja sehr verschieden sind, grundsätzlich Freunde sein können. Verschiedene Zeitungsartikel über Tiere, die ihre Herrchen retten oder anderen Menschen helfen, lassen sich hier zusätzlich heranziehen.
Im zweiten Schritt (**M 6**) denken die SuS darüber nach, mit welchen Tieren man warum befreundet sein kann (**AA 5, AA 6**). Die Freundschaft zwischen Mensch und Pferd wird von den meisten SuS schnell akzeptiert; es sei denn, die Größe und die Scheu dieser Tiere erschweren eine Beziehung. Das Beispiel der Freundschaft mit einer Ratte wird sicher sehr unterschiedlich bewertet. Die Kontroverse kann man aber nutzen, um über Bedingungen für Freundschaften nachzudenken. Zugleich wird die zentrale Perspektive des Kapitels, die angemessene Beziehung zwischen den Menschen und anderen Lebewesen, vor allem den Tieren, angedeutet.
Mit **M 7** denken die SuS darüber nach, ob Tiere, auch wenn sie vielleicht keine Sprach- und Vernunftfähigkeit wie die Menschen besitzen, eine Seele haben können. **AA 7** fordert die SuS auf, selbst zu überlegen, was eigentlich unter Seele zu verstehen ist und ob Fähigkeiten wie Empfindungsfähigkeit, Freude oder Heimweh Zeichen dafür sind, dass Wesen eine Seele besitzen. **AA 8** fordert die SuS auf, aus der Perspektive des Tieres zu erzählen, dessen Leben sie sich schön vorstellen. Diese Vorstellungen können sie im Folgenden mit „Black Beauty" vergleichen.

## S. 116/117 Erst der Mensch, dann das Tier?

Nur weil Menschen fähig dazu sind, moralisch zu entscheiden und zu handeln, folgt daraus nicht, dass nur ihnen ein grundlegender moralischer Schutzanspruch zukommt. Aus einer wissenschaftlich feststellbaren Unterscheidung folgt kein Wertunterschied, d. h. aus einem epistemischen kein axiologischer Anthropozentrismus. Dieses Unterkapitel stellt die pathozentrische Grundposition, in deren Zentrum die Leidensfähigkeit steht, und zentrale tierethische Argumente vor.

M 8

In **M 8** fordert eine Dame, die selbst Pferde zum Ziehen von Kutschen nutzt, von dem Kutscher, dass er den Wagen abladen soll, damit das Pferd nicht zu sehr gequält wird. Sie vertritt die pathozentrische Position (s. auch M 12), dass wir Tiere aufgrund ihrer Leidensfähigkeit nicht sinnlos quälen dürfen.

[?] Diese Situation führt zur Problemstellung, inwieweit wir Tiere für unsere Zwecke nutzen dürfen.

AA 1 [A] Die SuS stellen für die intuitive Problemlösungsphase eine Liste zusammen, für welche Zwecke Menschen Tiere nutzen dürfen und für welche nicht. Zu einigen der im folgenden thematisierten Optionen können sie so ihre Voreinstellung schon einmal unbeeinflusst formulieren und zur Grundlage der weiteren Auseinandersetzung machen.

AA 2– AA 8 | M 9 – M 11 | [Y] Für die kontrollierte Problemlösungsphase stehen sich drei paradigmatische tierethische Positionen gegenüber.
Kant (**M 9**) vertritt eine klare aufgeklärt-anthropozentrische Position: Menschen dürfen Tiere nutzen, da sie keine selbstzwecklichen Lebewesen sind, denen gegenüber wir nur indirekte Pflichten haben. Allerdings dürfen wir deshalb nicht mit Tieren machen, was wir wollen. Das Verrohungsargument verbietet die grausame Behandlung von Tieren. Die SuS erarbeiten die Position von Kant durch eine Textanalyse (**AA 2–AA 4**) und diskutieren sie.
Schopenhauer (**M 10**) dagegen argumentiert dafür, Tieren als bewussten Wesen mit Mitleid zu begegnen und sie um ihrer selbst willen zu achten. Kants Auffassung weist er als Rohheit und Barbarei zurück (**AA 5**). **AA 6** motiviert die SuS, diese klaren Wertungen Schopenhauers aufzugreifen und auszumalen. Anschließend können sie die Auffassungen Schopenhauers selbst diskutieren.
Die paradigmatischen pathozentrischen Argumente von Bentham und Singer formuliert **M 11**. Der Cartoon dient dazu, die Bedeutung der nicht speziesistischen pathozentrischen Ethik aus Sicht der Tiere zu unterstreichen. **AA 7** und **AA 8** fordern die SuS auf zu überlegen, welchen Wesen nach Singer ein grundlegender moralischer Schutz zukommen soll. Anschließend diskutieren sie, welche Art von Behandlung aus dem Verb *berücksichtigen* folgt.

AA 9, AA 10 | M 12 | [!] In der Phase der Systematisierung und Festigung des neu erworbenen Wissens folgt nun die Information, was der Begriff Ethik bedeutet. Die zwei ethischen Grundpositionen sind in **M 12** gegenübergestellt. (**AA 9** und **AA 10**): Die SuS ordnen die vorher erarbeiteten Argumente den Grundpositionen zu und spielen im Gedankenexperiment durch, was aus den Grundpositionen für die Frage der Nutzung von Tieren folgt.

## S. 118/119 Müssen Tiere dem Menschen immer gehorchen?

M 13 | [⇩] Die Hinführung zur Fragestellung des Unterkapitels erfolgt durch den Rat, den Black Beautys Mutter ihm beim Abschied mit auf den Weg gibt. (**M 13**)

[?] Daraus ergibt sich die Frage, ob Tiere, nur weil sie den Menschen in verschiedener Hinsicht unterlegen sind, immer gehorchen müssen oder welche Pflichten sich für die Menschen als Besitzer, Halter und Nutzer von Tieren ergeben.

AA 1 [A] **AA 1** problematisiert den Ratschlag von Black Beautys Mutter. In der intuitiven Problemlösungsphase machen sich die SuS bewusst, wie sie diese Aufforderung verstehen, und reflektieren ihr Vorverständnis in der folgenden kontrollierten Problemlösungsphase.

AA 2– AA 5 | M 14 – M 16 | [Y] Zunächst bringt **M 14** die Notwendigkeit zum Ausdruck, dass für das Zusammenleben von Mensch und Tier Regeln gelten müssen, die auch die Tiere erlernen. Die SuS reflektieren, wie weit der Gehorsam geht (**AA 3**), und ziehen dazu die beiden folgenden Texte hinzu.
In **M 15** vertritt Ginger, eine Freundin von Black Beauty, den Standpunkt, dass absoluter Gehorsam nicht zu fordern sei. Wenn Tiere grausam misshandelt und ihnen Schmerzen zugefügt werden, dürften sie sich wehren. Deshalb sollten bereits Kinder lernen, die Signale der Tiere, die ihre Bedürfnisse ausdrücken, wahrzunehmen und zu berücksichtigen (**M 16**). **AA 4** und **AA 5** fordern die SuS zum Nachdenken darüber auf, wie man lernen kann, die Bedürfnisse von Tieren zu verstehen, und welche Art von Tiernutzung legitim ist.

AA 6 [!] Mit **AA 6** fassen die SuS das Gelernte noch einmal zusammen.

AA 7 | M 17 M 18 | [⇔] In der Festigungs- und Transferphase sollen die SuS anhand von **M 17** und **M 18** Pflichten benennen, die ein guter Pferdebesitzer erfüllen muss. Die grundsätzliche Auseinandersetzung mit den

Rechten und Pflichten von Tierbesitzern legt die Grundlage dafür, die verschiedenen Nutzanwendungen differenziert zu beurteilen.

## S. 120–122 Haustiere und Zootiere – zur Unterhaltung des Menschen?

? Dieses Unterkapitel verfolgt die zentrale Problemstellung, ob wir Tieren aus Gründen der Unterhaltung des Menschen – Zusammenleben mit Haustieren, Besuche im Zoo oder Zirkus – die Freiheit entziehen dürfen.

M 19 ⇩ **M 19** führt die SuS zur Problemstellung hin. Zwar wird Black Beauty auf Gut Birtwick Park sehr gut und fürsorglich behandelt, aber trotzdem ist er traurig darüber, im Stall stehen zu müssen und nicht auf der Weide die Freiheit genießen zu können.

AA 1–AA 5 M 20 Die SuS reflektieren in der intuitiven Problemlösungsphase zunächst darüber, zu welchen Erfahrungsverlusten das nicht mehr so freie Leben Black Beautys führt, und denken darüber nach, wie man diesen Verlust kompensieren könnte (**AA 1** und **AA 2**).
Die Erkenntnisse übertragen die SuS in Fortführung der intuitiven Problemlösungsphase auf die Nutzung von Haustieren. Mit **M 20** denken sie darüber nach, welche Tiere als Haustiere geeignet sind, welche Lebensbedingungen Haustiere brauchen, und reflektieren, ob Haustierhaltung immer schlechter sein muss als das Leben in Freiheit (**AA 3** und **AA 4**). **AA 5** macht eine Perspektivübernahme nötig. Zugleich können die SuS darüber diskutieren, woher wir überhaupt wissen, wie ein Zirkustier oder ein Kanarienvogel sich fühlen.

AA 6–AA 9 M 21–M 23 Die Einbeziehung der antiken Fabel (**M 21**) dient der Reflexion darüber, welchen Preis der Freiheit man für ein ruhiges Leben als Haustier u. U. zahlen muss. (**AA 6**) Daran schließen sich zwei konträre Auffassungen darüber an, was es bedeutet, dass Tiere in Käfigen leben.
Knigge vertritt in **M 22** die Auffassung, dass lebendige Wesen nicht in Käfige eingesperrt und ihrer natürlichen Kräfte und Anlagen beraubt werden sollten. Visuell verstärkt wird diese Argumentation durch das Foto vom Zebra im Gatter, das die von Knigge formulierte Situation gut veranschaulicht. Die SuS sollen herausarbeiten, dass sich die Kritik Knigges vor allem um die mangelnde artgerechte Lebensweise dreht (**AA 7** und **AA 8**). Ergänzen lässt sich diese Auffassung durch die Kritik Adornos an Tierparks, die versuchen, ohne Gitter und Käfige auszukommen (**s. Zusatzmaterialien LB S. 98**). Dem stehen die Argumente von **M 23** gegenüber: Die Haltung im Gehege habe für die Tiere durchaus Vorteile, und die Sehnsucht nach Freiheit sei eine nur vermeintliche. Diese Argumente arbeiten die SuS mit **AA 9** heraus.

M 24 ! In der Festigungsphase können die SuS die Argumente *für* die Haltung der Tiere im Zoo noch einmal zusammenstellen und mit **M 24** vergleichen. Anschließend erarbeiten sie eine ähnliche Liste *gegen* die Haltung der Tiere im Zoo aus den bisher erarbeiteten Materialien.

AA 10 ⇔ In der Transferphase sind die SuS aufgefordert, selbst weitere Argumente für oder gegen das Halten von Tieren in Zoos zu recherchieren und diese in einer Pro- und Contra-Diskussion vorzustellen.

## S. 123/124 Necken, spielen, ausnutzen – oder: Wo fängt Tierquälerei an?

AA 1 ? Das folgende Unterkapitel beschäftigt sich mit der Frage, wo im Umgang mit Tieren, die wir zu Zwecken der Unterhaltung nutzen, der Spaß aufhört und Tierquälerei beginnt. Die zweite Dimension, das Quälen von Tieren, steht hier im Mittelpunkt, und die SuS diskutieren Gründe für die moralische Kritik an sinnloser Tierquälerei (**AA 1**).

AA 2 M 25 ⇩ Zu dieser Fragestellung führt **M 25**. Die SuS sollen nun sowohl die Aktion des Knechts als auch die Reaktion des Pferdebesitzers kritisch in den Blick nehmen und überlegen, wo das Necken von Tieren in Quälerei umschlägt (**AA 2**).

AA 3 Die intuitive Problemerarbeitung führt von der Fragestellung, ob man Tiere niemals quälen darf, die die SuS höchstwahrscheinlich mit Ja beantworten werden, zu der schwierigeren Aufgabe, diese scheinbare Selbstverständlichkeit zu begründen (**AA 3**).

AA 4, AA 5 M 26 M 27 In der kontrollierten Problemerarbeitungsphase arbeiten die SuS mit **M 26** und **M 27**. Mit Bezug auf Kinder vertritt **M 26** die Auffassung, dass Tiere grundsätzlich nicht gequält werden dürfen. Die SuS stellen eine Liste mit erlaubten Verhaltensweisen auf, die sie den Verboten gegenüberstellen. (**AA 4**) Auf diese Weise differenzieren sie, worin sich Spiel und Spaß mit Tieren vom Quälen von Tieren unterscheidet. Die Kritik am Quälen aus Spaß unterstützt Kant in **M 27** entschieden. (**AA 5**) Allerdings erlaubt er aus anthropozentrischer Perspektive die Forschung mit Tieren, wenn sie für die Menschen von hochrangigem Nutzen ist. Das Quälen ist also möglicherweise erlaubt, wenn das zu erreichende Gut ethisch wichtig ist.

AA 6 ! In der Festigungsphase erweitern die SuS die Perspektive der Tierversuche durch eigene Recherche und denken darüber nach, ob und für welche menschlichen Zwecke möglicherweise die Forschung mit Tieren legitim sein könnte. (**AA 6**)
Zahlen und Daten zur Zahl und Art der Tierversuche in Deutschland findet man beim Bundesministerium für Ernährung, Landwirtschaft und Forsten: http://www.bmelv.de/.
Zum Streit der Gutachter in Bremen um die Frage, ob Affen bei bestimmten Tierversuchen leiden, s. auch: http://www.zeit.de/2008/48/Affenversuche-Bremen.

AA 7, AA 8 M 28 M 29 In der Festigungs- und Transferphase wird die Reflexion auf die aktuelle Debatte um die Legitimität von Tiermode bezogen. Ginger kritisiert sehr leidenschaftlich die Aufsatzzügel, die der Schönheit der Pferde dienen sollen (**M 28**). Die SuS arbeiten das Argument der Schmerzempfindung und das der Missachtung der von Gott geschaffenen Kreaturen heraus. Anhand der Zeichnung SB S. 124, die ergänzt wird um ein Foto und **M 29** denken sie darüber nach (**AA 8**), ob es Tierquälerei ist, Tiere in modische Accessoires zu stecken. Die SuS legen die Kriterien dafür offen, wann etwas aus ihrer Sicht als Tierquälerei zu charakterisieren ist und wann nicht. Auf diese Weise können sie den Begriff differenziert entfalten.

## S. 125–127 Wie das Raubtier, so der Mensch – Ist es erlaubt, Tiere zu erlegen?

? In der Gesamtstruktur des Kapitels tritt nun ein dritter Gesichtspunkt hinzu: die Legitimität des Tötens von Tieren. Im Mittelpunkt steht hier zunächst die Frage nach der moralischen Vertretbarkeit der Jagd. Zentral ist in diesem Zusammenhang auch die kritische Beschäftigung mit einem häufig genutzten Argument in der ethischen Debatte, das besagt: *„Was natürlich ist, ist gut!“* Die SuS setzen sich mit diesem Sein-Sollen-Fehlschluss auseinander und lernen den logischen Aufbau eines ethischen Arguments kennen, das immer mindestens eine deskriptive und eine normative Prämisse enthalten muss. Die Hinführung zur Problemstellung leistet wieder der Roman.

AA 1, AA 2 M 30 Black Beauty beobachtet in **M 30** eine Hasenjagd, bei der auch Jagdhunde eingesetzt werden. Diese dürfen die Hasen zwar aufscheuchen, aber nicht zerreißen, damit die Jäger die Hasen schießen können und sie so zur Jagdtrophäe werden.

AA 3, AA 4 M 31 Die SuS diskutieren in der intuitiven Problemlösungsphase die Frage, was an der Jagd von Tieren schön oder befriedigend sein könnte. Mit **AA 4** übernehmen sie die gegenteilige Perspektive und überlegen spielerisch aus Sicht der Tiere (**M 31**), was gegen die Jagd sprechen könnte.

AA 5 M 32 M 33 In der kontrollierten Problemlösungsphase setzen sie sich mit verschiedenen Argumenten pro und contra Jagd auseinander. **M 32** formuliert das Naturerlebnis des Jägers und die Nachhaltigkeit in der Bewirtschaftung von Wildtieren als Argument für die Jagd. Der Philosoph Kaplan hat die am häufigsten angeführten Argumente pro und contra Jagd zusammengestellt (**M 33**).

AA 6 [!] Zur Festigung tragen die SuS auch eigene Argumente in einer Pro- und Contra-Diskussion vor und setzen sie zu Kaplans Zusammenstellung in Beziehung.

AA 7– AA 11 M 34 M 35 [⇔] Argumente wie „Der Mensch geht schon seit ewiger Zeit auf die Jagd" oder „Auch Tiere jagen und töten Tiere" sind für die SuS Anlass, um in der Transferphase über den Sein-Sollen-Fehlschluss nachzudenken. Initiiert wird diese Reflexion durch die Bildergeschichte von e. o. plauen. (**M 34**) Die SuS sollen die durcheinander geratenen Bilder in die richtige Reihenfolge bringen. (**AA 7**) So können sie die Geschichte auf produktive und spielerische Weise erfassen. Vater und Sohn bringen es nicht fertig, den gefangenen Fisch zu schlachten, sie tragen ihn schweren Herzens aus Mitleid wieder in den Teich zurück. Im selben Moment kommt ein großer Fisch und frisst den kleinen Fisch, den man doch retten wollte, und führt die Handlung von Vater und Sohn ad absurdum. Diesen verblüffenden Moment können sich die SuS durch die produktionsorientierte **AA 7** veranschaulichen und in die Interpretation einbeziehen (**AA 8**). Das Ende der Geschichte und **AA 9** veranlassen die SuS, darüber nachzudenken, ob Menschen Ereignisse, die in der Natur vorkommen, nutzen können, um ihre eigenen Handlungen zu rechtfertigen. Die intuitive Auseinandersetzung erweitert **M 35**. Mill erläutert mit inhaltlichen Beispielen, warum die Natur kein Vorbild für die Menschen sein kann. Die SuS sollen die Argumentation Mills rekonstruieren (**AA 10**) und selbst Beispiele für Argumente finden, die mit Berufung auf die Natur Handlungen rechtfertigen oder in Frage stellen. (**AA 11**)

Der Info-Block erklärt den logischen Aufbau eines wertenden Urteils, das immer mindestens eine deskriptive und eine normative Prämisse benötigt. Beispiele eines Sein-Sollen-Fehlschluss können anschließend durchgespielt werden (**s. Zusatzmaterial LB S. 99**).

## S. 128/129 Salat oder Hamburger: Ist es in Ordnung Tiere zu töten und zu essen?

[?] Nach der Diskussion, ob wir grundsätzlich Tiere töten dürfen, folgt nun die Frage, ob unser Bedürfnis, Fleisch zu essen, das Töten von Tieren zu Nahrungszwecken ohne weitere Problematisierung rechtfertigt. Aufgeklärt anthropozentrische und biozentrische Gründe *für* sowie pathozentrische Argumente *gegen* den Fleischkonsum stehen sich gegenüber. Die Hinführung wird mit einem Gedankenexperiment von Richard David Precht organisiert.

AA 1 M 36 [⇩] Das Gedankenexperiment **M 36** entfaltet die Vorstellung, Aliens könnten Menschen essen. Mit speziesistischen Argumenten verteidigen sie mit dem Verweis auf ihre höhere Intelligenz und Vernunft, dass sie Menschen essen dürften, und bedienen sich zentraler Argumente, die auch Anthropozentriker für das Essen von Tieren vorbringen. (**AA 1**)

AA 2, AA 3 M 37 Die SuS problematisieren in einer intuitiven Problemlösungsphase die Auffassung in **M 37**, dass das Schlachten von Tieren Mord gleichkomme. (**AA 2**) Im Rollenspiel (**AA 3**) verarbeiten die SuS die verschiedenen Blickwinkel.

AA 4 M 38 – M 40 In der kontrollierten Problemlösungsphase stehen zentrale Argumente aus der tierethischen Debatte einander gegenüber. **M 38** greift die Perspektive eines Fleischers auf. Er plädiert zwar für eine fachgerechte und wenig qualvolle Tötung von Nutztieren, sieht mit Berufung auf die Natur aber keine Probleme darin, dass Menschen Fleisch essen und dafür Tiere schlachten. Auch Spinoza (**M 39**) ist der Auffassung, dass wir nicht auf einer Stufe mit den Tieren stehen und diese nutzen und auch schlachten dürfen. Schopenhauer (**M 40**), der den Tieren zwar Wert zuschreibt und Mitleid mit ihnen fordert, argumentiert dennoch nicht für einen Verzicht auf Fleisch. In der Kollision der Güter wiegt der Nutzen für den Menschen, Fleisch zu essen, mehr als das Leiden der Tiere. Dieses kann man durch entsprechende Betäubungsmaßnahmen lindern. Der Mensch kann aber, so Schopenhauer, aus gesundheitlichen Gründen nicht auf Fleisch verzichten. Die SuS sollen die zentralen Argumente für das Schlachten von Tieren herausstellen und sich kritisch damit auseinandersetzen. (**AA 4**)

AA 6, AA 7 [!] Zur Festigung entwerfen die SuS Plakate für und gegen eine vegetarische Ernährung und reflektieren, visualisieren, veröffentlichen und verteidigen ihre jeweilige Auffassung (**AA 6** und **AA 7**). So lernen sie, ihr ethisches Urteil auch anderen gegenüber zu vertreten, und stärken ihre argumentative Kompetenz. Sie können dabei auch die in **M 36** zum Ausdruck gebrachte Kritik am Schlachten oder andere Argumente für eine vegetarische Lebensweise noch einmal mit einbeziehen.

M 41 M 42 ⇔ Im Rahmen des gesamten hier behandelten Zusammenhangs trifft man gelegentlich die Auffassung an, die Frage der Tierhaltung sei entscheidender als die Frage des schmerz- und angstfreien Tötens. Für die Transferphase rückt diese Perspektive mit **M 41** und **M 42** in den Mittelpunkt. Mit Bezug auf das Leiden der Tiere und die Missachtung ihrer Bedürfnisse kritisiert **M 41** Massentierhaltung, Tiertransporte und industrielle Schlachtungen. **M 42** zeigt glückliche Schweine auf der Wiese. Die SuS können die Schweine erzählen lassen, wie wohl es ihnen geht. Diese Einschätzungen stellen sie **M 41** gegenüber.

## S. 130/131 Wie sollte man Tiere behandeln, die ausgedient haben?

? Dieses Unterkapitel beschäftigt sich mit der Frage, ob Tiere, die den Menschen lange gedient haben, den Gnadenschuss oder ihr Gnadenbrot erhalten sollten.

M 43 ⇩ **M 43** führt die SuS zu dieser Problemstellung hin: Der Pferdepfleger Jerry steht vor genau dieser Entscheidung.

AA 1, AA 2 Die SuS spekulieren in der intuitiven Problemlösungsphase zunächst darüber, wie Jerry sich entscheiden könnte. **AA 1** lässt sie Vermutungen darüber anstellen, wie andere Menschen in solch einer Situation handeln würden. Anschließend machen sie in **AA 2** selbst einen Vorschlag und begründen ihn. Sie werden natürlich gespannt sein, wie Jerry sich in dem Roman tatsächlich verhalten hat: Er hat sich entschieden, dass eine Kugel das Beste für seinen alten Freund wäre. Er sollte nicht länger leiden und erhielt deshalb den Gnadenschuss. Nach der Information durch L können die SuS zu dieser Entscheidung Stellung nehmen.

AA 3- AA 5 M 44 M 45 In der kontrollierten Problemlösungsphase diskutieren die SuS zwei Auffassungen: Kant ist in **M 44** entschieden der Auffassung, dass der Mensch ein Tier, das ihm lange gedient hat, belohnen und es bis ans Ende seines Lebens versorgen muss. Das verlangt die Pflicht zur Hilfeleistung, die man Menschen gegenüber hat. Analog dazu, aus Menschlichkeit und Freundlichkeit, muss man auch Tieren in dieser Weise beistehen. (**AA 3** und **AA 4**)
Auf den ersten Blick ganz anders sieht das George Gordon in **M 45**. Das Tier ist so schwer verletzt, dass keine Therapie mehr möglich ist. Er entscheidet, dass der Gnadenschuss das Humanste ist, was dem Pferd geschehen kann. Die SuS analysieren und bewerten beide Haltungen. (**AA 5**) Sie reflektieren darüber, ob der Gnadenschuss bei dem Pferd George Browns mit dem Erschießen des Hundes bei Kant vergleichbar ist.

! Zur Festigung können die SuS Bedingungen an der Tafel festhalten, unter denen das Töten von unheilbar verletzten oder kranken Tieren mit der Menschlichkeit im Sinne Kants vereinbar erscheint. Manche SuS werden erleben oder haben es schon erlebt, dass ihr Lieblingstier vom Tierarzt aus diesen Gründen getötet werden musste. Eine Festigung der Ergebnisse dieser Reflexion kann ihnen eine Hilfe in dieser Situation sein.

AA 6- AA 8 M 46 M 47 ⇔ In der Transferphase rückt die Frage in den Mittelpunkt, welchen Umgang mit verstorbenen Tieren wir pflegen. Dies ist eine für SuS besonders wichtige Frage, da sie in der Regel sehr vom Tod eines Haustiers betroffen sind.
**M 46** stellt dar, welche Formen der Beerdigung von Tieren es gibt. (**AA 6** und **AA 7**) Nach § 7 des „Tierischen Nebenprodukt- Beseitigungsgesetzes“ ist das Vergraben toter Heimtiere in der Regel zugelassen. Fremde oder herrenlose tote Körper von Vieh, Wild, Hunden oder Katzen sind jedoch zu melden und dürfen nicht vergraben werden. http://bundesrecht.juris.de/tiernebg/BJNR008210004.html
Anlässlich **M 47** sollen die SuS darüber nachdenken, warum man Haustiere beerdigen möchte und andere Tiere, Nutztiere z. B., tötet und sich nicht dafür interessiert, was weiter mit ihnen geschieht. Eine fiktive Abschieds- oder eine Traueranzeige soll es den SuS ermöglichen, emotionale Aspekte dieses für sie sicher auch belastenden Problems zu verarbeiten. (**AA 8**)

## S. 132/133 Den Tieren ein Zuhause geben – um jeden Preis?

?
Aus der moralischen Entscheidung, dass auch Tiere ein Zuhause verdient haben, folgt die Frage, wie ein angemessenes Zuhause dann jeweils gestaltet sein muss. Fragen nach der Artgerechtigkeit und des Artenschutzes stehen im Zentrum dieses Unterkapitels.

AA 1 M 48
Die kurze Schilderung Black Beautys als Fohlen (**M 48**) dient der Hinführung zur Problemstellung. Um sich in der Hinführungsphase noch mehr in den Text versetzen zu können, erhalten die SuS die Aufgabe, die geschilderte Situation zu malen. (**AA 1**) So können sie das artgerechte Leben eines Pferdes visualisieren und alle Phantasien einarbeiten. Die Bilder werden präsentiert und ausgewertet.

AA 2– AA 4 M 49
In der intuitiven Phase vergleichen die SuS ihre Bilder mit **M 48** und dem Foto aus dem Film (SB S. 132). Dabei entwickeln sie eine eigene Vorstellung von Artgerechtigkeit und Artenschutz. **M 49** vermittelt den SuS eine Vorstellung davon, was es heißt, zuhause angekommen zu sein. (**AA 2**) Anhand der Anzeige differenzieren sie in Bezug auf verschiedene Tiere, welche Lebensbedingungen diese benötigen, wenn sie sich wohlfühlen sollen. Von da aus können die SuS den Begriff der Artgerechtigkeit entwickeln. Zunächst versuchen sie, eine Definition zu formulieren – die sie im folgenden Unterkapitel dann auf verschiedene Lebewesen beziehen.

AA 5, AA 6 M 50
Ein etwas anderer Akzent begegnet den SuS in der kontrollierten Problemlösungsphase: Hier können die SuS an einem spektakulären Beispiel die im Titel des Unterkapitels formulierte Frage direkt angehen, welchen Preis die Gesellschaft zur Erhaltung einer einzelnen Art zu zahlen bereit ist. **M 50** berichtet von einem Umwelt-Projekt zum Schutz der Großtrappe. Die SuS diskutieren angesichts dieser sehr aufwändigen und teuren Maßnahme, ob es sich gelohnt hat, diese Vogelart zu schützen. (**AA 5**) Im Anschluss daran reflektieren sie die ökoethisch spannende Frage, ob alle Arten grundsätzlich schützenswert sind oder nicht. (**AA 6**)

AA 7, AA 8 M 51 !
In **M 51** begründet der Autor den Artenschutz mit drei verschiedenen Argumenten:
- Erhaltung der Arten aus ökologischen Gründen;
- Erhaltung der Arten, die komplex empfinden können;
- Erhaltung der Arten um der Interessen der Menschen willen.

Die beiden letzten Argumente haben die SuS schon als pathozentrische und anthropozentrische Position kennengelernt (SB S. 117) und sollten sie diesen Begriffen zuordnen können.
Die ökologische Argumentation ist nach Precht nicht ausreichend, um die Erhaltung der Arten zu begründen. Letzten Endes, so Precht, lässt sich Artenschutz nur anthropozentrisch, in Bezug auf die komplexen Interessen von Menschen, plausibel begründen. (**AA 8**) Deshalb muss man nicht grundsätzlich alle Arten schützen, sondern nur die, die für das Überleben der Menschen entscheidend sind.

## S. 134–137 Müssen wir auch Pflanzen als Lebewesen achten?

?
Das letzte Unterkapitel erweitert den Blick von den Tieren auf die Pflanzen und auf die Umwelt insgesamt. Hier geht es um die Reflexion des angemessenen Umgangs mit nicht-empfindungsfähigen Lebewesen und der Natur. Zentrale bioethische Argumente wie die Achtung der Mitgeschöpfe, ihr Wohlergehen und Gedeihen als zentralem ethischem Schutzkriterium und die Gestaltung der Natur als eines dem Menschen aufgegebenen Kosmos stehen im Zentrum.

AA 1 M 52
**M 52** führt zur Problemstellung hin. Der Text gibt den Inhalt des Märchens in Ausschnitten wieder. Der Kern der Geschichte ist, dass zwei Kinder, die ein Gänseblümchen mit Rasenstück in einen Vogelkäfig eingebracht haben, beide Lebewesen vernachlässigen. (**AA 1**) Nach dem Tod des Vogels beerdigen sie ihn in einer kleinen schönen Schachtel; das Gänseblümchen aber wird lieb- und achtlos in die Gosse einer Landstraße geworfen.

AA 2, AA 3
**M 52** ist der Anlass, die biozentrische Grundposition einzuführen. Zunächst sollen die SuS in der intuitiven Problemlösungsphase das Verhalten der Kinder aus dem Märchen bewerten und ihre Stellungnahme begründen. (**AA 2**) **AA 3** dient der Überleitung zur Frage nach dem moralischen Status von Pflanzen.

AA 4, AA 12 M 53 – M 56

In der kontrollierten Problemlösungsphase stehen sich vier paradigmatische ökoethische Positionen gegenüber. Schweitzer vertritt in **M 53** eine biozentrische Position: Aufgrund der Lebendigkeit kommt Lebewesen ein inhärenter Wert zu, alle Lebewesen sind grundsätzlich zu berücksichtigen, und der Mensch hat ihnen gegenüber Verantwortung. Die SuS lernen, auch mit Hilfe des Info-Blocks, die biozentrische Grundposition kennen und probieren an selbst gewählten Beispielen aus, ob die Ehrfurcht gegenüber allen Lebewesen eine handlungsleitende Richtschnur sein kann. (**AA 4**)
Kallhoff argumentiert in **M 54** für den Schutz von Pflanzen in erster Linie aus dem ästhetischen Interesse der Menschen selbst, also anthropozentrisch. In zweiter Linie gesteht sie auch Pflanzen ein *gutes* Leben zu. Sie sind Lebewesen, die *wachsen und gedeihen* können. Die Pflanzen beanspruchen deshalb einen Lebensraum, den wir ihnen auch zuerkennen müssen. (**AA 5**)
Ach und Gaidt argumentieren in **M 55** klar pathozentrisch. Aus ihrer Sicht, die von einer präferenzutilitaristischen Konzeption ausgehen, sind Pflanzen keine Wesen, die Interessen im moralisch relevanten Sinn haben. Bedürfnisse von Pflanzen sind rein funktional. Deshalb kann man sie auch nicht im moralischen Sinne gut oder schlecht behandeln, ihnen kommt kein eigener inhärenter moralischer Schutzanspruch zu. (**AA 6**)

AA 7

Die SuS arbeiten die drei verschiedenen Argumentationen heraus. (**AA 7**) Dabei können sie das folgende Zuordnungsschema ausfüllen und ihre Ergebnisse vergleichen.

| | biozentrisch | pathozentrisch | anthropozentrisch |
|---|---|---|---|
| Schweitzer | x | | |
| Kallhoff | x | | x |
| Ach/Gaidt | | x | |

Die SuS entwickeln und diskutieren mögliche Konsequenzen, die sich daraus ergeben. Gerade der Vergleich von Pflanzen und Autos wird sie aufhorchen lassen und herausfordern. Durch **AA 6** sollen sie motiviert werden, ihre moralischen Intuitionen zu formulieren und auf den Begriff zu bringen. Anschließend denken sie darüber nach, was es bedeuten könnte, den Wert einer Pflanze zu achten. Sie sollen Beispiele dafür finden, wie man Pflanzen zugleich nutzen und ihre Bedürfnisse berücksichtigen kann. (**AA 8**)

In **M 56** ist Meyer-Abich der Auffassung, dass wir Tiere und Menschen als Lebewesen achten sollten, diese aber dennoch nutzen dürfen. Die angemessene Berücksichtigung realisiert sich aus seiner Sicht nicht dadurch, dass wir ihr Leben sichern, sondern dadurch, wie wir sie zu unseren Zwecken herrichten. So findet die Tomate ihre wahre Bestimmung im Salat, der mit Balsamico-Essig hergestellt wird; und der Fisch erfüllt seine Bestimmung, wenn er kunstvoll angerichtet ist und zur Schönheit und Freude beiträgt. (**AA 9**) In einem Brief an Meyer-Abich (**AA 10**) können die SuS ihre Einschätzung zu seiner Argumentation spielerisch formulieren und ihre moralischen Intuitionen zum Ausdruck bringen. Sie werden in ihren Texten vermutlich zu dem Ergebnis kommen, dass die Argumentation Meyer-Abichs nur scheinbar biozentrisch den Wert des Kopfsalats herausstellt, die Schönheit des angerichteten Salats oder des kunstvoll angerichteten Fisches aber wohl doch eher anthropozentrisch im Interesse des Menschen liegt.

AA 13– AA 17 M 57 – M 59

Die letzten drei Texte führen die tier- und umweltethischen Fragen zusammen. Hier steht das Problem unseres angemessenen Umgangs mit den Mitgeschöpfen und die Verantwortung des Menschen für die Wohlordnung der ganzen Natur im Mittelpunkt.

**M 57** führt zu diesen Fragen hin. Ginger und Black Beauty unterhalten sich darüber, ob der Mensch in die Natur eingreifen darf. Mit einem zynischen Vorschlag kritisiert Ginger, dass die Menschen immer das verbessern wollen, was Gott gemacht hat. Das Hybris-Argument des illegitimen Überschreitens dessen, worüber der Mensch verfügen darf, ist hier angedeutet.
Die SuS sollen zunächst selbst Beispiele dafür finden (**AA 13**), dass die Menschen auch deswegen in die Natur eingreifen, weil sie sie verbessern wollen, z. B. durch Deichbau, Züchtung von Getreidesorten, die gegen Schädlinge besser geschützt sind etc. Sie kontrastieren dann das Ar-

gument, menschliche Eingriffe in die Natur seien immer als rücksichtslose Grenzüberschreitungen aufzufassen, mit zwei Argumenten aus der ethischen Debatte.

Mill führt in **M 58** das anthropologische Argument an, dass Menschen von Natur aus ein Gemeinschaftsgefühl hätten, das sie mit anderen Wesen verbinde. Er zieht in diesem Zusammenhang den Begriff des Mitgeschöpfs heran, der religiös konnotiert ist. Mill benutzt ihn aber im Rahmen seines säkularen utilitaristischen Ansatzes. Demnach hat der Mensch ein Eigeninteresse daran, das Wohlergehen anderer Lebewesen zu berücksichtigen; es ist ihm fast instinktiv ein Bedürfnis, auf andere Rücksicht zu nehmen.

Siep vertritt in **M 59** in Anlehnung an Aristoteles eine holistische Position, die am Guten der Natur als Ganzer interessiert ist. Allerdings finden wir keinen vernünftigen und wohlgeordneten Kosmos vor, wie er antiken Vorstellungen zugrunde lag, sondern ihn zu erhalten ist uns, so Siep, als Menschen aufgegeben. Wir als vernünftige und verletzliche Wesen müssen an der Herstellung einer Wohlordnung als Ganzer interessiert sein. Siep nennt das die Erhaltung eines sozialen und natürlichen Kosmos, der nicht gegeben, sondern *auf*gegeben ist.

Zunächst sollen die SuS die zentralen Begriffe „Mitgeschöpf" und „Kosmos" durch die Methode des Clusterns entfalten. (**AA 15**) Sie können dabei auch auf die Worterklärung auf SB S. 220 und die Texte auf SB S. 187 zurückgreifen und die beiden Begriffe auf **M 58** und **M 59** beziehen; dies erleichtert es ihnen, die Texte mit eigenen Worten zu erklären. Sie rekonstruieren und diskutieren die jeweiligen Prämissen und die Konsequenzen für den Umgang mit Lebewesen. (AA 16)

AA 17 [!] Am Ende des ökoethischen Unterkapitels gestalten die SuS eine Collage, in der sie zum Ausdruck bringen, wie die Welt als wohlgeordneter Kosmos aussehen könnte. (**AA 17**) Sie können auf der Grundlage ihrer geschulten ethischen Urteilsfähigkeit mit anderen fundiert darüber diskutieren, dass wir wohl kaum die Hände von der Natur lassen können, aber dennoch angemessen mit anderen Lebewesen und der Natur als Ganzer umgehen sollen.

Auflösung des Tests S. 96: 1B; 2A; 3B; 4C; 5A; 6D; 7A; 8D; 9C; 10B

## Wissen macht Spaß

Ein Test zu den 10 wichtigsten Begriffen des Kapitels

### Was versteht man unter ...

**1. Ökologie**
A Name für ein Spiel, bei dem der Gewinner möglichst viele Energiepunkte holen muss.
B Wissenschaft von den Beziehungen zwischen den Lebewesen und ihrer Umwelt.
C Lehre von der Logik des Weltganzen.
D Neue Partei, die den Schutz der Umwelt in den Vordergrund stellt.

**2. Mitgeschöpf**
A Begriff für die ethische Sichtweise, dass der Mensch andere Lebewesen in ihrem Eigenwert achten und berücksichtigen soll.
B Begriff dafür, dass wir alle Geschöpfe für unsere Interessen nutzen können.
C Bezeichnet jedes Lebewesen, das mit einem Menschen im Haus lebt.
D Anderer Begriff für eine Kelle, mit der man Flüssigkeiten aus Bechern schöpft.

**3. Pathozentrismus**
A Fähigkeit begabter Schauspieler, Gefühle von Menschen gut darzustellen.
B Ethische Sichtweise, die dafür eintritt, dass die Interessen und Bedürfnisse aller leidensfähigen Wesen berücksichtigt werden.
C Bezeichnet das Verhalten, wenn man sich den ganzen Tag mit seinen Leiden beschäftigt und anderen etwas vorjammert.
D Element in Filmen, die die Liebe zum eigenen Land ausdrücken.

**4. Instrumentalisierung**
A Name für eine Musikmesse, bei der neue Instrumente vorgestellt werden.
B Umfunktionieren von Alltagsgegenständen zu Musikinstrumenten.
C Verhalten, bei dem andere für die eigenen Interessen ausgenutzt werden.
D Bezeichnet die Entwicklung des Handys vom Telefon zum „Alles-Könner".

**5. Sein-Sollens-Fehlschluss**
A Logischer Fehler in einer Argumentation, in der man aus beschreibenden Behauptungen wertende Behauptungen ableitet.
B Besagt, dass wir niemals etwas tun dürfen, das unser Alltagsleben durcheinanderbringt.
C Handlungen, die nicht das gewünschte Ergebnis erzielen.
D Bezeichnung der Kritiker der neuen Ladenöffnungszeiten, nach denen man am Sonntag einkaufen kann.

**6. Anthropozentrismus**
A Erlaubt es egoistischen Menschen, zu tun und zu lassen, was sie wollen.
B Teilgebiet der Biologie, das sich mit dem menschlichen Organismus beschäftigt.
C Das Zentrum der Erde, das von Erdmantel und Erdkruste umgeben ist.
D Ethische Sichtweise, die vor allem die Interessen der Menschen berücksichtigt.

**7. Moralischer Status**
A Gibt an, inwiefern man Lebewesen moralisch falsch oder richtig behandeln darf.
B Kommt Menschen zu, die ein moralisch gutes Leben führen.
C Bezeichnung für den sozialen Status eines Menschen in der Gesellschaft.
D Beschreibt, wie tugendhaft ein Mensch lebt und wie viel Einträge für untugendhaftes Verhalten er bei der Polizei hat.

**8. Biozentrismus**
A Ziel einer politischen Bewegung, nur Bioprodukte zu kaufen.
B Name einer neuen Supermarktkette, in der man Lebewesen aller Art erwerben kann.
C Lebensart von Menschen, die ihren eigenen Körper gesund halten wollen.
D Ethische Auffassung, dass alle Wesen moralische Berücksichtigung verdienen.

**9. Mitleid**
A Weltweit aktive Hilfsorganisation, die sich für den Bau von Schulen einsetzt.
B Bei Zwillingen zu beobachten: Geht es dem einen schlecht, kann es der andere fühlen.
C Ein auf leidensfähige Wesen gerichtetes Gefühl, ihnen zu helfen.
D Ein auf sich selbst gerichtetes Gefühl, bei dem man über sein eigenes Unglück weint.

**10. Zweck an sich selbst**
A Bezeichnet Menschen, die ausschließlich an sich selber denken.
B Ziel, das man nicht aus Nützlichkeit für etwas anderes, sondern um seiner selbst willen anstrebt.
C Haben Werkzeuge, denn sie werden für einen bestimmten Zweck gebaut.
D Lebensgemeinschaft, in der Menschen nur von dem leben, was sie selbst herstellen.

## Zu S. 114/115 Was unterscheidet Tiere vom Menschen?

### Wahre Geschichten von Tieren, die ihren Besitzern das Leben retteten

**Delfin rettet zwei gestrandete Wale**

Wellington (dpa) Ein Delfin hat in Neuseeland zwei gestrandete Wale gerettet. Er geleitete die schon völlig gestressten Tiere vom Strand zurück in die sichere Tiefe des Meeres, berichtete Malcom Smith vom Tier- und Umweltschutzamt. „Verblüffend, als hätte der Delfin sie bei der Flosse genommen und in Sicherheit gebracht", sagte er. Der Delfin namens Moko ist den Anwohnern des Mahia-Strandes an der Ostküste der Nordinsel wohl bekannt.

*13. März 2008*

**Brand: Dackel rettet Herrchen das Leben**

Stralsund (dpa) Bei einem Wohnungsbrand hat ein Dackel seinem Herrchen womöglich das Leben gerettet. Nach Polizeiangaben war der 48 Jahre alte Hundebesitzer vor dem laufenden Fernseher auf der Couch eingeschlafen. Als ihn der Hund durch lautes Bellen weckte, habe das Gerät gebrannt und das ganze Wohnzimmer sei verqualmt gewesen. In Panik sei der Mann aus dem Küchenfenster der Erdeschosswohnung gesprungen. Den Hund ließ er zurück. Als die Feuerwehr die Tür aufgebrochen habe, sei das Tier aus dem Haus gelaufen und von einer Nachbarin in Obhut genommen worden.

*April 2008*

1 Kennst du auch eine Geschichte aus dem wahren Leben, in der Tiere Menschen in der Not geholfen oder ihnen sogar das Leben gerettet haben? Schreibe die Geschichte auf und erzähle sie in der Klasse.

2 Welche Tiere können Menschen helfen? Diskutiert verschiedene Vorschläge. Versucht die Frage zu beantworten, welche Fähigkeiten Tiere haben müssen, um Menschen in der Not helfen.

3 Der Pferdepfleger John ist der Auffassung, viele Menschen wüssten nicht zu schätzen, dass Tiere sich wie Freunde benehmen können (s. Schülerband S. 115, M 5). Teilst du diese Ansicht? Schreibe einen Brief an John, in dem du ihm deine Meinung mitteilst.

## Zu S. 120/121 Haustiere und Zootiere – zur Unterhaltung des Menschen?

*Der deutsche Philosoph Theodor W. Adorno (1903–1969) hat sich darüber Gedanken gemacht, ob sich Tiere im Zoo wirklich wohlfühlen.*

**Tiere im Zoo?**

An zoologischen Gärten und Tierparks mit Gräben, ohne Gitter, ist nichts Gutes. Je unsichtbarer die Schranken sind, um so mehr verneinen sie die Freiheit der Kreaturen und beherrschen ihre natürliche Lebensweise. Beim Tiger, der endlos in seinem Käfig auf und ab schreitet, scheint durch sein gestörtes Verhalten indirekt noch etwas Natürliches zurück. Bei dem Tiger, der sich hinter dem Graben gemütlich tummelt, fällt gar nicht auf, dass er eingesperrt ist. Sicher leidet das Tier im Käfig mehr als in der Freianlage. Beide sind aber gebändigt, ebenso wie der Löwe im Zirkus und das Pferd, das für die Züchtung genutzt wird.

*(nach Theodor W. Adorno: Minima Moralia. Reflexionen aus dem beschädigten Leben (1951). Frankfurt/M.: Suhrkamp 1994. S. 148)*

**1** Male ein Bild zu dem Text von Adorno und versuche darzustellen, was er mit seinem Text sagen will.

**2** Stellt euch die Bilder gegenseitig vor und erklärt den anderen eure Darstellung.

**3** Was meint Adorno damit, dass durch das gestörte Verhalten des Tigers „indirekt noch etwas Natürliches" (Z. 4) zurückscheint? Sprecht in der Klasse über die Bedeutung dieser Wörter.

**4** Gibt es gute Gründe dafür, Tiere in Tierparks mit Gräben statt mit Gittern von den Menschen fernzuhalten? Begründe deine Auffassung.

**5** Hältst du die Kritik Adornos an Tierparks ohne Gitter für richtig?

## Zu S. 127 Der logische Aufbau eines wertenden Urteils

*In dem Info-Text auf S. 127 hast du schon erfahren, was ein wertendes Urteil ist und wie es aufgebaut ist. Hier findest du eine Übersicht und einige weitere Beispiele:*

| **Der logische Aufbau eines wertenden Urteils – die richtige Form:** | |
|---|---|
| **Beschreibende Voraussetzung:** | „In der Natur fressen Tiere auch andere Tiere." |
| **Wertende Voraussetzung:** | „Was in der Natur geschieht, ist gut, und das dürfen die Menschen deshalb auch tun." |
| **Schlussfolgerung:** | „Menschen dürfen Tiere essen." |

| **Die Form beim Sein-Sollen-Fehlschluss:** | |
|---|---|
| **Beschreibende Voraussetzung:** | „In der Natur fressen Tiere auch andere Tiere." |
| **Schlussfolgerung:** | „Menschen dürfen Tiere essen." |
| [Die wertende Voraussetzung fehlt oder sie ist nicht ausformuliert.] | |

**Beispiele für einen Sein-Sollen-Fehlschluss:**
- „Menschen auf der ganzen Welt essen Fleisch. Deshalb können auch wir Fleisch essen."
- „Auch in England wird mit Tieren geforscht. Deshalb können wir auch in Deutschland Tierversuche durchführen."
- „Tomaten fühlen nichts. Tomaten dürfen wir ruhigen Gewissens zerkleinern und aufessen."

**1** Ergänze in den drei Beispielen die wertende Voraussetzung.
**2** Finde eigene Beispiele für einen Sein-Sollen-Fehlschluss.

# Little Miss Sunshine – über Schönheit und Medien

**Seite**

## Begriffsnetz

138/139
140/141
142/143
144/145
146/147
148/149
150/151
152/153
154/155
156/157
158/159
160/161
162/163

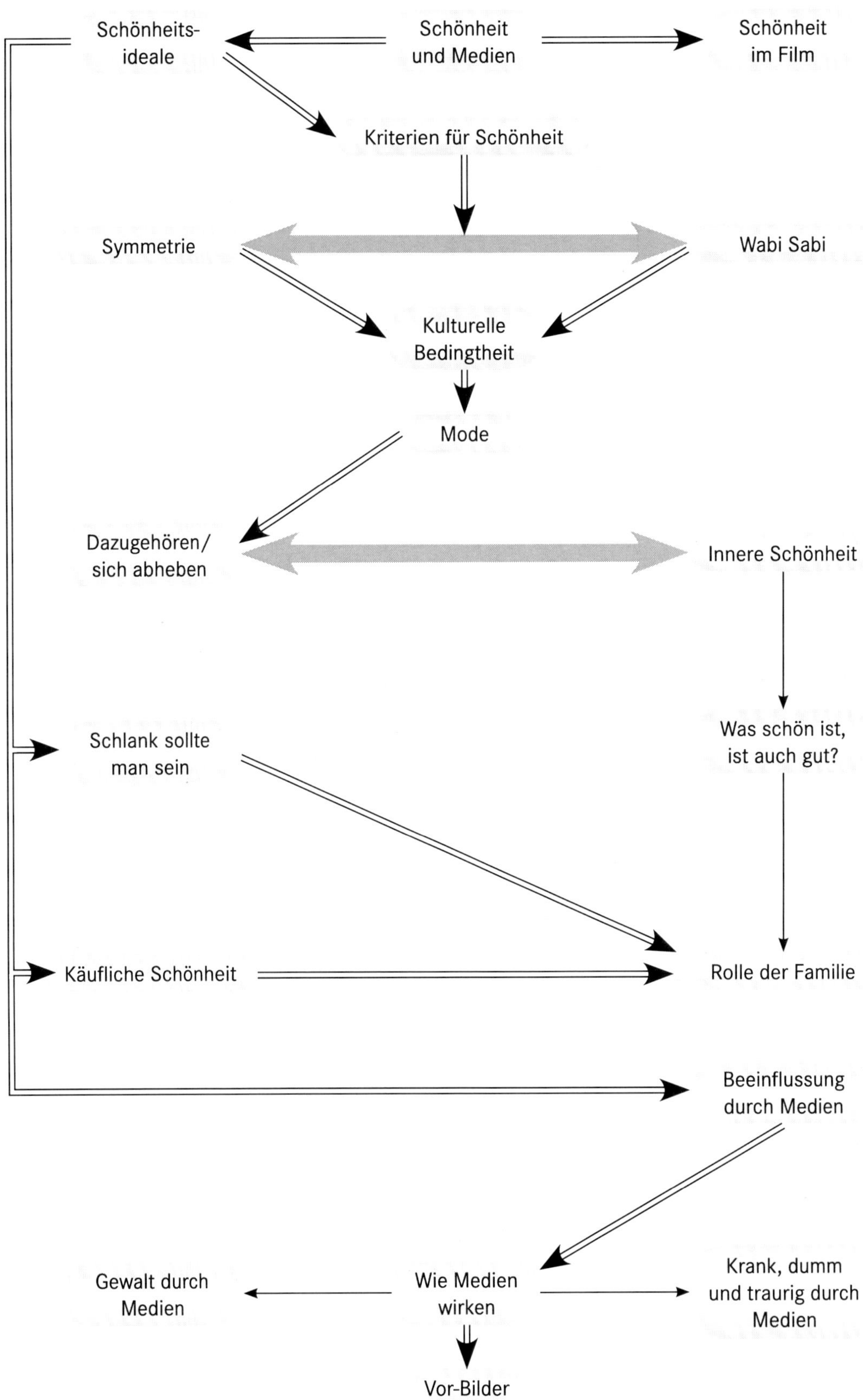

## Verlaufsskizze zu den wichtigsten Fragestellungen und Thesen des Kapitels

**S. 138/139 Schönheit und Medien**
Spieglein, Spieglein an der Wand ... – Schönheit und Medien in Bildern

**S. 140–143 Wann ist man schön?**
„Schönheit kann man messen – und die Kriterien für Schönheit sind Symmetrie, schöne Haut und Durchschnittlichkeit." – Kann das stimmen?

**S. 144/145 Schön wie kein anderer**
Das Kriterium der Durchschnittlichkeit in der Kritik: Menschen aller Kulturen verändern ihre Körper, um schön zu sein, und dabei scheint es eher um Einzigartigkeit als um Durchschnittlichkeit zu gehen.

**S. 146–148 In-Sein – Out Sein: die Bedeutung von Mode**
Bei der Mode geht es um die Selbstdarstellung und Selbstdefinition des Menschen innerhalb seiner Gemeinschaft.

**S. 149–151 Innere und äußere Schönheit – und ihr Zusammenhang**
Was ist innere Schönheit? – „Ich finde, das verkörpert der Buddha ganz wunderbar. Er sitzt ganz gelassen da, er ruht in sich selber, er strahlt Glück aus, Zufriedenheit, die von innen kommt. Wenn man in seine Augen schaut, sieht man ganz viel Liebe und Mitgefühl."

**S. 152/153 Unser Schönheitsideal: Schlank sollte man sein ...**
Sollte Olive Eis essen, wenn sie an einem Schönheitswettbewerb teilnehmen möchte? Die Problematik von Schönheitsidealen.

**S. 154/155 Käufliche Schönheit – schminken, kämmen, liften lassen?**
Welche Veränderungen des Körpers sollte Kindern und Jugendlichen erlaubt sein, welche nicht?

**S. 156/157 Und wenn man dem Schönheitsideal nicht entspricht?**
„Studienergebnisse zeigen, dass sich Kinder und Jugendliche, die Vertrauen zu ihren Eltern haben und sich von ihnen angenommen fühlen, ein besseres Verhältnis zu ihrem Körper entwickeln." Familie Hoover macht es vor.

**S. 158/159 Diese und jene Schönheit(en) und die Medien ...**
Inwiefern beeinflussen Medien unsere Vorstellungen darüber, was wir als schön ansehen?

**S. 160/161 Wie Medien wirken ...**
Macht Fernsehen Kinder dick, krank, dumm und traurig?

**S. 162/163 Medien-Realitäten**
Die meisten Vorbilder von Kindern und Jugendlichen stammen aus dem Medienbereich. Ist das ein Problem?

# Kommentare zu den Medien und Arbeitsanweisungen

## S. 138/139 Spieglein, Spieglein an der Wand ... – Schönheit und Medien in Bildern

Der Film „Little Miss Sunshine" dient für dieses Kapitel als „roter Faden". Obwohl er recht erfolgreich im Kino gelaufen ist, ist doch davon auszugehen, dass die allermeisten SuS den Film nicht kennen. Wenn man die Möglichkeit hat, kann man einzelne Szenen, die im Folgenden besonders beschrieben sind, auf DVD gemeinsam ansehen. Das Kapitel ist aber so gestaltet, dass man auch ohne die DVD auskommt.
Zu Beginn wird Olive, die Hauptfigur des Films, vorgestellt und gleichzeitig der gesamte Problemhorizont dieses Kapitels deutlich gemacht.
Die Bilder SB S. 138 sollen den SuS einen ebenso direkten wie unverkrampften, ja spielerischen Zugang zu dem nicht ganz einfachen Thema „Schönheit" liefern. Sie verweisen auf verschiedene Epochen und auf verschiedene Themenbereiche, auf die im späteren Verlauf des Kapitels Bezug genommen werden kann.
Hier geht es zunächst darum, die SuS für die Komplexität des Themas zu sensibilisieren. Durch die Auswahlmöglichkeit, die ihnen bei der Perspektivübernahme geboten wird, sollte es jedem möglich sein, etwas für sich selbst „Passendes" zu finden. L verschafft dieser Arbeitsschritt zugleich einen Überblick darüber, welche Fragestellungen den SuS spontan als interessant erscheinen (kulturell bedingte Schönheitsideale, Schlanksein als Ideal, „Machbarkeit" von Schönheit, die Rolle der Medien.

## S. 140–143 Wann ist man schön?

AA 1 M 1 ⇩

**AA 1** dient als Einführung in die Geschichte von „Little Miss Sunshine". Die SuS versetzen sich in die Situation von Olive, die sie nun im gesamten Kapitel begleiten wird.

AA 2 ?

Der Schönheitswettbewerb, also ein Wettbewerb zur Messung von Schönheit, führt zur Frage: Wann ist man denn schön? Hier ist auch „Das Urteil des Paris" gut einsetzbar (**s. Zusatzmaterial LB S. 112**).

AA 3, AA 4

Die Vorstellungen der SuS über Schönheit werden wahrscheinlich recht unterschiedlich sein. Diese Subjektivität in der Betrachtung von Schönheit lässt sich im Folgenden gut mit den objektiven Kriterien der Attraktivitätsforschung kontrastieren.

AA 5–AA 9 M 2 M 3 M 4

Die SuS sollten die Fotos aus dem Experiment der Uni Regensburg zunächst selbst bewerten. Viele werden die Frau auf dem rechten Bild schön finden. Die Verwunderung darüber ist dann eine Motivation zur Lektüre des nicht ganz einfachen Textes **M 3**. Um verständlich zu machen, wie die Forscher vorgegangen sind (immer wieder erneutes digitales Verschmelzen von zwei Bildern), kann man an der Tafel eine Art Baumdiagramm zeichnen. Die Anwendung der Kenntnisse auf die beiden Bilder (**M 4**) dient der Ergebnissicherung.

AA 10, AA 11 M 5 M 6 !

In guten Lerngruppen kann man den Aspekt der „Symmetrie", zu dem das linke Bild in **M 4** und der Zwischentext hinführen, mit **M 5** und dem Bild des „Speerträgers" von Polyklet (**M 6**) vertiefen. Der Text ist durchaus anspruchsvoll, L sollte ihn möglichst mit ergänzendem Bildmaterial behandeln. Es gibt im Internet mehrere Power-Point Präsentationen zu diesem Thema, z. B.: https://www.hs-pforzheim.de/De-de/Hochschule/veranstaltungen/Documents/Goldener%20Schnitt%2004_10_08.pdf. Hier findet sich eine multimediale Lernumgebung zu diesem Aspekt: did.mat.uni-bayreuth.de/mmlu/goldenerschnitt/lu/.

AA 12, AA 13 M 7 ⇔

**M 7** erläutert eine Vorstellung, die davon ausgeht, dass Schönheit in der Einzigartigkeit liegt, nicht in der Perfektion. Darum schätzen wir oft eher das Unvollkommene und Zufällige. Diese Vorstellung bildet einen Kontrast zu den Ergebnissen der Attraktivitätsforschung und bereitet in dieser Hinsicht auch das folgende Unterkapitel vor. Damit die SuS diese Vorstellung richtig verstehen, sollte man mit ihnen zusammen in einer Art Anwendung nach Dingen suchen, die nach dieser Vorstellung schön sind.

## S. 144/145 Schön wie kein anderer

AA 1, AA 2 | M 8 | Die Abbildungen und **AA 2** sollen die SuS dafür sensibilisieren, dass die Kriterien für Schönheit, die sie in der vorherigen Einheit kennengelernt haben, von einem anderen Prinzip konterkariert werden.

AA 3 | ? | **AA 3** führt zur Problemstellung. Die Frage ist so formuliert, dass auch SuS dieses Alters darauf antworten können.

AA 3 | Ihre Ideen zu **AA 3** sollen die SuS im Unterrichtsgespräch äußern. Einige werden hier bereits auf „Markenkleidung“ zu sprechen kommen. Diesen Aspekt des Themas kann man dann wieder bei der Besprechung von M 11 und M 12 aufnehmen.

AA 4 | M 9 | **M 9** vertritt die These, dass das Prinzip der Gleichmäßigkeit für den Körper gilt, es in der Mode eher darum geht, Einzigartigkeit zu beweisen.

AA 5 | ! | L sollte Epochen aussuchen, die interessant sind, und den SuS Material an die Hand geben. Es ist sinnvoll, drei oder vier verschiedene Referate zu hören, um die Epochen auch zu vergleichen. Mögliche Literatur dazu bietet wiederum Ulrich Renz (Schönheit. Eine Wissenschaft für sich. Berlin: Berlin Verlag 2006). Diese Aufgabe ist eine gute Überleitung zu der nächsten Problemfrage.

*Nach der Klärung der grundsätzlichen Frage nach der Wechselwirkung von Gleichmaß und Einzigartigkeit wendet sich der zweite Teil des Unterkapitels (**M 10–M 12**) der Frage zu, wie sich diese Spannung in einem bestimmten kulturellen Umfeld ausformen kann.*

Der einleitende Text SB S. 145 dient als Hinführung zur Fragestellung.

M 10 | ? | Zur Reflexion der allgemeinen Frage, warum sich bestimmte Moden entwickeln, dient **M 10**. Dieses Beispiel fesselt SuS erfahrungsgemäß sehr, sie können sich nicht vorstellen, warum sich Frauen dieser schmerzhaften Prozedur unterzogen haben.

AA 6 | Nachdem sich die SuS in **M 10** über die „Lotusfüße“ informiert haben, stellen sie zunächst selbst Vermutungen an, warum sich dieses Schönheitsideal entwickelt hat.

AA 7 | M 11 | In der kontrollierten Problemlösung lernen die SuS die spannende Theorie des demonstrativen Konsums von Thorstein Veblen aus dem Jahr 1899 kennen. Obwohl die Untersuchung schon vergleichsweise alt ist und Veblen sie eigentlich im Blick auf die „Oberschicht“ entwickelt hat, leuchtet diese Theorie den SuS spätestens dann ein, wenn man auf das Thema „Markenkleidung“ zu sprechen kommt.

AA 8 | ! | Weitere Beispiele könnten sein: Pumps, lange Fingernägel (in einigen Teilen Asiens lassen sich auch junge Männer den Nagel des Daumens, manchmal auch weitere Fingernägel lang wachsen), zu anderen Zeiten helle Haut (zeigte an, dass man nicht auf dem Feld arbeiten muss), später dann: gebräunte Haut (zeigte, dass man es sich leisten konnte, in den Urlaub zu fahren oder viel Zeit draußen zu verbringen).

M 12 | ⇔ | **M 12** zeigt in der Transferphase, wie die Schönheitsideale und die verschiedenen Moden nicht nur äußerer Ausdruck eines Geschmacksurteils sind, sondern sie gleichzeitig soziale und gesellschaftliche Bedeutungsebenen ansprechen.

## S. 146–148 In-Sein – Out Sein: die Bedeutung von Mode

AA 1, AA 2 | M 13 | Mode spielt für SuS in diesem Alter eine große Rolle. **AA 1** und **AA 2** geben den SuS die Möglichkeit, anhand von Bildern die Wirkungen von verschiedenen Outfits zu beschreiben und zu charakterisieren. Dabei soll es vor allem darauf ankommen, die Wirkung der verschiedenen Kleidungsstile zu beachten und ob die SuS dem jeweiligen Stil bestimmte Charaktereigenschaften zuordnen. Anschließend können sie durch M 14 zusätzliche Informationen einholen, wie Marcel die Wirkung von Mode auf sich selbst einschätzt.

AA 3 M 14 ? Die Problemstellung des Unterkapitels ergibt sich unmittelbar aus **M 14**. Die Frage lautet, warum es Mode eigentlich gibt, wozu Mode eigentlich dient.

AA 4 Wir können davon ausgehen, dass die SuS Menschen nach ihrem Kleidungsstil einschätzen. Je nachdem, welche Kleidung man trägt, gilt man als cool oder uncool, als einer bestimmten sozialen oder kulturellen Gruppe zugehörig. Trägt man Kleidung nicht freiwillig, wird dieser äußere Ausdruck einer inneren Einstellung unsichtbar, ein Teil der Persönlichkeit scheint wegzufallen. Im Idealfall können SuS schon die beiden grundlegenden Ebenen der Bedeutung von Mode benennen, die **M 15** enthält.

AA 5 M 15 In **M 15** erläutert Renz die Doppelfunktion von Mode. Einerseits bietet die Mode die Gelegenheit, sich zugehörig zu einer bestimmten Gruppe oder aber seine Einzigartigkeit nach außen zu zeigen. Durch diese Doppelfunktion - Individualisierung und Sozialisierung - kommt es dazu, dass in der Mode ein dynamischer Prozess entsteht, der dazu führt, dass sich die Mode und das Individuum selbst immer neu erfinden müssen. (**M 16**)

AA 6–AA 8 ! **AA 6–AA 8** dienen zur Erprobung des Gelernten. In **AA 6** geht es um die Festigung der Begriffe Einzigartigkeit oder Besonderheit, in **AA 7** um die der Zugehörigkeit oder der Gleichheit.

*Beide AA sind wichtig, um in einem weiteren Lernprozess das Zusammenspiel von Sich-Abheben und Nachahmung zu verstehen, das nach* **M 17** *für das Verständnis des Wandels in der Mode grundlegend ist.*

AA 9 Die kreative Aufgabe, sich neu zu erfinden, motiviert die SuS, sich mit dem Wandel in der Mode zu befassen.

M 16 ? Die allgemeine Frage, warum sich Mode immer verändert, soll zunächst am konkreten Beispiel von **M 16** thematisiert werden. Warum wechselt Beckham häufig seine Frisuren?

AA 10 Die SuS können darüber spekulieren, was für Beckham ein Motiv sein könnte, sozusagen zum „Trendsetter“ zu werden. Dabei könnte z. B. herauskommen, dass er etwas Besonderes sein und sich von der Masse abheben will. Auf der anderen Seite kann den SuS auffallen, dass viele Jungen, die „so toll sein wollen wie David Beckham“, den Versuch starten, dieses Ziel über die Nachahmung von Äußerlichkeiten zu erreichen.

AA 11 M 17 **M 17** greift diesen Aspekt der Mode in besonders anschaulicher Weise auf. Nur durch den immerwährenden Prozess von Nachahmung und Neu-Erfinden bleibt der Kreislauf der Mode erhalten.
Eine grafische Darstellung (**AA 11**) könnte z. B. so aussehen:

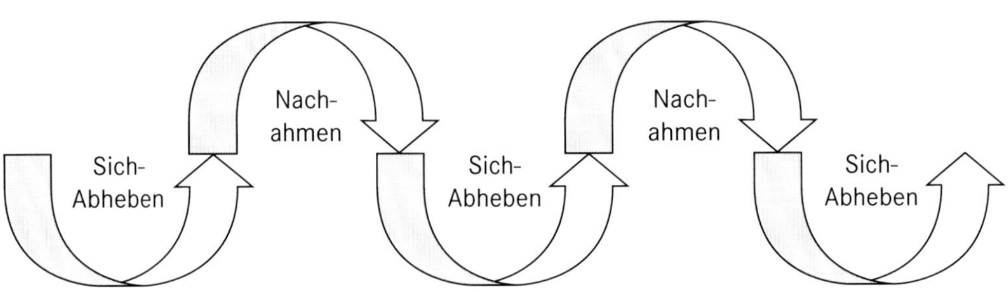


AA 12, AA 13 M 18 ! Auf der Grundlage von **M 18** können die SuS die neu gewonnenen Erkenntnisse auf ihren Lebensbereich und ihre Lebenssituation beziehen.

M 19 ⇔ **M 19** dient als Transfer, hier können sich die SuS argumentativ und wertend mit dem für sie wichtigen Thema „Mode“ auseinandersetzen und dabei das Gelernte anwenden. Sie könnten einerseits die Position vertreten, dass Mode die Persönlichkeit „tötet“, weil jede Form der Einzigartigartigkeit hinter dem Mode-Mainstream oder dem Diktat bestimmter Kleidungsstile bestimmter Gruppen verschwindet, andererseits könnten sie behaupten, dass man seine Persönlichkeit erst durch einen gewissen Kleidungsstil für alle sichtbar ausdrücken kann.

## S. 149–151 Innere und äußere Schönheit – und ihr Zusammenhang

AA 1 — **AA 1** dient dazu, die SuS für die Situation von Olive vor ihrem großen Auftritt zu sensibilisieren. Die Szene aus dem Film führt dann zur eigentlichen Fragestellung im Gespräch mit dem Großvater.

M 20 — Da das Kapitel sich bisher nur der äußeren Schönheit gewidmet hat, ergibt sich aus **M 20** die Frage, was innere Schönheit ist.

AA 2 — Auch SuS dieses Alters haben schon eine recht präzise Vorstellung davon, wann jemand „innen" schön ist.

AA 3, M 21 — **M 21** legt die Vorstellung von innerer Schönheit nach Friedrich Schiller dar. Auch wenn der Text für Kinder und Jugendliche umgeschrieben ist und auf den ersten Blick leicht verständlich ist, so ist die Position Schillers anspruchsvoll. Für die kontrollierte Problemlösung kann deswegen auch das wesentlich leichter zugängliche Interview **M 22** dienen.

AA 4, AA 5, M 22 — **M 22** kann ggf. anschließend auch als zweite Antwort auf die Ausgangsfrage fungieren. Dieser Text definiert nicht nur innere Schönheit, er geht noch einen Schritt weiter und behauptet, dass man an seiner inneren Schönheit arbeiten kann. Die SuS lernen mit diesem Text buddhistische Vorstellungen kennen.

*Im zweiten Teil des Unterkapitels (**M 23, M 24**) haben die SuS Gelegenheit, über den Zusammenhang von innerer und äußerer Schönheit nachzudenken.*

AA 6 — Das Zitat in **AA 6** soll die SuS provozieren, darüber nachzudenken, ob es eine Beziehung zwischen Charakter und Aussehen gibt. L sollte darauf achten, dass die SuS nicht nur gegen das Zitat argumentieren, man könnte fragen, ob es nicht vorstellbar sei, dass man durch sein Aussehen in seiner inneren Entwicklung beeinflusst wird. Um eine vorschnelle Ablehnung des Zitats zu verhindern, könnte man den SuS zunächst auch nur den ersten Teil präsentieren: „In einem schönen Körper wohnt eine schöne Seele."

Die übergreifende Fragestellung formuliert der kurze Text vor **AA 6**: Was haben innere und äußere Schönheit miteinander zu tun?

AA 7, AA 8, M 23 — In einer intuitiven Problemlösung experimentieren die SuS im Hinblick auf **M 23** mit den Adjektiven in **AA 7** und vergleichen ihre Ergebnisse in **AA 8**.

AA 9, M 24 — Wenn die SuS ihre Ergebnisse mit **M 24** vergleichen (**AA 9**), werden sie wahrscheinlich feststellen, dass sie mit ihren Einschätzungen den gängigen Untersuchungen entsprechen. Dennoch werden diese Ergebnisse in **M 24** als „erschreckend" und als „Fehlschlüsse" bezeichnet. Indem sie diese Urteile zu erklären versuchen, werden die SuS über die Berechtigung ihrer Einschätzungen nachdenken müssen.

AA 10 — In der Festigungsphase überlegen die SuS, inwieweit Urteile über das Aussehen auf einem Vorurteil beruhen. Dazu können sie SB S. 46–49 heranziehen.

Nachdem die Vorurteilsfalle „aufgedeckt" ist, sollen die SuS überlegen, wie man diese umgeht. Dies können sie in Partnerarbeit erledigen. Anregungen dazu bietet M 30 SB S. 51 und die damit verbundene AA 4.

## S. 152/153 Unser Schönheitsideal: Schlank sollte man sein ...

AA 1, M 25 — **M 25** soll die SuS für die Frage sensibilisieren, inwieweit das Schönheitsideal „Schlanksein" in unserer Gesellschaft heutzutage eine dominante Rolle spielt, wobei Olives Vater diese gesellschaftliche Haltung bei dem Gespräch repräsentiert.

AA 2 [?] Die Problemstellung, die sich aus **M 25** ergibt, ist folgende: Soll sich Olive dem gängigen Schönheitsideal unterwerfen und das Eis nicht essen?

AA 3 [A] Die SuS können nun intuitiv über mögliche Motive für Olives Verhalten nachdenken. Dabei spielt für sie vielleicht schon eine Rolle, dass es Olive eigentlich egal ist, ob sie etwas dicker ist oder nicht, obwohl sie an einem Schönheitswettbewerb teilnehmen will. Vielleicht kommt auch zum Ausdruck, dass Olive eher auf ihre innere Stimme hört und sich dem Genuss eher hingibt, als sich von außen vorschreiben zu lassen, wie man auszusehen hat.

AA 4 M 26 [Y] **M 26** dient dazu, den SuS in der kontrollierten Problemlösungsphase den Gedanken nahezubringen, dass es für Olives Verhalten und damit für das Verhalten von fast allen Menschen in Bezug auf Ernährung keine einfachen schwarz-weiß oder Ja-nein-Lösungen gibt. Das Prinzip der „Lebensbejahung" besagt, dass man sich einerseits des Lebens erfreuen soll, so wie Olive es mit dem Eis tut, andererseits aber auch das richtige Maß niemals aus den Augen verlieren soll.

AA 5 [!] Als Festigung können die SuS **AA 5** schriftlich als Gespräch zwischen Russel und Olive gestalten.

*Um nicht bei einer sehr relativistischen Position des „Jede(r) soll sich so wohlfühlen, wie er/sie ist" stehenzubleiben, behandelt der zweite Teil des Unterkapitels (**M 27, M 28**) das Problem der Essstörungen. Hier kann man den zuvor geschilderten Aspekt des gesellschaftlichen Drucks auf das Individuum aufgreifen.*

AA 6 [⇩] **AA 6** dient als Hinführung zu der weiterführenden Fragestellung nach der Bedeutung von Schönheitsidealen. Es wäre sinnvoll, wenn die SuS Jugendzeitschriften für die Bearbeitung der Aufgabe nutzen würden.

[?] Die übergreifende Frage ist, inwieweit Schönheitsideale unsere Lebensführung bestimmen oder beeinträchtigen.

AA 7 [A] **AA 7** können die SuS eigene Erfahrungen oder Beobachtungen nennen.

AA 8 M 27 [Y] **M 27** bietet relativ aktuelle Zahlen zu der angesprochenen Problematik. Die SuS können mithilfe dieses Textes die Frage beantworten, zu welchen Problemen es kommen kann, wenn man sich dem aktuellen Schönheitsideal „Schlanksein" unreflektiert verschreibt.

AA 9, AA 10 M 28 [!] **M 28**, **AA 9** und **AA 10** dienen dem Rückbezug auf den Film, wobei die SuS die neu gewonnenen Erkenntnisse anwenden können.

## S. 154/155 Käufliche Schönheit – schminken, kämmen, liften lassen?

AA 1– AA 4 M 29 [⇩] **M 29** bietet Anlass, um mit den SuS ins Gespräch über unsere „alltäglichen Schönheitsmaßnahmen" zu kommen. Man kann gemeinsam überlegen, was Erwachsene häufig tun, um schöner auszusehen, was dagegen Kinder und Jugendliche tun. Die SuS erzählen von ihren Beobachtungen und können ihre Meinungen zu „schminken, kämmen, etc." äußern.

[?] Die Fragestellung des Unterkapitels (vgl. einleitenden Text SB S. 154 oben) nimmt vor allen Dingen die Schönheitstechniken in den Blick, die über das alltägliche „Zurechtmachen" hinausgehen. Kinder und Jugendliche sind zwar häufig noch nicht mit Schönheitsoperationen in Berührung gekommen (obwohl **M 31** deutlich macht, dass sich auch 9–14-Jährige durchaus damit beschäftigen), doch Tatoos und Piercings sind Teil ihrer Lebenswelt (und wenn es nur die ihnen bekannten Medienstars sind, die auf solche Weise „verschönert" sind).

AA 5– AA 7 M 30 [A] (**AA 6** und **AA 7**): Zunächst können die SuS das Plakat beschreiben und durch die in diesem Zusammenhang unfreiwillig komische Überschrift auch den Begriff der „natürlichen Schönheit" thematisieren. Die verschiedenen Techniken, die auf dem Plakat angepriesen werden (**AA 5**), sind den SuS sicher zum Teil unbekannt und müssen von L erklärt werden. Andere in **M 30** angesprochene Techniken kennen die SuS dagegen vermutlich. **AA 7** regt an, dass die SuS sich in die Lage des Gesetzgebers versetzen und über ihre eigenen subjektiven Vorlieben und Einstellungen hinaus überlegen, welche allgemeinen Richtlinien in diesem Zusammenhang sinnvoll wären.

AA 8 M 31 **M 31** berichtet von Politikern und Verbandsvertretern, die Schönheitsoperationen, Tätowierungen und Piercings bei Kindern und Jugendlichen verbieten wollen. Die Forderungen werden zumeist begründet. Der Vergleich zwischen den Vorschlägen der SuS (**AA 8**) und denen der Politiker (inklusive Begründungen) könnte interessant werden. Hier lässt sich das **Zusatzmaterial LB S. 113** ergänzen.

AA 9 **AA 9** nimmt die Überschrift des Plakates **M 30** wieder auf. Die SuS sollen hier eine eigene Vorstellung davon entwickeln, was denn natürliche Schönheit sei. Anhand des Plakats können die SuS auch die „Künstliche Schönheit“ als Gegenmodell einbeziehen. Ihre eigene Position und die Kenntnisse, die sie bisher gewonnen haben, sollten sie in die Gestaltung mit einbeziehen.

AA 10– AA 12 M 32 Im letzten Teil des Unterkapitels geht es nicht mehr um die Veränderung der realen Menschen, sondern um die Veränderung der Fotos von Menschen in den Medien und im eigenen Fotoalbum. Auch hier kann man fragen: Was sollte erlaubt sein? Einige SuS werden mit der Antwort schnell bei der Hand sein: Alles ist erlaubt, man tut ja niemandem weh. Andere werden dagegen vielleicht bemerken, dass diese Veränderungen unseren eigenen Blick auf die Menschen und auf die Welt beeinflussen können. An dieser Stelle kann L auch helfen. Vor der Diskussion um die Auswirkungen die bearbeiteten Fotos in den Medien (und im privaten Fotoalbum) sollen die SuS die Möglichkeit haben, spielerisch zu erfahren, wie man die Veränderungen in den Bildern vornehmen kann. Durch die abgedruckten Fotos erhalten sie zwar schon einen guten Eindruck davon, wie Model und Foto verändert werden, bevor ein Bild abgedruckt wird, doch spannender finden es SuS, wenn sie im Computerprogramm selbst an Bildern arbeiten können.
Interessant ist in diesem Zusammenhang auch das Video, das eine Kosmetikfirma auf ihre Internetseite gestellt hat. Dieser kurze Spot zeigt im Zeitraffer, wie aus einer nicht perfekten Schönheit eine „Plakat-Schönheit“ wird. Der Spot ist auch bei youtube unter dem Namen „Dove Evolution“ zu sehen (http://www.youtube.com/watch?v=iYhCn0jf46U). Man sollte das Video mindestens zweimal zeigen, damit die SuS den Vorher-Nachher-Effekt deutlich erkennen können. Am Ende des Videos wird folgender Satz eingeblendet: „No wonder our perception of beauty is distorted [verzerrt]“.
Ganz ähnlich funktioniert folgendes Video aus der gleichen Reihe, das bei youtube mit „Dove Evolution (Our point of view: Fabio and Lina)“ betitelt ist (http://www.youtube.com/watch?v=5iMTDPozuXU&NR=1). Hier wird sehr effektvoll am Computer das ursprüngliche Foto so umgearbeitet, dass eine völlig andere Frau entsteht, gefolgt von der Einblendung „We prefer to be ourselves“. Und noch ein weiteres Video aus dieser Reihe: http://www.youtube.com/watch?v=VF2yLPBlgaM&NR=1
Auf der Seite youtube lassen sich noch weitere mal mehr, mal weniger geeignete Videos finden, die zeigen, was man mit einem Bildbearbeitungsprogramm machen kann.

Zu diesem Unterrichtskapitel bieten die Zusatzmaterialien Textausschnitte aus einem Jugendroman, die man zusätzlich nutzen kann, vor allem um die Beurteilungskompetenz der SuS zu stärken (**s. Zusatzmaterial LB S. 113**).

## S. 156/157 Und wenn man dem Schönheitsideal nicht entspricht?

AA 1 M 33 **M 33** macht deutlich, dass Olive anders zurechtgemacht ist als die anderen Teilnehmerinnen. Sie entspricht offensichtlich nicht dem Ideal von Schönheit, das diese Wettbewerbe beherrscht.

Die zentrale Frage dieses Unterkapitels (s. einleitenden Text SB S. 156 oben) ergibt sich direkt aus **M 34**. Sollten die Familienangehörigen Olive mitmachen lassen oder sollten sie aus Sorge um sie eingreifen? Einen alternativen Aspekt bietet das **Zusatzmaterial LB S. 114**.

AA 2 Die SuS sollen sich in die Lage eines Geschwisterkindes versetzen. Sie werden so selbst ins Geschehen mit einbezogen. Dadurch sind sie erfahrungsgemäß stark motiviert, an dieser Frage zu arbeiten.

AA 3, AA 4 | M 34 | M 35 | Die kontrollierte Problemlösung ist zweiteilig. In **M 34** können die SuS nachlesen, wie Olives Bruder Dwayne reagiert. Sie sollen seinen Vorschlag, den er in einem Gespräch mit der Mutter äußert, bewerten, indem sie aus der Sicht der Mutter eine Antwort verfassen. (**AA 3**) Eine zweite mögliche Reaktionsweise lernen die SuS dann in **M 35** kennen. Sowohl die Antwort der Mutter auf Dwaynes Bitte (**AA 4**) als auch die Reaktion der gesamten Familie während des Auftritts deutet auf eine bestimmte Haltung der Familie hin: Sie unterstützen Olive ohne Einschränkung, zeigen ihr, dass sie sie lieben, und nehmen sie als Person, die bestimmte Entscheidungen schon selbst treffen kann, ernst. Auch diese zweite Reaktionsweise sollen die SuS bewerten und mit dem Vorschlag des Bruders vergleichen. Wenn man die Möglichkeit hat, sollte man die Szene des Auftritts zusammen mit den SuS auf DVD anschauen. Die Szene ist sehr amüsant und die Reaktion der Familie wird dadurch noch eindrücklicher als durch die Beschreibung in **M 35**.

AA 5– AA 7 | M 36 | ! | (**AA 5**): In der Festigungsphase lernen die SuS einen wissenschaftlichen Text (**M 36**) kennen, der die Rolle der Familie bei der Entwicklung von Kindern und Jugendlichen allgemein und speziell in der Auseinandersetzung mit Schönheitsidealen betont. Man kann in der Reaktion der Familie Hoover (**M 35**) eine Umsetzung der impliziten Forderungen dieses Textes sehen. Dies erkennen SuS wahrscheinlich sehr schnell. (**AA 6**) Um die Erkenntnisse von **M 36** noch einmal zu konkretisieren und für die SuS handhabbarer zu machen, sollen sie überlegen, wie man im normalen Leben (und nicht bei einem Schönheitswettbewerb) Freunde und Verwandte unterstützen kann, die nicht den gängigen Schönheitsidealen entsprechen. Man sollte darauf achten, dass die SuS bei der Beantwortung von **AA 7** auch auf **M 36** zurückgreifen.

AA 8 | ⇔ | In **AA 8** sollen die SuS ihre Kenntnisse übertragen und auf das Gespräch der Familie Hoover im Restaurant (M 25, s. SB S. 152) anwenden. Bei der Analyse des Gespräches sollte deutlich werden, dass die Mutter durchaus schon den genannten Ansprüchen genügt, die Beiträge des Vaters jedoch manipulativ sind. Diese Passagen können die SuS anschließend umschreiben.

## S. 158/159 Diese und jene Schönheit(en) und die Medien …

M 37 | ⇩ | Als Impuls und Hinführung zum Themenschwerpunkt Medien fungiert hier noch einmal der Beginn des Films. Olive orientiert sich bei der Vorbereitung auf den Wettbewerb zur Wahl der „Little Miss Sunshine“ an einer Videoaufzeichnung einer Misswahl und stellt die Posen der Kandidatinnen nach.

AA 1 | ? | Die Problemstellung dieses Unterkapitels lautet, ob und inwieweit uns die Medien, die wir konsumieren, im Verhalten und Denken beeinflussen.

AA 2 | In der intuitiven Problemlösungsphase sollen die SuS für ihren eigenen Medienkonsum sensibilisiert werden. Dabei kommt es erst einmal darauf an, dass sie sich bewusst machen, welche Medien sie konsumieren. Man kann aber auch versuchen, die anzulegende Liste mit **AA 1** in einer vorläufigen Weise zu verbinden.

M 37 | **M 37** fordert die SuS auf, sich kritisch mit dem in den Medien dargestellten Schönheitsbild auseinanderzusetzen. Der Schwerpunkt liegt hier darauf, dass durch den Konsum von Medien Jugendliche ermuntert werden, einem bestimmten, eben durch diese Medien propagierten Schönheitsideal nachzueifern. Hier wäre eine Verbindung zum Unterkapitel „Mode“ (SB S. 146–148) denkbar, da dort die gleichen Mechanismen zu beobachten sind (Nachahmen vs. sich absetzen).

AA 3 | M 38 | M 39 | ! | Sowohl **AA 3** als auch **M 38** dienen auf der einen Seite zur Festigung des Gelernten als auch dem Transfer. **M 39** bietet sich als kritische Reflexionsfläche besonders an, da man auch hier eine Verbindung zum Thema „Schlank muss man sein“ ziehen kann. Den Aspekt Schönheitsoperationen bietet das **Zusatzmaterial LB S. 113**.

AA 5, AA 7 | ⇔ | **AA 5** und **AA 7** fordern zur Stellungnahme auf. Dazu kann man die Methoden 7 und 12 (s. SB S. 224, 226) heranziehen.

## S. 160/161 Wie Medien wirken ...

AA 1 M 40 M 40 dient als Impuls und Hinführung zur Fragestellung, ob Medienkonsum tatsächlich eine direkte Auswirkung auf das Verhalten von Menschen hat. (**AA 1**) Die Karikatur stellt dabei die sogenannte „Stimulus-Response-Theorie" dar, die besagt, dass der Konsum bestimmter Formen von Gewaltdarstellungen zu deren Nachahmung animiert.

AA 2 Die Frage, ob Kinder durch den Konsum von Medien gewaltbereiter werden, greift die in der Karikatur dargestellte These auf.

AA 3 Das für die intuitive Phase geplante Partnerinterview lässt sich auch ohne die Problemstellung in **AA 2** durchführen.

AA 4 M 41 **M 41** greift die Stimulus-Response-Theorie kritisch auf. Auf der einen Seite kann man nicht ausschließen, dass Medien einen weitgehenden Einfluss auf die Menschen haben, auf der anderen Seite spielen weitere wichtige Faktoren wie z. B. das soziale Umfeld offenbar eine ebenso große Rolle wie der Konsum eines bestimmten Mediums selbst. Hier ist zu beachten, dass die SuS im Unterkapitel „Und wenn man dem Schönheitsideal nicht entspricht?" (SB S. 156/157) eine ähnliche Position kennengelernt haben.

AA 5 **AA 5** kontrolliert, ob die SuS die für das Alter anspruchsvollen Formulierungen der Stimulus-Response-Theorie verstanden haben.

Nimmt man die Position in **M 41** ernst, muss man konkret überlegen, wie diese Funktion der Familie oder des Freundeskreises aussehen könnte. Welche Kultur des Zusammenlebens und der Kommunikation muss vorhanden sein, damit es überhaupt zu einem Austausch über problematisches Konsumverhalten kommen kann?

*In einem anschließenden Lernprozess im zweiten Teil des Unterkapitels (**M 42, M 43**) wird die Frage nach der Wirkung der Medien hinsichtlich der Auswirkungen auf die Lernfähigkeit, die Lernbereitschaft und die allgemeine Zufriedenheit von Kindern ausgeweitet.*

Als intuitive Problemlösung können die SuS darüber diskutieren, ob häufiges Fernsehen zufriedener und glücklicher macht.

AA 7– AA 9 M 42 M 43 **M 42** und **M 43** sollen als kontroverse Texte in der kontrollierten Problemlösung die momentane Diskussion über die breit gefächerte Wirkung von Medien für die SuS verstehbar und nachvollziehbar machen. Hierbei ist zu bedenken, dass die neuere Medienwirkungsforschung problematische Wirkungen von Medien nicht nur im Hinblick auf die Herabsetzung der Gewaltschwelle bei Kindern und Jugendlichen, sondern auch auf viele andere Lebensbereiche (Gesundheit, Intelligenz, Sozialverhalten) sieht. Bei der Auseinandersetzung mit den Texten sollen die SuS erkennen, dass es keine einfache und richtige Antwort auf die Frage nach der Wirkung von Medien gibt, es also keinen Sinn hat, diese Medien rundweg zu verteufeln, sondern dass es nur darum gehen kann, einen „vernünftigen Umgang" mit den verschiedenen Medien zu erreichen, die uns allen im Alltag begegnen.

AA 10 Bei **AA 10** sollten die SuS überlegen, ob die von Aufenanger geforderte Begleitung des Fernsehkonsums durch die Eltern bei einem Fernsehgerät im Kinderzimmer überhaupt möglich ist.

AA 11 Die Phase der konkreten Ausgestaltung von Regeln (**AA 11**), die für den Konsum von Medien innerhalb eines Familienverbandes gelten sollen, dienen sowohl der Festigung als auch dem Transfer des Gelernten. Als Zusatzmaterial kann für die SuS, aber auch für die Eltern die Broschüre des Bundesfamilienministeriums „Schau Hin" (unter www.schau-hin.info, kostenlos zu beziehen) hilfreich sein.
Zu dieser Doppelseite siehe auch **Zusatzmaterial LB S. 115**.

## S. 162/163 Medien-Realitäten

AA 1– AA 4 | M 44 | [Hinführungsphase]
**M 44** soll die SuS dazu bewegen, sich mit dem Thema „Idole und Vorbilder“ auseinanderzusetzen. Als Anregung kann man auch M 36 SB S. 27 hinzuziehen. Diese Auseinandersetzung bildet im Verlauf des Kapitels eine Gelenkstelle, da, statistisch gesehen, die meisten Vorbilder aus dem Bereich Medien stammen, was die Wirkung von Medien auf einer weiteren Ebene zu verdeutlichen scheint; auf der anderen Seite hat auch Olive ein großes Vorbild, das sie aus dem Fernsehen kennt, nämlich die aktuelle „Miss Californien“. Am Ende des Kapitels ergibt sich also die Gelegenheit, beide Aspekte des Fragenkreises, nämlich „Schönheit und Medien“, zu beleuchten.

? Die Problemstellung dieses Unterkapitels ist die Frage, welche Funktion Vorbilder überhaupt erfüllen und welche Konsequenzen sich daraus für das eigene Leben ergeben.

M 45 | Vor der Lektüre von **M 45** sollten die SuS Gelegenheit haben, sich spontan zu äußern oder schriftlich zu formulieren, was das eigene Vorbild oder Idol so besonders macht.

M 46 | Das Entscheidende in **M 45** ist die Tatsache, dass Jugendliche nicht mehr nur ein Vorbild haben, das sie unkritisch bewundern, sondern dass sich die Jugendlichen offenbar auf verschiedenen Ebenen quasi „patchworkartig“ ein Vorbild zusammenstellen. **M 45** korrespondiert in besonders hohem Maße mit der These, dass Medien eben nicht unkritisch und oberflächlich konsumiert werden, sondern Jugendliche durchaus in der Lage sind, das ihnen Gebotene kritisch zu befragen.
Diese kritische Grundhaltung konkretisiert **M 46** und gibt den SuS somit die Möglichkeit, kritisch und begründet zum Thema „Vorbilder“ Stellung zu nehmen.

AA 5, AA 5 | ! | **AA 5** und **AA 6** dienen zur Festigung.

AA 8, AA 9 | ⇔ | Zum Abschluss des Kapitels haben die SuS die Gelegenheit, die neu gewonnenen Erkenntnisse spielerisch umzusetzen. Sie können dazu das Gespräch zwischen Miss Californien und Olive weiterführen und vorspielen.

Auflösung des Tests S. 111: 1B; 2A; 3C; 4B; 5A; 6C; 7B; 8A; 9A; 10D

## Wissen macht Spaß

Ein Test zu den 10 wichtigsten Begriffen des Kapitels

### Was versteht man unter ...

**1. Symmetrie:**
A Verschiedene sind Dinge gleich groß.
B Bestimmte Maße stehen in einem bestimmten Verhältnis zueinander.
C Ein anderer Ausdruck für Schönheit.
D Die Dauer eines Schönheitswettbewerbs.

**2. Der goldene Schnitt:**
A Eine bestimmte Form von Proportion.
B Eine besonders aufwendige Frisur.
C Alle Teile einer Sache sind gleich groß.
D Eine bestimmte Technik bei Schönheitsoperationen.

**3. Wabi Sabi:**
A Ein chinesisches Gericht, das Menschen beim Abnehmen helfen soll.
B Eigentlich sind alle Menschen gleich schön.
C Eine Geisteshaltung, die davon ausgeht, dass Schönheit nicht in der Perfektion liegt.
D Auf deutsch etwa: „Schönheit kommt von innen“

**4. Mode:**
A Mode bedeutet einfach nur Geschmack.
B Die Bevorzugung eines bestimmten Aussehens in einer bestimmten Gruppe oder Zeit.
C Das Zusammenspiel verschiedener Kleidungsstücke.
D Eine Einstellung, dass Kleidung das Wichtigste im Leben ist.

**5. Schönheitsideal:**
A Vorschriften oder Maßstäbe, die besagen, wie man aussehen muss, um als „schön“ zu gelten.
B Eine Form des Aussehens, das man nicht erreichen kann.
C Die Kleidung passt besonders gut zum eigenen Typ.
D Ein anderes Wort für Misswahlen.

**6. Schönheitschirurgie:**
A Eine Wissenschaft, die sich mit dem Schönheitsideal beschäftigt.
B Ein Teil der Medizin, der sich mit unbedingt notwendigen Operationen beschäftigt.
C Operationen, die das Ziel haben, einen Menschen zu „verschönern“.
D Forschung an schönen Menschen.

**7. Schöne Seele:**
A Ein Mensch, der immer nett zu anderen ist.
B Ein Mensch wird nicht aufgrund seiner äußeren Merkmale eingeschätzt, sondern aufgrund seines Charakters.
C Man ist immer gut gelaunt.
D Ein Mensch hat nur dann eine „schöne Seele“, wenn er auch äußerlich schön ist.

**8. Familienkonferenz:**
A Bestimmte Form des Gesprächs zur gleichberechtigten Lösung von Konflikten.
B Beratung beim Jugendamt.
C Politiker bestimmen die Familienpolitik.
D Eltern entscheiden, wie viele Kinder sie haben wollen.

**9. Medienwirkung(sforschung):**
A Beschäftigt sich mit der Frage, welche Wirkungen der Konsum von Medien hat.
B Findet heraus, welche Werbung im Fernsehen „ankommt“.
C Untersucht, warum jemand gewalttätig geworden ist.
D Legt fest, ab welchem Alter man einen Film sehen darf.

**10. Vorbild:**
A Mensch, der über andere bestimmt.
B Anderes Wort für Freund.
C Die Planung einer Sache.
D Eine Person oder eine Einstellung, an der man sein eigenes Verhalten orientiert.

## Zu S. 140–143 Wann ist man schön?

**Das Urteil des Paris**

Eines Tages blickte Paris mitten im unwegsamsten und schattigsten Tal, das sich durch die Schluchten des Berges Ida hinzog, fern von seinen Herden an einen Baum gelehnt, mit verschränkten Armen durch den Bergriss auf die Paläste Trojas und das ferne Meer hinab. Da vernahm er den Schritt eines Gottes, der die Erde um ihn her beben machte. Ehe er sich besinnen konnte, stand Hermes, der Götterbote, vor ihm; doch auch er war nur der Verkünder einer neuen Göttererscheinung; denn drei Göttinnen des Olymp schritten mit leichten Füßen über das weiche, nie gemähte und nie abgeweidete Gras, dass ein heiliger Schauer den Jüngling überlief und seine Stirnhaare sich aufrichteten.

Doch der geflügelte Götterbote rief ihm entgegen: „Lege alle Furcht ab, die Göttinnen kommen zu dir als zu ihrem Schiedsrichter; dich haben sie gewählt, zu entscheiden, welche von ihnen die schönste sei. Zeus befiehlt dir, dieses Richteramt auszuüben; er wird dir seinen Schutz und Beistand nicht versagen!“

So sprach Hermes und erhob sich auf seinen Fittichen über das enge Tal empor. Seine Worte hatten dem einfachen Hirten Mut eingeflößt; er wagte es, den Blick zu heben und die göttlichen Gestalten zu betrachten. Der erste Anblick schien ihm zu sagen, dass eine wie die andere wert sei, den Preis der Schönheit davonzutragen; doch gefiel ihm jetzt die eine Göttin mehr, dann die andere, je nachdem, auf welcher der herrlichen Gestalten sein Blick länger weilte. Nur schien ihm allmählich eine, die jüngste und zarteste, holder und liebenswürdiger als die andern.

Da begann die stolzeste der drei Frauen, die an Wuchs und Hoheit die beiden andern überragte, zu sprechen: „Ich bin Hera, die Schwester und Gemahlin des Zeus. Sieh diesen goldenen Apfel, den Eris, die Göttin der Zwietracht, beim Hochzeitsmahl der Nereide Thetis und des Helden Peleus unter die Gäste warf, mit der Aufschrift ‚Der Schönsten‘! Wenn du ihn mir zuerkennst, so sollst du, obgleich du nur ein aus dem Königspalast verstoßener Hirte bist, die Herrschaft über das schönste Reich der Erde erhalten.“

„Ich bin Pallas, die Göttin der Weisheit“, sprach die andere mit der reinen, gewölbten Stirn, den tiefblauen Augen und dem jungfräulichen Ernst im schönen Antlitz, „wenn du mir den Sieg zuerkennst, sollst du den höchsten Ruhm der Weisheit und Männertugend unter den Menschen ernten!“

Da schaute die dritte, die bisher immer nur mit den Augen gesprochen hatte, den Hirten mit einem süßen Lächeln an und sagte: „Paris, lass dich nicht durch das Versprechen von Geschenken betören, die beide gefahrvoll und ungewiss sind! Ich will dir etwas geben, was du nur zu lieben brauchst, um seiner froh zu werden: Die schönste Frau der Erde will ich dir als Gemahlin in die Arme führen! Ich bin Aphrodite, die Göttin der Liebe!“

Aphrodite stand vor dem Hirten, mit ihrem Gürtel geschmückt, der ihr den höchsten Zauber der Anmut verlieh. Da erblasste vor dem Schimmer der Hoffnung und ihrer Schönheit der Reiz der andern Göttinnen vor seinen Augen, und mit trunkenem Sinn erkannte er der Liebesgöttin das goldene Kleinod zu, das er aus Heras Hand empfangen hatte. Hera und Athene wandten ihm zürnend den Rücken und schworen, die Beleidigung an ihm, seinem Vater Priamos, am Volk und Reich der Trojaner zu rächen und alle miteinander zu verderben; besonders Hera wurde von diesem Augenblick an die unversöhnlichste Feindin der Trojaner. Aphrodite aber schied mit holdseligem Gruß von dem entzückten Hirten, nachdem sie ihr Versprechen feierlich und mit dem Göttereid bekräftigt hatte.

*Aus: Schwab, Gustav: Sagen des klassischen Altertums. Wien: Ueberreuter 1969. S. 249f.*

**1** Welche Schwierigkeiten hat Paris, die Schönste unter den Göttinnen zu bestimmen?

**2** Warum entscheidet sich Paris schließlich für Aphrodite? Was zeigt dies über die Messbarkeit von Schönheit?

## Zu S. 154/155 Käufliche Schönheit – schminken, kämmen, liften lassen?

## und zu S. 158/159 Diese und jene Schönheit(en) und die Medien ...

### Sarahs Gesicht

*In dem Roman „Sarahs Gesicht“ des englischen Schriftstellers Melvin Burgess (* 1954) geht es um Sarah, die um jeden Preis berühmt werden möchte. Sie glaubt sich am Ziel ihrer Träume, als der legendäre Popstar Jonathon Heat ihr anbietet, sie ganz groß rauszubringen. Auf ihrem Weg zum Ruhm ist für Sarah alles ein großes Spiel: der Gesangsunterricht, das Posieren für die Presse, die bevorstehenden Schönheitsoperationen.*

„... das junge Mädchen. Sie ist erst siebzehn! Im Gesicht könnte sie vielleicht ein Stück neue Haut gebrauchen, aber mehr nicht. Ein neuer Busen und ein neuer Bauch und eine neue Nase – wozu denn das? Mit siebzehn? Das ist doch verrückt!“ „Die Zeiten haben sich geändert, Bernadette“, sagte er. „Junge Mädchen träumen von solchen Operationen. Das ist heutzutage wie neue Kleider kaufen.“ Wieder schenkte er ihr ein reumütiges Lächeln. „Ich habe noch nie eine Frau getroffen, die ihren Körper gemocht hat. Und jetzt ist es zum ersten Mal möglich, genau das zu bekommen, was man sich wünscht.“ „Es ist doch genau andersherum“, erklärte Bernadette. „Wenn in den Zeitschriften und im Fernsehen richtige Frauen statt diese aufgedonnerten Gestalten zu sehen wären, würden die jungen Mädchen wissen, wie hübsch sie bereits sind, auch ohne dass jemand an ihnen herumschneidet und sie in Schaufensterpuppen verwandelt.“ „Mit Politik habe ich nichts zu tun“, sagte Kaye und breitete die Arme aus, als wollte er sagen: Ich kann den Lauf der Welt nicht ändern ...“ (S. 217f.)

Bernadette: „Diese Operation, Jonathon, sie ist so jung.“ Heat seufzte gereizt: „Sie hat diese Narbe, es ist doch ganz natürlich, dass sie sie weghaben will. Eben weil sie jung und schön ist.“ „Sie ist schön genug.“ „So etwas gibt es nicht“, sagte Heat. „Zuviel Schönheit.“ (S. 190)

*Aus: Burgess, Melvin: Sarahs Gesicht. Übers. v. Heike Brandt. Hamburg: Carlsen 2007.*

1. Was würdest du alles machen, um berühmt zu werden? Würdest du auch eine Schönheitsoperation machen lassen?
2. Was denkst du: Träumen junge Mädchen wirklich von solchen Operationen?
3. Stimmst du der Aussage von Bernadette zu? Wie schätzt du selbst die Rolle von Medien ein?
4. Wie würdest du auf Kayes letzten Satz reagieren? Schreibe deinen Kommentar auf.
5. Gibt es zu viel Schönheit? Diskutiert diese Aussage in der Klasse.

## Zu S. 156/157 Und wenn man dem Schönheitsideal nicht entspricht?

**Feuerschuh und Windsandale**

*Die Autorin Ursula Wölfel erzählt die Geschichte des kleinen, dicken Tim, der von seinen Klassenkameraden wegen seiner Figur ständig verspottet wird. Sein einziger und größter Wunsch zu seinem Geburtstag ist es, groß und dünn zu sein. Dann ist er kein Außenseiter mehr, und die anderen Kinder würden ihn eher akzeptieren.*
*Tims Eltern, die eine sehr positive Beziehung zu ihrem Kind haben, helfen ihm mit ihrer Liebe über seine Traurigkeit hinweg. Von ihnen erhält er auch ein ganz besonderes Geburtstagsgeschenk, das noch kein Kind aus seiner Klasse bekommen hat: Tim darf in den Ferien mit seinem Vater auf Wanderschaft gehen. Die Wanderschaft ist voller neuen Erlebnisse und Erfahrungen für Tim, deren Bewältigung für ihn eine Herausforderung ist.*

„[...] Wie möchtest du denn sein?“
„Groß!“, sagte Tim. „Und dünn! Heute haben die Kinder in der Schule ein Lied gesungen:
Timm der Dicke,
geht über die Brücke;
da macht die Brücke rums
und der Tim macht plums!
Das haben sie sich ausgedacht. Und alle haben mitgesungen und gelacht. Ich habe mich so geärgert, dass ich heulen musste.“
„Armer Tim!“, sagte der Vater. „Du hättest einfach mitlachen sollen. Ich glaube, es hat einmal einen berühmten König gegeben, der hieß Tim der Dicke. Über den haben die Leute immer Spottlieder gesungen. Aber er hat noch lauter gelacht als die Leute, und er hat sogar mitgesungen. Und weil er so lustig und so klug war, hat ihn eine ganz schlanke wunderschöne Prinzessin geheiratet. Sie bekamen sechs Kinder. Drei spindeldürre Prinzen und drei kugelrunde kleine Prinzessinnen. Sie waren eine sehr vergnügte Familie.“
Aber Tim war nicht vergnügt.
„Ich bin doch kein König!“, rief er. „Wenn ich ein König wäre, dann würde ich alle frechen Kinder jeden Tag verhauen! Oder ich würde mich einfach auf mein Pferd setzen und ganz weit fortreiten. Aber ich muss ja immer hier bleiben und mich auslachen lassen. Ich bin eben nur ein Keller-Schuster-Junge.“
„Ach!“, sagte der Vater. „Ich glaube, du möchtest auch andere Eltern haben. Das wird immer schlimmer.“ Und er fuhr sich wieder mit der Hand durch die Haare. Wie ein trauriger Igel sah er aus.
„Nein, nein!“, rief Tim. „Ich habe euch doch so lieb! Ich will nie und nie andere Eltern haben.“ Und er gab dem Vater einen Kuss.
„Siehst du!“, sagte der und lachte. „Und wir wollen nie und nie einen anderen Tim haben. Uns gefällst du am allerbesten von allen Kindern auf der Welt. Also müssen wir dir etwas anderes zum Geburtstag schenken.“
„Was denn?“, fragte Tim. [...]
„Nicht fragen!“, flüsterte der Vater. „Wir schenken dir nämlich in diesem Jahr etwas ganz Besonderes. Das haben die anderen Kinder in deiner Klasse noch nie von ihren Eltern bekommen.“
Tim fragte und fragte und bettelte und fragte natürlich jeden Tag, aber die Eltern verrieten ihm nichts.
[...] Vielleicht eine elektrische Eisenbahn? Oder ein lebendiges Pony zum Reiten? Man konnte sich die herrlichsten Sachen ausdenken.

*Aus: Wölfel, Ursula: Feuerschuh und Windsandale. Düsseldorf: Hoch 1961*

**1** Wie versucht der Vater Tim zu helfen?
**2** Was würdest du Tim raten, um ihm zu helfen? Spielt das Gespräch zwischen Tim und euch nach.

## Zu S. 158/159 Diese und jene Schönheit(en) und die Medien ...

## und zu S. 160/161 Wie Medien wirken ...

**Scheinwelt**
Du raffst nichts,
Du machst nichts,
Du checkst nichts,
Entdeckst nichts außer Hektik!
Weg mit Gedanken - man- die dieser Art entsprechen,
denn schenkst du Ihnen Vertrauen, werden sie dir das Genick brechen.
Wie Ketten fesseln sie dich, komplett besetzen sie dich,
lästig wie Dreck, so schrecklich grässlich stressen sie dich.
Sie lassen dich minderwertig fühlen und wollen dich quälen,
sie lassen dich glauben, du musst sein, was andere dir erzählen.
Du MUSST jeden Tag den neusten Markentrend anhaben!
Du MUSST jede Stunde neue Klingeltöne laden!
Du DARFST bloß nicht zeigen dass du keine Kohle hast,
und um Gotteswillen pass auf, dass du nicht das Falsche sagst!
Sie diktieren dir Wünsche, manipulieren die Psyche,
ernähren deine Angst und vermehren deine Süchte.
Es nützt nichts zu flüchten vor dir selbst und dem Alltag,
nur wenn du dich ihm stellst, kommst du wirklich weiter!

*Chorus:*
Appetit kommt beim Essen.
Ideen komm'n beim Denken.
Der Weg ist das Ziel.
Und Schicksal lässt sich lenken.
Such nicht außen nach der Wahrheit, denn die liegt in dir drin.
Wach auf aus der Scheinwelt - d er Medien! [...]

Ich fahr mir so genanntes Infotainment rein -
... sterben, mehr als 100 Menschen werden verletzt
Nur reine Negativität auf allen Kanälen,
Und ich seh: 'ne suggerierte Wirklichkeit, aus der wir wählen
Und ich seh: nur Schrottaussagen, die quälen und nur rote Zahlen.
Und die dreckigen Berichte von Pleiten, Pech und Pannen.
Ich fang an zu planen, ja, da steckt ein Plan dahinter,
denn man hört kaum positive News von vielen gesunden Kindern.
In der Tat: Es sind zur Zeit harte Zeiten.
Und sie werden auch nicht besser mit dem Scheiß, den Medien zeigen!
Bombaclot, wo bleiben des Lebens positive Seiten? Es gibt genug! Es liegt an uns, sie zu verbreiten! ...

*Aus: Culcha Candela: Scheinwelt. Aus dem Album „Next Generation“. 2007*

**1** „Du machst nichts, du checkst nichts ...“ Die Sänger machen den Medien eine Menge Vorwürfe. Sammle sie und versuche auch immer, ein Beispiel zu finden, mit dem du den Vorwurf unterstützen kannst.

**2** Siehst du die Medien auch so negativ? Begründe. Versuche auch eine Gegenbehauptung zu formulieren und sie unter Verweis auf Beispiele zu begründen.

**3** „Ideen kommen beim Denken“... „Und Schicksal lässt sich lenken“... Was haben diese Zeilen mit dem Thema „Medien“ zu tun?

# Vom Universum und vom Staunen über das Leben

| Seite | | Begriffsnetz | |
|---|---|---|---|
| 164/165 | | Der bestirnte Himmel | |
| 166/167 | | Besucher von fremden Planeten | |
| 168–170 | Der Mittelpunkt der Welt | → | Sonnensystem |
| 171/172 | Milchstraße | 100 Milliarden Sonnen → | **Galaxien** |
| 173–175 | **Lichtjahr** | = | 9,5 Billionen km |
| | | **Universum** | |
| 176/177 | Saurier | | erste Menschen |
| 178/179 | Grüße ins All | | |
| 180/181 | Charles Darwin ← | | → Schöpfungsglaube |
| | | ? | **Zellen** ↓ |
| | | Mutation | |
| 182–184 | **Evolution des Lebens** | Selektion | **Gaiatheorie** |
| 185–187 | **Urknall** | **Kosmos** | Schöpfung |
| 188/189 | Zufall | | Bestimmung |

## Verlaufsskizze zu den wichtigsten Fragestellungen und Thesen des Kapitels

**S. 164/165 Vom Universum und vom Staunen über das Leben**
Hallo, ist da jemand?

**S. 166/167 Ein Besucher aus dem All**
Es könnte vielleicht auch noch ganz andere als die uns bekannten Lebensformen geben.

**S. 168–170 Die Frage nach dem Mittelpunkt der Welt**
Warum haben sich die Menschen wohl so lange gegen die Vorstellung gewehrt, dass die Erde nicht im Mittelpunkt des Weltalls steht?

**S. 171/172 „Weißt du, wie viel Sternlein stehen?"**
Die Milchstraße ist der Blick von innen auf die große, sternenreiche Galaxis, zu der die Sonne gehört – insgesamt 100 Milliarden Sterne.

**S. 173–175 Wie groß ist das Weltall – wie klein ist der Mensch?**
Wenn das gesamte Sonnensystem so klein wie ein Staubkorn wäre, hätte die Milchstraße 80 km Durchmesser, und die nächste Galaxis läge so weit entfernt wie München von Istanbul.

**S. 176/177 Wie alt ist die Welt – wie kurz ist unser Leben?**
Das Universum ist nach heutiger Kenntnis etwa 15 Milliarden Jahre alt. Die Erde ist vor etwa 4,5 Milliarden Jahren, der Mensch vor etwa einer Million Jahren entstanden.

**S. 178/179 Eine Botschaft an andere intelligente Wesen**
Die kosmischen Grußbotschaften auf den 1972 gestarteten Jupiter-Sonden Pioneer 10 und 11 werden mit Sicherheit nicht in den nächsten 44 000 Jahren gelesen werden – so lange dauert es nämlich, bis die Raumroboter den nächsten Fixstern passieren.

**S. 180/181 Woher kommen die Menschen?**
1871 begründete der Engländer Charles Darwin in einem berühmt gewordenen Buch über „Die Abstammung des Menschen" seine These, dass Affen und Menschen sich aus einem gemeinsamen Vorfahren entwickelt hätten.

**S. 182–184 Woher kommt das Leben?**
Man hat eine große Übereinstimmung in den Bauplänen und den Genen aller Lebewesen festgestellt, so dass es sehr wahrscheinlich ist, dass sie sich aus dem Zusammenschluss von Einzellern entwickelt haben, die im Urmeer schwammen.

**S. 185–187 Die Erde – eine erstaunliche Perle zwischen All und Nichts**
Wären die Energie der Urknallexplosion und die Schwerkraft nur geringfügig voneinander abgewichen, hätte sich das Universum entweder so schnell ausgedehnt, dass die Schwerkraft keine Gelegenheit gehabt hätte, Materie zu bündeln und so Sterne zu bilden, oder das Universum wäre schon längst wieder in sich zusammengefallen.

**S. 188/189 Die Entstehung der Welt – Zufall oder Bestimmung?**
Es bleibt ein „Rätsel", ob nun Gott oder das Universum die erste Ursache ist.

# Kommentar zu den Materialien und Arbeitsanregungen

## S. 164/165 Vom Universum und vom Staunen über das Leben

Die Eingangsdoppelseite des Kapitels zeigt die Titelbilder der beiden Jugendbücher, die als literarische Leitfäden durch das Kapitel dienen. Auf der Titelseite von Jostein Gaarders Buch „Hallo, ist da jemand?" von 1996 schaut der kleine Joakim mit einem großen Fernrohr in die Sterne. Er steht auf einem winzigen Planeten, der außer ihm anscheinend nur noch von einem weißen Huhn und einem weißen Kaninchen bevölkert ist. Die Szenerie wirkt unrealistisch traumhaft. Auf dem Titelbild des mehr als vierzig Jahre älteren Jugendbuchs „Auf unbekanntem Stern" von Anton Kolnberger (1954) rast eine Rakete auf einen teilweise rotglühenden Planeten zu. In beiden Fällen geht es um die Frage, welche Geheimnisse die Sterne für uns bereithalten. Das Buch von Gaarder erzählt von der traumhaften Begegnung mit einem Jungen von einem fernen Planeten, das ältere Jugendbuch von A. Kolnberger erzählt eine abenteuerliche Science-Fiction-Geschichte von der Landung auf einem fernen Planeten. Wie Robinson ist Peter Bergen der einzige Überlebende in einer fremden Welt mit unheimlichen Lebewesen. Beide Bücher sind in diesem Kapitel mit zentralen Textausschnitten und überleitenden Zusammenfassungen so dargeboten, dass die SuS die Geschichten verstehen können, ohne auf das jeweilige Buch zurückgreifen zu müssen.

⇩ Der Textausschnitt „Ein ganz normaler Tag?" führt zu zwei der Fragen, mit denen sich dieses Kapitel beschäftigt: „Ob da draußen wohl Planeten sein konnten, auf denen es Leben gab, oder ob der Erdball der einzige im ganzen Universum sei?"

AA 2 ? **AA 2** nimmt diese Fragen auf und verbindet sie mit denen der SuS.

AA 3 Für die Zusammenstellung der Liste von Fragen sollten sich die SuS Zeit nehmen. Die Ergänzung und die Anordnung in einer sinnvollen Reihenfolge können in Gruppen erfolgen.

AA 4 Für die Recherchen benötigen die Spezialisten in einzelnen Fällen mindestens eine Woche Zeit.

! Deshalb sollten die Vorträge nicht am Anfang der Unterrichtsreihe, sondern als Ergänzung und Vertiefung auf Abruf bereitstehen, wenn die entsprechende Frage in dem Kapitel angeschnitten wird. Es empfiehlt sich, den/die jeweilige/n S eine Stunde vorher zu informieren, dass der Vortrag in der nächsten Stunde vorgesehen ist, damit er/sie sich noch einmal vorbereiten kann.

## S. 166/167 Ein Besucher aus dem All

AA 1 M 1 ⇩ Das Gespräch zwischen Mika und Joakim über „oben" und „unten" macht den SuS bewusst, dass für einen denkbaren Besucher aus dem All vieles nicht selbstverständlich so ist, wie wir es empfinden. So ist ja auch schon für die Astronauten auf dem Mond der Anblick der Erde, die hinter dem Horizont des Mondes „untergeht", ungewöhnlich und erstaunlich. (**AA 1**) Die SuS lernen damit den fremden Blick von außen oder den „Blick von Nirgendwo" (Thomas Nagel) kennen, der für das Philosophieren als Staunenlernen elementar ist (vgl. *Martens, E.*: Vom Staunen oder der Rückkehr der Neugier. Leipzig: Reclam 2003).

AA 2 ? Bevor die SuS den fremden Blick auf ihre Lebenswirklichkeit üben, beschäftigen sie sich mit der Frage, wie völlig andere Lebewesen von einem unbekannten Planeten aussehen könnten.

AA 3 In spielerischer Form können die SuS ihrer Phantasie beim Malen oder Schreiben freien Lauf lassen. Dabei können sie natürlich auch auf entsprechende Vorlagen aus Comics oder Science-Fiction-Filmen („E. T." u. a.) zurückgreifen. (**AA 2**)

AA 4 M 2 Die Phantasiegeschichte (**M 2**) von den Bewohnern eines Planeten, die ihre Sonne ENNOS (= SONNE von rechts nach links gelesen) nennen, lässt die Menschen als merkwürdige Lebewesen erscheinen. Indem die SuS begründen, wie sie den letzten Satz vervollständigen wollen, üben sie den fremden Blick auf die Menschen ein und werden zu möglichen Fortsetzungen der Geschichte angeregt. (**AA 4**)

⇩ = Hinführungsphase ? = Problemstellungsphase = intuitive Problemlösungsphase

Eine mögliche Fortsetzung könnte folgendermaßen aussehen und zu einer weiteren sehr ergiebigen Arbeitsanregung führen: Die Bewohner des Phantasieplaneten Formicolos wollen Genaueres über die sogenannten Menschen erfahren. Besonders interessiert sie, ob es auch intelligente Lebewesen sind. Sie schicken deshalb Späher, die sich unsichtbar machen können und so das Leben der Menschen beobachten. Seit einer Woche/seit Anfang des Schuljahres sitzt ein solcher unsichtbarer Späher im Unterricht Ethik/Praktische Philosophie. Hier sein Bericht an den Heimatplaneten: ...

! Der Text neben dem Bild SB S. 167 dient als Festigung der Tatsache, dass Leben in der uns bekannten Form in unserem Sonnensystem außerhalb der Erde nicht möglich ist.

AA 5 M 3 ⇔ Das Bild und **M 3** regen an, über Formen von Leben nachzudenken, „die wir nicht einmal erkennen". Denkbar wäre z. B. Leben, das sich in so langen Zeitläufen vollzieht, dass es uns erstarrt zu sein scheint, oder Leben, das sich in einer gasförmigen Materie vollzieht. Die SuS werden angeregt, darüber nachzudenken, was sie überhaupt mit dem Begriff Leben verbinden.
Der Comic „Das Monster vom fremden Stern" in den **Zusatzmaterialien (LB S. 129)** spielt mit dem Motiv des fremden Blicks. Auf Grund der Raumanzüge erscheinen die vielfüßigen Lebewesen am Anfang als Menschen, und erst mit dem letzten Bild entpuppt sich das Monster vom fremden Stern, über das sie sich unterhalten, als ein Mensch. Der ursprünglich für den Sozialkundeunterricht entworfene Comic ist geeignet, Verbindungen zum Thema Vorurteile im Kapitel „Altan hat Freunde ..." (SB. S. 44 ff.) herzustellen.

## S. 168–170 Die Frage nach dem Mittelpunkt der Welt

M 4 ⇩ **M 4** führt die SuS in einer sehr anschaulichen Weise dazu, sich über die Größe der Erde, die Schwerkraft, die Frage, warum den Bewohnern der anderen Erdhälfte, den Antipoden, nicht das Blut in den Kopf steigt, u. a. Gedanken zu machen.

AA 1 ? Die Bemerkung Mikas „Dieser Planet kann nicht besonders groß sein" (Z. 5f.) führt zu **AA 1**. Die Fragen zielen erst einmal, wie manche andere in diesem Kapitel, auf die Vermittlung astronomischer, also naturwissenschaftlicher Kenntnisse. Bei der Frage, ob die Erde sich um die Sonne dreht oder umgekehrt, geht es darüber hinaus aber auch um die „Stellung des Menschen im Kosmos", also um eine Thema, das z. B. Max Scheler als ein elementar philosophisches angesehen hat.

AA 2 M 5 Die SuS werden der Ansicht, dass die Erde sich um die Sonne dreht, schnell ihre Zustimmung geben. Deshalb werden sie das Zentralgestirn auf **M 5** auch zuerst für die Sonne halten. Aber nur wenige werden erklären können, wie sich das mit der offensichtlichen Tatsache verträgt, dass die Sonne am Abend in der entgegengesetzten Himmelsrichtung „untergeht", in der sie am Morgen „aufgegangen ist". Man kann die SuS zu zweit auf einer freien Fläche innerhalb oder außerhalb des Klassenraums Erde und Sonne spielen lassen. Einer hält ein großes E auf einer DIN A4-Seite vor sich, der andere ein großes S. Die einfachste Erklärung ist, dass E stillsteht und S sich (einmal am Tag) um E dreht. Es wird einige Zeit dauern, bis alle SuS verstanden haben, dass das Auf- und Untergehen der Sonne sich auch durch die Kombination der täglichen Drehbewegung von E um sich selbst und die jährliche Bewegung von E um die stillstehende S erklären lässt.

AA 3 M 6 Wenn die SuS das Zentralgestirn in **M 5** zuerst für die Sonne gehalten haben, erkennen sie jedoch bei genauerer Betrachtung auf dem Zentralgestirn der Himmelskarte Flüsse, Ortschaften und Wolken, auf der ersten Schale (wenn man das Wort caelum – im Mittelalter schrieb man auch coelum – der letzten Schale dazunimmt) die Bezeichnung (Caelum) Lunae, also Himmelshöhe oder Sphäre des Mondes, und auf der vierten Schale die Bezeichnung (Caelum) Solis, also Himmelshöhe der Sonne.
Wenn die SuS die kleine Zusammenfassung der Geschichte der Astronomie und der Weltbilder (**M 6**) dazunehmen (**AA 3**), können sie die Himmelskarte einordnen und eine Erklärung dafür geben, warum auf dieser Karte die Sonne nicht im Mittelpunkt steht. Ergänzend dazu können sie als Hausaufgabe eine Tabelle mit den wichtigsten astronomischen Erkenntnissen zusammenstellen – von Aristoteles und Ptolemäus, Kopernikus und Galilei, Newton und Kant. Im Zusammen-

hang mit der Erkenntnis Newtons sollte man den SuS auch einmal klarmachen, wie wunderbar es eingerichtet ist, dass sich Schwerkraft und Fliehkraft ausgleichen.

| | |
|---|---|
| Aristoteles/Ptolemäus | Erde steht im Mittelpunkt des Weltalls |
| Kopernikus/Galilei | Erde ist ein Planet der Sonne |
| Newton | Schwerkraft als Erklärung dafür, dass die Erde nicht ins All abdriftet |
| Kant | vermutet, dass es außer der Milchstraße noch andere Galaxien geben könnte |

AA 4– AA 7 M 7

Der zweite Teil des Unterkapitels bietet eine anspruchsvollere kontrollierte Problemlösung, die man auch als Transferphase an das Ende der Unterrichtseinheit stellen kann. Die SuS beschäftigen sich mit der Frage, warum sich die Menschen so lange gegen die schon im Altertum bekannte Lehre (z. B. Aristarch von Samos, 310–230 v. Chr.) gewehrt haben, dass die Erde nicht im Mittelpunkte des Weltalls steht. (**AA 4**) Nachdem die SuS (evtl. in Gruppen) mögliche Gründe gesammelt haben, suchen sie in dem nicht leicht zu lesenden Textausschnitt von Bertolt Brecht (**M 7**) nach weiteren Gründen. Sie sollen erklären können, wessen Auge in der Überschrift gemeint ist und welche Bedeutung dies für die Eltern des kleinen Mönches gehabt hat. Nach **AA 5–AA 7** können sie natürlich auch darüber diskutieren, ob es auch heute noch für Menschen wichtig sein kann, dass „das Auge der Gottheit auf ihnen liegt" (Z. 13f.), und ob dies durch das kopernikanische Weltbild wirklich unmöglich geworden ist.

AA 8, AA 9 M 8 M 9 !

In der Festigungsphase werden mit Hilfe des Merksatzes noch einmal die naturwissenschaftlichen Einsichten wiederholt (**AA 8**).
Der Jupiter hat einen etwa 12-mal größeren Durchmesser als die Erde, und die Sonne mit ihren 1,39 Millionen km hat noch einen etwa 10-mal größeren Durchmesser als der Jupiter. Die Erde passt mit der gesamten Umlaufbahn des Mondes, der in einer Entfernung von etwa 360 000 km um die Erde kreist, fast zweimal in die Sonne. Wenn die Sonne ein großer Apfel wäre, entspräche die Erde einem Sandkorn in etwa 10 Metern Entfernung; ein Kirschkern stellte ein Haus weiter den Jupiter dar und ein weiterer Kirschkern noch ein Haus weiter den Saturn. (**AA 9**)

## S. 171/172 „Weißt du, wie viel Sternlein stehen?"

M 10 ⇩

In dem hinführenden Textausschnitt erfahren die SuS, dass alle Sterne außer den Planeten eigentlich Sonnen sind.

AA 1 ?

Im vorangehenden Unterkapitel haben die SuS etwas über die riesige Größe der Sonne im Vergleich zu den Planeten erfahren. **AA 1** macht zusätzlich deutlich, dass die Erde selbst mehr als 1 Million mal, genauer etwa 1 300 000 mal in die Sonne passt. Daraus ergibt sich die Frage, wie es möglich ist, dass die winzigen Sterne am Himmel Sonnen sein sollen.
Ging es im vorigen Unterkapitel um die Stellung der Erde im Sonnensystem, so geht es nun um die Position der Sonne in der Milchstraße und in Bezug auf andere Galaxien.

Die SuS werden von selbst oder aus ihrem Vorwissen darauf kommen, dass diese Sonnen weit entfernt sein müssen, haben aber meist noch keine genaue Vorstellung von der Anzahl der Sonnen in der Milchstraße und der Position unseres Sonnensystems in dieser Galaxie.

AA 2, AA 3 M 11– M 13

**M 11** informiert über den Unterschied zwischen Planeten und Fixsternen und hilft bei der Beantwortung von **AA 2**.
**M 12** macht die Position unseres Sonnensystems innerhalb der Milchstraße klar. Zur Veranschaulichung kann L eine Untertasse mit in den Unterricht bringen und erklären, dass unsere Sonne einem der vielen Milliarden Quarzsandkörner entspricht, aus denen das Porzellan der Untertasse (neben Kaolin und Feldspat) gegossen wurde. Wenn die SuS nach der Bedeutung des Namens „Milchstraße" fragen, kann L die Sternsage von Hera und Herakles SB S. 214 heranziehen.

Das Besondere am Hubble-Weltraumteleskop sind die bis dahin einmaligen Aufnahmen von riesigen Ansammlungen von Galaxien. (**AA 3**) Die Leistung dieses Teleskops wird inzwischen durch das im Mai 2009 gestartete Herschel-Weltraumteleskop noch einmal übertroffen. Heute schätzen die Astronomen die Anzahl der Galaxien im Weltall auf ca. 100 Milliarden, von denen jede wiederum durchschnittlich 100 Milliarden Sterne enthalten dürfte. (http://www.drfreund.net/astronomy_galaxies.htm).

AA 4 [!] Der Brief oder die Mail an einen Grundschüler dient der Festigung. (**AA 4**) Vielleicht finden die SuS außer dem Vergleich mit der Untertasse noch andere Veranschaulichungen.

## S. 173–175 Wie groß ist das Weltall – wie klein ist der Mensch?

AA 1 M 14 Im folgenden Unterkapitel stehen Textausschnitte aus dem älteren, leider schon vergriffenen Jugendbuch „Auf unbekanntem Stern" im Mittelpunkt, die sich mit den mit der Weltraumfahrt verbundenen Problemen beschäftigen.
Indem die SuS überlegen, was dabei Wirklichkeit werden könnte und was reine Fiktion ist, lernen sie die wichtigsten Tatsachen über den Ursprung unserer Welt und des Lebens kennen. Im Jahr 2029 plant die Nasa Versuche, den Mars mit einem bemannten Raumschiff zu erreichen, allerdings nicht mit einem atombetriebenen. Dass eine Weltraumrakete von einem Meteorit getroffen wird, ist nicht auszuschließen, dass ein manövrierunfähiges Raumschiff nach 62 Tagen eine Bruchlandung auf einem Planeten macht, auf dem es Leben gibt, dagegen sehr wohl. (**AA 1**)
Die Geschichte von dem einzigen Überlebenden in einer fremden Welt ist eine moderne Version der Geschichte von Robinson Crusoe. Es ist sinnvoll, Ausschnitte der Geschichte von Daniel Defoe vorher oder anschließend mit den SuS zu lesen und das Schicksal Robinsons mit dem Peter Bergens zu vergleichen. Das Buch von Daniel Defoe diente übrigens Jean Jacques Rousseau als Anregung, einen Naturzustand zu beschreiben, der sich von dem bellum omnia contra omnes des Thomas Hobbes deutlich unterschied. (http://www.teachsam.de/deutsch/d_literatur/d_motiv/robinsonade/robin_litwis_txt_3.htm)

AA 2 [?] Zur Frage nach dem Sinn der Weltraumfahrt (**AA 2**) kann man den SuS Informationen zu der geplanten Marsmission zur Verfügung stellen, z. B. http://www.welt.de/wissenschaft/article1430997/Zwei_Jahre_lang_voellig_isoliert_im_Weltraum.html.

AA 1, AA 3–AA 5 M 15 Bei **AA 1** können die SuS sich in die Situation eines Weltraumpiloten einfühlen und kreativ tätig werden. L kann die Reihenfolge der beiden Aufgaben aber auch vertauschen, damit die SuS die Frage nach dem Sinn der Weltraumfahrt mit größerer innerer Beteiligung beantworten können.
**AA 3** bis **AA 5** gehören noch zur intuitiven Problemlösung. **AA 3** dient der Verständnissicherung, **AA 4** leitet dazu an, in kreativer Weise darüber nachzudenken, ob und in welcher Form Peter Bergen auf Leben stoßen könnte. **AA 5** führt dazu, dass sich die SuS in diskursiver Weise mit der Frage auseinandersetzen. Sie können hier ihr Wissen über die lebensfeindlichen Umstände auf den anderen Planeten unseres Sonnensystems einbringen (vgl. SB S. 167).

AA 6 M 16 Die unendlichen Dimensionen des Weltalls, die es unwahrscheinlich machen, dass Peter Bergen mit seinem havarierten Weltraumschiff wirklich einen bewohnbaren Planeten erreichen konnte, lassen sich nicht in einem Verkleinerungsmodell vorstellen, man braucht dazu mindestens zwei Modelle.
Mit der einfachen **AA 6** können sich die SuS vor Augen führen, dass das Sonnensystem bei weitem auch dann nicht in die Klasse passen würde, wenn das Modell um den Faktor 1: 100 verkleinert würde. Selbst die Sonne läge mit 15 Metern Entfernung schon in der Nachbarklasse, und Pluto wäre 600 Meter entfernt. Ein Lichtjahr entspricht 9,46 Billionen ($10^{12}$) km. Der nächste Fixstern innerhalb unserer Galaxis, Proxima Centauri, ein lichtschwacher Fixstern in der Nähe von Alpha Centauri, der 4,2 Lichtjahre entfernt ist, wäre bei dem um 100 verkleinerten Modell immer noch etwa 3 800 km entfernt.
Im zweiten Modell, in dem es um die Entfernung der Galaxien voneinander geht, sind aus den 3 800 km etwa dreieinhalb Meter geworden. Alles ist also noch einmal um den Faktor 1 : 1 000 000 verkleinert.

AA 7, AA 8 M 17 [!]

In **M 17** sind die drei Betrachtungsebenen Sonnensystem, Galaxis und Universum, die leicht durcheinandergeworfen werden, anschaulich zusammengestellt. (**AA 7**) Spekulationen über weitere Universen, die neuerdings angestellt werden, gehören nicht notwendig in den Unterricht dieser Jahrgangstufen.
In dem Brief an Pascal können die SuS ihre Erkenntnisse über die unwahrscheinlichen Dimensionen zusammenfassen und mit dem Begriff des Schauderns, der ihnen bis dahin wahrscheinlich noch unbekannt ist, in Verbindung bringen. (**AA 8**)

## S. 176/177 Wie alt ist die Welt – wie kurz ist unser Leben?

M 18 [⇩]

Die SuS werden Dinosaurier aus Filmen wie „Jurrasic Park" (1993) oder „Godzilla" (1998) kennen. Sie werden deshalb auch gern bereit sein, Geschichten zu schreiben, die von einer Begegnung mit Dinosauriern in der Alltagswelt handeln, nachdem sie den Text von den Erlebnissen Peter Bergens in der Schlucht gelesen haben. Am Schluss des Textes vermutet er, auf einem Planeten gelandet zu sein, der in einem jüngeren Stadium seiner Entwicklung ist als die Erde.

[?]

L nimmt diese Vermutung zum Anlass, nach dem Alter unserer Erde und der Entwicklung des Lebens zu fragen.

AA 1, AA 2 [intuitive Problemlösungsphase]

Bei **AA 1** werden die SuS noch wenige Kenntnisse einbringen. Es kommt jedoch vielleicht schon zu ersten kontroversen Äußerungen und Vermutungen darüber, ob die Lebewesen im Lauf von vielen Millionen Jahren von selbst entstanden sind oder ob sie auf eine göttliche Schöpfung zurückgehen.
Wenn die SuS bei **AA 2** den darüber stehenden Text benutzen, ist die Problemlösung nicht mehr ganz intuitiv.

AA 3 M 19 [Y]

Trotzdem wird es sie erstaunen, wenn sie zu **M 19** eine Tabelle anfertigen (**AA 3**) und dabei feststellen, dass die Entwicklung des Menschen sich erst am letzen Tag des universalen Jahres abspielt, die geschichtlich überschaubare Zeit seit den Neandertalern erst in den letzen fünf Minuten. Eine ausführliche Tabelle findet sich im **Zusatzmaterial LB S. 130**.

M 19 [!]

Zur Festigung des Gelernten und zur Sicherung des Textverständnisses kann L die Frage stellen, warum das Auftreten des Menschen die schwerste Prüfung in der Entwicklung der Säugetiere ist (Z. 33). Dies kann L mit dem von Menschen verursachten Artensterben erklären. „Man schätzt, dass in vorgeschichtlicher Zeit alle paar tausend Jahre eine Art verschwand. In den letzten 300 Jahren verschwand alle 10 Jahre eine Art, gegenwärtig geht in Deutschland durchschnittlich jedes Jahr eine Pflanzen- und Tierart verloren. [...] Hauptursache für das A. ist die Zerstörung der natürlichen Lebensräume, insb. die Beseitigung von Übergangsbereichen und Sonderstandorten und die Entwässerung." http://www.umweltlexikon-online.de/fp/archiv/RUBnaturartenschutz/Artensterben.php

## S. 178/179 Eine Botschaft an andere intelligente Wesen

AA 1 M 20 [⇩]

Die spannend erzählte Begegnung Peter Bergens mit den Flügelmenschen macht den SuS deutlich, wie schwierig die Verständigung mit Lebewesen sein kann, die immerhin noch menschenähnlich sind.

[?]

Da es zu solch einer Face-to-Face-Begegnung wohl nie kommen wird, stellt sich die Frage, wie eine Botschaft an unbekannte intelligente Lebewesen im All aussehen könnte, die eine unbekannte, vielleicht völlig anders geartete Sprache sprechen.

AA 2 [intuitive Problemlösungsphase]

Indem die SuS eine solche schriftliche oder bildliche Botschaft entwerfen, besinnen sie sich darauf, was Menschen als intelligente Wesen auszeichnet.

AA 3 M 21 [Y]

Die SuS entschlüsseln die Nachrichtenplatte mit Hilfe von **M 21**. (**AA 3**) Eine ausführlichere Erklärung findet man unter http://www.science-at-home.de/platte.php.

AA 4 [!] Der Vergleich der Nachrichtenplatte der beiden Astronomen mit den eigenen Entwürfen dient der Festigung. (**AA 4**) Natürlich können die SuS aus dem Vergleich auch auf Ideen kommen, die ihrer Meinung nach bei Drake und Sagan fehlen, und diese im Plenum zur Diskussion stellen.

AA 5, AA 6 [⇔] **AA 5** ist eine Transferaufgabe, die die SuS zur begründeten Stellungnahme auffordert. Sie können hier Bedenken vorbringen, indem sie sich an Bilder von unheimlichen Invasionen von Aliens erinnern, die sie aus Filmen wie „Independence Day" (Roland Emmerich, 1996) kennen (vgl. auch M 38 auf SB S. 128), und darüber diskutieren, als wie realistisch solche Befürchtungen einzuschätzen sind.
In **AA 6** sollen sich die SuS mit der Frage beschäftigen, inwieweit eine andere Existenzform für sie denkbar ist. Eine ausführlichere Darstellung des Abschieds Peter Bergens von dem Raumschiff, das ihn zurück zur Erde holen will, und der damit verbundenen Konflikte findet sich in den **Zusatzmaterialien LB S. 131**.

## S. 180/181 Woher kommen die Menschen?

AA 1 M 22 [⇩] Zurück zu „Hallo, ist da jemand?" von Jostein Gaarder. Joakim findet die Frage Mikas „Ehe sie richtige Menschen werden konnten?" (Z. 13) deshalb komisch, weil ihm noch nicht klargeworden ist, dass Mika von einem Planeten kommt, auf dem die Saurier nicht wie auf der Erde vor 65 Millionen Jahren durch eine Umweltkatastrophe ausgestorben sind, sondern sich zu Menschen wie Mika weiterentwickelt haben. Weil Mika wie die Saurier aus einem Ei gekrochen ist, hat er auch keinen Nabel, wie Joakim später feststellt. Weil Mika sich nicht vorstellen kann, wie die Menschen ohne Saurier entstanden sein könnten, stellt er die Frage: „Wo kommt ihr dann her?"

[?] Die Frage nach der Entstehung des Menschen konfrontiert die SuS in altersangemessener Weise mit der Evolutionstheorie Darwins.

AA 2, AA 3 M 23 [⅄] Wenn die SuS Gründe nennen, warum der Karikaturist Darwin als Affen darstellt (**AA 2**), wird ihnen die Brisanz deutlich, mit der die Frage nach der Abstammung des Menschen in der zweiten Hälfte des 19. Jahrhunderts diskutiert wurde.
Wenn sie das in Gruppen vorbereitete Streitgespräch geführt haben (**AA 3**), kann L ihnen noch folgende Anekdote erzählen, um das Klima der Auseinandersetzung damals zu verdeutlichen:
*Einer der wütendsten Gegner Darwins, Bischof Wilberforce, fragte T. H. Huxley, einen der engagiertesten Verteidiger Darwins, ob es wohl eher an seiner Großmutter oder an seinem Großvater läge, dass er die Abstammung vom Affen für sich beanspruche. [...] Huxley antwortete: Wenn er vor der Frage stünde, ob er lieber einen elenden Affen zum Großvater hätte als einen von der Natur vorzüglich ausgestatteten Mann mit großen Fähigkeiten und Einfluss, der seine Fähigkeiten und seinen Einfluss nur zu dem Zweck benutze, um eine ernsthafte wissenschaftliche Diskussion zu verhöhnen, dann würde er zweifellos den Affen vorziehen. (http://www.rosaluxemburgstiftung.de/fileadmin/rls_uploads/pdfs/Themen/Sozialpolitik/Stoeber.pdf)*

AA 4 M 24 [Y] In der modernen Primatenforschung hat man bei den höheren Primaten wie Gorillas und Bonobos überraschende Fähigkeiten festgestellt. In vielen im Fernsehen ausgestrahlten Filmdokumentationen und unter Youtube (z. B. Sue Savage Rumbaugh: http://www.ted.com/index.php/talks/susan_savage_rumbaugh_on_apes_that_write.html) finden sich beeindruckende und überzeugende Beispiele von höheren Primaten, die sich im Spiegel erkennen und zu anderen erstaunlichen Leistungen fähig sind. Werkzeuggebrauch, Sprache und Sozialverhalten zeichnen nicht mehr nur den Menschen aus, sondern finden sich auch bei ihnen. Die einzige Fähigkeit, die den Menschen weiterhin von den Tieren unterscheidet, ist das Wissen um die eigene Sterblichkeit und die damit verbundenen Bewältigungsstrategien (vgl. Bd. B S. 188 ff.).

[!] Wenn die SuS im Laufe des Unterkapitels darüber diskutiert haben, inwieweit die Lehre von der Abstammung des Menschen sich mit der Schöpfungslehre der Bibel oder des Korans verträgt, finden sie im Info-Kasten SB S. 181 dazu die notwendigen Informationen. Die Tatsache, dass die verschiedenen Autoren der Bibel unterschiedliche Bilder gebraucht haben, um ihren Glauben an das besondere Verhältnis zwischen Gott und dem Menschen zum Ausdruck zu bringen, zeigt, dass es keine bestimmte Schöpfungsvorstellung gibt, sondern dass man Schöpfung in der Bibel symbolisch verstehen muss (vgl. SB S. 221).

AA 5 M 25 ⇔ In **M 25** will der Zeichner wohl deutlich machen, dass der Mensch nach der Entwicklung zum aufrechten Gang nun wieder auf dem absteigenden Ast ist, indem er als Sklave seiner Maschinen wieder zu einer gekrümmten Haltung zurückkehrt. Die Kritik, die darin steckt, ist aber für jüngere SuS nicht leicht zu erkennen, da sie den Umgang mit Computern erst einmal als eine Errungenschaft wahrnehmen. Deshalb ist **AA 5** bewusst offen und gibt die Möglichkeit zu unterschiedlichen kreativen Stellungnahmen.

## S. 182–184 Woher kommt das Leben?

AA 1 M 28 ⇩ In **M 28** hat Gaarder die Entstehungsgeschichte des Lebens, wie sie die Biologen heute sehen, in kindgemäßer Form zusammengefasst. Mit den ersten Molekülen, die sich in zwei vollkommen gleiche Teile spalten konnten, ist die DNA gemeint. Indem die SuS die wichtigsten Daten zusammenstellen (**AA 1**), werden sie zur Leitfrage dieses Unterkapitels geführt: Woher kommt das Leben?

AA 2 M 26 M 27 ? Die Illustration (**M 26**) stellt den Berg dar, auf dem sich Mika und Joakim begegnen (**M 28**, Z. 56). Der Berg ist ein Bild für die Entwicklung des Lebens, wie sie **M 28** schildert. Man sieht, wie die Saurier auf die Fische folgen und diese „Vorläufer" der Insekten, der Elefanten und anderen Säugetieren sind. Demgegenüber stellt **M 27** ähnlich wie der erste deutsche Propagandist des Darwinismus, Ernst Haeckel, die Entwicklung des Lebens als einen Baum mit vielen Zweigen dar.

AA 3 M 27 Der „Spiegel" hat die Zeichnung **M 27** für eine Titelseite verwendet. Auf die rechte Spitze des Baumes setzte der Zeichner den Kopf Darwins. Er schaut auf den Affen ihm gegenüber, der den Zeigefinger erhebt. Die SuS werden natürlich nicht von selbst auf diese witzige Lösung kommen, aber vielleicht werden einige das Bild eines Menschen in die Leerstelle einfügen. (**AA 3**)

AA 4 Dem Info-Text „Evolution" können die SuS die wichtigsten Informationen über die Darwinsche Evolutionstheorie in altergemäßer Sprache entnehmen. **AA 4** führt über den naturwissenschaftlichen Zusammenhang hinaus und stellt eine Verbindung zum Kapitel „Es gibt nichts umsonst ..." (SB S. 86 ff.) dar. Die SuS werden, wenn sie das Prinzip des Sozialdarwinismus verstanden haben, erkennen, dass dessen konsequente Anwendung im außenpolitischen Bereich zur Kriegsbereitschaft und im innenpolitischen Bereich zur Rücksichtslosigkeit gegenüber sozial Schwachen führt. Bei der Gelegenheit kann L erläutern, dass die Politik Hitlers, wie er sie in seiner Programmschrift „Mein Kampf" schon 1924 begründet hat, im Wesentlichen sozialdarwinistischen Prinzipien folgte.

M 29 ! **M 29** dient als Festigung. Das Zitat von Darwin ist der letzte Satz seiner berühmten Schrift „Über die Entstehung der Arten" von 1859. Es ist die einzige Stelle, in der Darwin vom „Schöpfer" spricht. Er sieht hier keinen Gegensatz zwischen Schöpfungsglauben und seiner Evolutionstheorie und bestätigt damit die im Info-Text SB S. 181 dargestellte Ansicht der modernen Theologen. Manche Darwinforscher vermuten freilich, dass dieser Satz auf Drängen seiner frommen Ehefrau Emma zustande gekommen sei (vgl. den Schluss des Vortrags von Detlev Kühn vom 25. 1. 2009 in SWR 2: http://www.swr.de/swr2/programm/sendungen/glauben/-/id=4299014/property=download/nid=659102/frxf63/swr2-glauben-20090125.pdf).

AA 5–AA 8 M 30–M 32 ⇔ In der Transferphase beschäftigen sich die SuS mit zwei naturwissenschaftlich basierten Theorien, die aber weitgehende Konsequenzen für unser Weltbild haben und die auch jüngere SuS schon erfassen können. Die erste Theorie (**M 30**) stammt von dem wohl bisher einzigen Wissenschaftsjournalisten und Fernsehmoderator, nach dem sogar eine Schule benannt wurde, Professor Hoimar von Ditfurth: die Realschule in Vreden. Danach besteht der Mensch wie jedes andere Lebewesen aus einer Ansammlung von ungeheuer vielen (im Falle des Menschen je nach Größe zwischen 10 und 100 Billionen) Zellen. Die Flüssigkeit zwischen ihnen entspricht in ihrer Zusammenstellung dem Urmeer, in dem sie vor vielen Millionen Jahren als Einzeller schwammen. Organe wie Leber und Niere haben die Funktion, diese Zusammensetzung immer wieder in dem lebenstauglichen Verhältnis herzustellen.

Die Bakterien (**M 31**) unterscheiden sich ähnlich wie die sogenannten Schleimpilze von den größeren Lebewesen dadurch, dass sie sich nur zu bestimmten Gelegenheiten vereinigen. (**AA 6**)
In dem Roman „Der Schwarm“ beschreibt Frank Schätzing die fiktive Geschichte von Einzellern, die sich unter der Bedrohung der Meere durch den Menschen zu kilometerlangen Lebewesen vereinigen (vgl. **Zusatzmaterial LB S. 132**).
Die unter Biologen umstrittene Gaia-Theorie (**M 32**) betrachtet die Erde als ein einziges Lebewesen, das Schwankungen in den Lebensbedingungen selbst ausgleichen kann. (**AA 7**) (Autopoesie, vgl. **Zusatzmaterial LB S. 133**).
In dieser Betrachtungsweise, die kindgemäßen Vorstellungsweisen vom Geborgensein in einem großen Ganzen entgegenkommt, sind die Menschen als Parasiten anzusehen, deren Überleben vom Wohlergehen des Wirtsorganismus abhängig ist. Sie führt konsequent zu dem Respekt vor dem Riesenorganismus und der Sorge um die Erhaltung der Umwelt. (**AA 8**)

## S. 185–187 Die Erde – eine erstaunliche Perle zwischen All und Nichts

AA 1 M 33

**M 33** führt nicht direkt zu der Fragestellung, was an der Erde so erstaunlich ist, sondern gibt erst einmal eine hübsche Erklärung für die merkwürdige Begegnung Joakims mit Mika, dem kleinen Jungen aus einer anderen Welt.
Bei einigem Nachdenken werden die SuS darauf kommen (**AA 1**), dass Joakim in der Nacht, als seine Eltern ins Krankenhaus gefahren sind, weil er ein „Brüderchen“ bekommen sollte (SB S. 165), geträumt hat, dass ein Junge von einem fernen Planeten im Apfelbaum gelandet sei.

?

Man könnte hier im Sinne von Descartes’ Erster Meditation Überlegungen anschließen, ob und wie Traum und Wirklichkeit zu unterscheiden seien (Descartes sieht „ganz klar, dass Wachsein und Träumen niemals durch sichere Kennzeichen unterschieden werden können“). Im Zusammenhang dieses Kapitels soll aber Mikas Entdeckung der kleinen blaugrünen Perle, die ein bisschen wie ein Bonbon aussah, zum Anlass genommen werden, um die kosmologische Frage nach der Besonderheit der Erde zu stellen.

AA 2

Auf ihren Listen können die SuS Eigentümlichkeiten der Erde wie z. B. die Schönheit der Landschaften, die Fruchtbarkeit mancher Gegenden, aber auch die riesigen Meere und die Einsamkeit der Wüsten und arktischen Zonen zusammenstellen.

AA 3– AA 5 M 34 M 35

Die Tatsache, dass es nachts dunkel ist, wird auf den Listen wahrscheinlich nicht auftauchen, obwohl Johannes Kepler schon 1610 diese Tatsache für merkwürdig angesehen hat. Er hat daraus auf die Endlichkeit des Universums geschlossen. Denn wenn der Weltraum unendlich wäre, müsste auch nachts an jedem Fleck des Himmels ein Stern zu sehen sein.
Nach heutigen Erkenntnissen ist das sich ausdehnende Universum mit seinen etwa 14 Milliarden Jahren jedoch noch nicht alt genug, dass an jedem Fleck ein Stern stehen könnte, vgl. http://www.weltderphysik.de/de/6292.php. Die Theorie des sich ausdehnenden Universums, die durch die Entdeckung der Rotverschiebung in der Strahlung der Galaxien durch Edwin Hubble im Jahre 1929 als erwiesen angesehen werden kann, führt zu der Annahme eines Urknalls aus einem ersten unvorstellbar kleinen Ursprung, wie es das Bild SB S. 186 veranschaulicht. Eine Erklärung zu dem Bild findet man unter http://www.google.de/imgres?imgurl=http://www.takimo.de/lexikon/urknall1.jpg&imgrefurl=http://www.takimo.de/lexikon/evolutio.html&h=336&w=400&sz=36&tbnid=IF0XbuN8JAbxSM:&tbnh=104&tbnw=124&prev=/images%3Fq%3Durknall&hl=de&usg=__8Q56Xk7jN4TNF6g7EIoYVPKIsPk=&ei=XRFTSo3EEoiKnQP98pwF&sa=X&oi=image_result&resnum=4&ct=image. Der Urknall bezeichnet keine „Explosion“ in einem bestehenden Raum, sondern die gemeinsame Entstehung von Materie, Raum und Zeit aus einer ursprünglichen Singularität. Eine noch bessere Veranschaulichung hat die 3sat-Sendung vom 18. 5. 2009 „Scobel Urknall-Theorien: Universum ohne Anfang?“ gezeigt, die man unter http://www.youtube.com/watch?v=T1IWIQ05W4k herunterladen kann.
Die Ansicht, dass das Universum aus einem Urknall entstanden sei und deshalb nicht von Gott geschaffen sein könne, findet man oft auch schon bei jüngeren SuS. Sie werden deshalb erstaunt sein, dass der Erfinder der Urknalltheorie, der am Vatikan arbeitende Priester Lemaitre, keinen Widerspruch zwischen dieser Theorie und dem Schöpfungsglauben sah. (**AA 5**)

[!] In dem Info-Text ist die Theorie noch einmal als Lernstoff zusammengefasst. Vorher (SB S. 167) wurden schon einmal die einzigartigen Bedingungen herausgestellt, unter denen auf unserem Planeten Leben entstehen konnte. Hier werden nun die unwahrscheinlichen, aber wunderbarerweise dennoch wahr gewordenen Bedingungen erklärt, unter denen überhaupt Materie entstehen konnte.

AA 6– AA 8 | M 36 | M 37 | [⇔] **AA 6** ist eine Transferaufgabe, zu der die SuS in der im Methodenteil (SB. S. 224) beschriebenen Weise im wörtlichen Sinne erst einmal Stellung beziehen sollen, bevor sie sich darüber austauschen.

Nach der Lektüre von **M 36** und **M 37** können sie auch Pascal, Kant und Wilhelm von Humboldt Stellung beziehen lassen. (**AA 7** und **AA 8**) Dabei können einzelne S deren Rolle übernehmen und erklären, warum sie gerade zu der von ihnen gewählten Position Stellung beziehen. Pascal wird sich eher an dem Pol des Erschreckens, Kant und Wilhelm von Humboldt eher an dem Pol der Bewunderung einfinden. L kann den SuS auch noch als Ergänzung den wohl berühmtesten Satz Kants darbieten, der am Anfang des „Beschlusses“ der „Kritik der praktischen Vernunft“ steht und den man später in Kants Grabstein gehauen hat: „Zwei Dinge erfüllen das Gemüth mit immer neuer Bewunderung und Ehrfurcht, je öfter und anhaltender sich das Nachdenken damit beschäftigt: Der bestirnte Himmel über mir und das moralische Gesetz in mir.“

## S. 188/189 Die Entstehung der Welt – Zufall oder Bestimmung?

AA 1 | M 38 | [⇩] In der Hinführung zum abschließenden Unterkapitel stellt Joakim explizit eine Frage, die schon mehrfach angeklungen ist: „Glaubst du, dass alles von selbst entstanden ist, oder glaubst du, dass es einen Gott gibt, der alles erschaffen hat?“ (Z. 35f.) Er gibt damit der Kraft, von der Mika vorher spricht, einen Namen. (**AA 1**) L kann mit den SuS darüber sprechen, ob man die Kraft auch noch anders verstehen kann.

[?] Mit der Frage nach einem Schöpfergott ist am Ende dieses Kapitels ein Übergang zum folgenden Kapitel geschaffen, das sich mit den Festen und Schöpfungsmythen der Religionen befasst.

AA 2 | [⚡] In die Diskussion über **AA 2** können die SuS ihr Vorwissen einbringen. Die offene Frage können sie in Form einer Meldekette diskutieren, bei der sie sich gegenseitig drannehmen und nur darauf achten, dass das Argument des Vorredners noch einmal wiederholt wird.

AA 3– AA 5 | M 39 | M 40 | [Y] **AA 3** soll das Verständnis des sprachlich anspruchsvollen, weil altertümlichen und vielleicht etwas pathetischen Textes sichern. Indem Herder hier zuerst sehr allgemein von einer kosmischen Kraft spricht und Z. 20 von der Welt Gottes, enthält der Text die gleiche Verbindung wie der Hinführungstext **M 38**.

Bevor sich die SuS **AA 4** vornehmen, kann man das Bild von der Harmonie der Welt Gottes mit der Methode der Ausgestaltung eines Sprachbildes weiter erarbeiten und ausschöpfen lassen. Harmonie ist ein Begriff aus der Musik und bezeichnet den für unser Ohr angenehmen Zusammenklang von Tönen oder Instrumenten. L kann die SuS das Bild wörtlich oder im übertragenen Sinne ausmalen lassen. Wer spielt die Instrumente? Wer sorgt dafür, dass sie zusammenstimmen? Wer dirigiert? Welche Melodie wird gespielt? Möglicherweise können die SuS auch ein Standbild dazu erarbeit (vgl. SB S. 222).

Die Stimmen aus der Katholischen Kirche dokumentieren, dass die Gegensätze zwischen Naturwissenschaft und Glaube heute weitgehend ausgeräumt sind. (**AA 5**) L sollte den SuS klarmachen, dass der hier genannte Kardinal Ratzinger kurz darauf als Benedikt XVI. zum Papst gewählt wurde.

AA 6 | [!] Die heutige Kirche hätte Galilei nicht zum Widerruf des heliozentrischen Weltbildes gezwungen. In einer Ansprache von Papst Johannes Paul II. an die Päpstliche Akademie der Wissenschaften am 31. 10. 1992 wurde er, wenn auch spät, offiziell rehabilitiert. (http://www.galilei-online.de/pages/rehabilitierung.php vgl. auch die kritische Darstellung http://www.wienerzeitung.at/Desktopdefault.aspx?TabID=3946&Alias=wzo&lexikon=Wissenschaft&letter=W&cob=6781)

AA 7 M 41 ⇔ **M 41** vereinigt zwei Sprachbilder, das Bild von der Henne und dem Ei und das Bild von der Pattsituation. Das erste Bild ist in der Illustration witzig ausgestaltet worden, allerdings ohne Bezug auf den im Text genannten Zusammenhang. Das zweite können die SuS in der oben (**AA 4**) beschriebenen Weise ausmalen.

Auflösung des Tests S. 128: 1B; 2A; 3B; 4C; 5A; 6B; 7D; 8B; 9C; 10C

# Wissen macht Spaß

Ein Test zu den 10 wichtigsten Begriffen des Kapitels

## Was versteht man unter ...

**1. Universum:**
A Die Rotation der Erde um sich selbst.
B So nannten die alten Griechen den Kosmos, weil sie seine Ordnung bewunderten.
C Anderer Ausdruck für den Urknall.
D Hochschule, auf der man alle Fächer studieren kann.

**2. Theorie:**
A Begründete Ansicht von Zusammenhängen in der Geschichte oder in der Natur, die man beobachtet hat und für die man Erklärungen sucht.
B Bezeichnung für das unabwendbare Schicksal.
C Bezeichnung für die Kunst, eine Vorausbestimmung meines Schicksals zu erfahren.
D Handlung, die man nicht wieder rückgängig machen kann.

**3. Zellen:**
A Zellen bestehen aus einer durchsichtigen Materie.
B Die kleinsten lebenden Einheiten, aus denen alle Lebewesen bestehen.
C Undurchsichtigen Materie, die im Wasser löslich ist.
D Der Mensch besteht aus etwa einer Million Zellen.

**4. Galaxien:**
A Seltene Tiefseequallen.
B Ursprüngliche Formen der ersten mehrzelligen Pflanzen.
C Riesige Sternsysteme wie AA unsere Milchstraße.
D Dunkle Löcher in der Milchstraße.

**5. Organismus:**
A Ein- oder vielzelliges, lebendes Wesen, dessen Teile zusammenwirken und ein Ganzes ergeben.
B Besonders gelungene Ausdrucksweise.
C Versuch, schwierigen Lebenslagen aus dem Weg zu gehen.
D Überlebensfähigkeit eines Tieres oder einer Pflanze.

**6. Planeten:**
A Die kleinsten einzelligen Lebewesen.
B Planeten kreisen wie unsere Erde um die Sonne.
C Fixsterne, die immer an der selben Stelle am Himmel stehen.
D Gesteinstrümmer, die manchmal am Himmel als Sternschnuppen zu sehen sind.

**7. Gaiatheorie:**
A Erklärt den Unterschied zwischen den oberen und den unteren Luftschichten.
B Erklärt die Schwierigkeiten des Lebens und ihre Lösungen.
C Betrachtet das Leben jedes einzelnen Tieres.
D Betrachtet die gesamte Erde als einen sich selbst erhaltenden Organismus.

**8. Evolution:**
A Plötzliche Umwälzung des Lebens.
B Entwicklung des Lebens durch allmähliche Veränderung und natürliche Auswahl.
C Nicht wieder gutzumachende Missetat.
D Ein Rätsel des Lebens.

**9. Urknall:**
A Beweis, dass Gott nicht der Schöpfer der Welt sein kann.
B Der lauteste Knall, den man sich vorstellen kann.
C Bezeichnung für den vermeintlichen Ursprung des Universums.
D Bezeichnung für den Zusammenstoß von zwei Galaxien.

**10. Lichtjahr:**
A Ein Jahr, in dem es besonders viele Sonnentage gibt.
B Entfernung zwischen Erde und Mond.
C Etwa ein Viertel der Entfernung zwischen unserer Sonne und der nächsten Sonne in der Milchstraße.
D Entfernung zwischen Erde und Sonne.

## Zu S. 166/167 Ein Besucher aus dem All

**Leitfrage:** Wie geht es nun weiter?

*Aus: Christov, A./Lorbeer, D. A.: Vorurteile überdenken mit Hilfe der Mystery-Methode. In: Praxis Schule 5–10, 2/2008.*

**1** Bild 5 bietet eine Überraschung. Erkläre, wie diese zustandekommt.
**2** Schreibe eine Fortsetzung der Geschichte

Zu S. 176/177

## Wie alt ist die Welt – wie kurz ist unser Leben?

**Die Entstehung der Welt:**
**15 Milliarden Jahre zusammengefasst im Kalender eines Jahres**

**Jan**
**Feb**
**Mär**
**Apr**
**Mai**
**Jun**
**Jul**
**Aug**
**Sep**
**Okt**
**Nov**
**Dez**
**Jan**
**Feb**
**Mär**
**Apr**

**Kalender des Universums**

| | |
|---|---|
| 1. Jan 0h00 | Urknall, Entstehung der Elemente, H, He, ... |
| 1. Jan 0h11 | Entkopplung von Strahlung und Materie |
| 19. Jan | Erste Galaxien entstehen, Schwarze Löcher? |
| | Sterne erzeugen die Elemente C, N, O ... |
| 28. Jan | Älteste bekannte Glaxie |
| 27. Mär | Maximum der Sternenentstehung, das Grosse Fressen |
| 9. Sep | Entstehung der Sonne und der Erde |
| 28. Sep | Entstehung des Lebens auf der Erde, Blaualgen |
| 16–19 Dez | Wirbeltierfossilien und Pflanzen |
| 20–24 Dez | Wald, Fische, Reptilien |
| 25. Dez | Säugetiere |
| 28. Dez | Aussterben der Saurier |
| 30. Dez 20h | Entstehung des Menschen |
| -5 min | Neanderthaler |
| -5 sek | Jesus Christus |
| **-0,2 sek** | **Unser Leben** |
| 12. Jan | Erde wird zu heiß zum Leben |
| 25. Mär | Milchstraße wird vom Andromeda-Nebel verschluckt |
| 6. Apr | Sonne bläht sich zum roten Riesen auf |

*Aus: Hasinger, Günther: Das Schicksal des Universums. MPE Garching http://www.mpe.mpg.de/~ghasinger/Allgemein/GDNAe1.pdf*

**1** Versuche (in einer Lerngruppe oder mit dem Tischnachbarn) die fünfzehn Milliarden Jahre auf einen Tag (24 Stunden) zusammenzufassen. Um wie viel Uhr entsteht die Sonne, wann das erste Leben auf der Erde, wann der erste Mensch?

## Zu S. 178/179 Eine Botschaft an andere intelligente Wesen

**Zurück zur Erde?**

*Peter Bergen hat sich entschlossen, nach zehnjährigem Aufenthalt auf dem unbekannten Planeten nicht mit seinem alten väterlichen Freund, Dr. Brookens, zur Erde zurückzukehren. Weil seine Stimmbänder inzwischen verkümmert sind, kann er seine Botschaften nur auf einen Block schreiben.*

„Haben Sie noch einen Wunsch, Peter? Vielleicht können Sie etwas von den technischen Einrichtungen gebrauchen, die wir ersatzweise mitführen. Wir haben Dauerbatterien an Bord, die Sie für Jahre mit Licht versorgen. Soll ich Ihnen ein Funkgerät hierlassen? Vielleicht ist es einmal nötig, uns zu rufen."

Bergen lehnte energisch ab: „Ich muss ohne die Erde auszukommen versuchen", schrieb er. Dann war es soweit. Dr. Macon meldete Brookens, dass das Schiff startbereit sei. Alle scharten sich noch einmal um Bergen. Sie verabschiedeten sich. [...] Er fühlte, jetzt würde er noch einmal vor eine harte Viertelstunde gestellt.

„Peter", begann nun auch Brookens noch einmal, weich, väterlich. Er fasste ihn an den Schultern, als er sprach, redete mit ihm in der Sprache seiner Heimat. „Du", sagte er zu ihm, und Peter merkte, dass dieser Augenblick keine andere Anrede mehr zuließ – „Peter, sieh, das Schiff steht bereit. Wir fahren zurück zur Erde, zu unserer, zu deiner Heimat. Komm mit, ich bitte dich, komm!"

„Es ist zu spät", schrieb er, dann gab er den Block zurück. Seine Augen aber und sein Herz redeten weiter: „Geh, Dr. Brookens, geh! Warum quälst du mich so? Warum lässt du mich diese bittere Stunde bis zum Ende auskosten?"

Er geleitete Brookens an die Bordtreppe. Der stieg hinauf und suchte ihn mit sich zu ziehen. Sanft entwand sich Bergen seinen Händen. Die Treppe wurde eingezogen. Langsam, langsam, Zoll um Zoll schloss sich die stählerne Tür. Aus dem letzten, offenen Spalt sah er noch den alten, müden Mann winken, sah ihn die Hände nach ihm ausstrecken. Bergen schüttelte den Kopf – kaum merklich.

Die Türe, das Tor zur Erde, hatte sich geschlossen. Da zerriss ein harter Ton aus einem Lautsprecher die Stille: „Herr Bergen, bitte den Startplatz frei machen."

Wie ein Richterspruch trafen ihn diese kühlen, scharf akzentuiert gesprochenen Worte. Auf sein Geheiß flohen die umstehenden Menschen auf einen weiten Umkreis vor dem fliegenden Stein. Die im Schiff beobachteten es, sahen, wie nun auch Bergen selbst sich langsam vom Schiff entfernte.

„Achtung, Start! – Leben Sie wohl, Bergen!" Ein singendes Zischen erfüllte die Luft. Langsam hob sich der stählerne Koloss, zehn Meter, zwanzig Meter. Dann ein kurzer, peitschender Knall – abgesprengte Felsstücke wurden durch die Luft geschleudert, ein Feuerstoß jagte über das Plateau – – – ein Stern schoss in das Weltall und zog einen langen, glühenden Schweif hinter sich her.

Lange stand Bergen mit müden, hängenden Armen, den Blick zum Himmel gerichtet, wo ein glitzernder Punkt immer kleiner und kleiner wurde, immer kleiner und kleiner, bis er im Flimmern der heißen Luft verschwand. Da spürte er, dass jemand seine Hand fasste. Er wandte sich um. Das Mädchen stand neben ihm und sah ihn an – und Bergen lächelte.

Dann gingen sie schweigend, Hand in Hand durch den leuchtenden Tag zur Schwarzen, sonnenerfüllten Schlucht zurück, zu seiner Hütte. Dort aber trennten sie sich nicht mehr.

*Aus: Kolnberger, Anton: Auf unbekanntem Stern. Düsseldorf: Hoch 1954. S. 253f.*

**1** Warum empfindet Peter Bergen die Bitte Dr. Brookens als Qual?

**2** Peter Bergen schaut dem Raumschiff noch lange nach. Was mag ihm dabei durch den Kopf gegangen sein? Schreibe ein Selbstgespräch auf.

**3** Wie deutest du das Lächeln Peter Bergens am Schluss des Romans?

## Zu S. 182–184 Woher kommt das Leben?

### Der Schwarm

*Im Frank Schätzings Science-Fiction-Roman ist die Menschheit von unheimlichen in den Tiefen der Ozeane lebenden Wesen bedroht, die sich für die Verschmutzung und die rücksichtslose Ausbeutung der Meere rächen. Die Yrr, wie sie hier genannt werden, bestehen aus Abermilliarden Einzellern, die sich wie die Schleimpilze oder die Bakterien in M 31 zu riesigen Organismen vereinen können, die den Menschen überlegen sind. Die Forscher Vanderbilt, Li, Johanson, Anawak und Weaver versuchen zu verstehen, worin die Überlegenheit besteht:*

„Gestern Nacht haben wir den letzten Stein im Puzzle gefunden. Die Yrr verfügen über eine hypermutierende DAN [eine Erbinformation in den Zellen, die sich in besonderer Weise verändern kann]. Nehmen wir an, zu Beginn des Jura, vor gut 200 Millionen Jahren, hat ihre Bewusstwerdung eingesetzt. Seitdem lernen sie ständig dazu. – [...] Die Yrr sind uns überlegen."

„Weil sich ihr Wissen in der DNA [die Erbinformation in jeder Zelle] ablagert?", fragte Li.

„Ja. Das ist der wesentliche Unterschied zum Menschen." [...]

„Darum kommen die Yrr in ihrem Lebensraum wahrscheinlich besser zurecht als wir in unserem", sagte Johanson. „Bei ihnen ist jede geistige Leistung kollektiv [in der Gemeinschaft] und in den Genen verankert. Sie leben in allen Zeiten zu gleich. Menschen hingegen verkennen das Vergangene und ignorieren das Kommende. Unsere gesamte Existenz ist fixiert auf den Einzelnen und dessen Hier und Jetzt. Höhere Einsicht opfern wir persönlichen Zielen. Wir können uns nicht über den Tod hinaus erhalten, also verewigen wir uns in Manifesten, Büchern und Opern. Wir versuchen, uns der Geschichte einzuschreiben, hinterlassen Aufzeichnungen, werden weitererzählt, missverstanden, verfälscht, treten ideologische Lawinen los, lange nachdem wir tot sind. Wir sind derart versessen darauf, uns selber zu überdauern, dass unsere geistigen Ziele selten mit dem übereinstimmen, was der Menschheit als Ziel dienlich wäre. [...] Wir wollen kein Tier sein. Einerseits ist der Körper unser Tempel, andererseits schätzen wir ihn als bloße Funktionseinheit gering. Also haben wir uns angewöhnt, den Geist über den Körper zu stellen, und die Sachzwänge unseres Überlebens betrachten wir mit Abscheu und Selbstverachtung."

„Und bei den Yrr existiert diese Trennung nicht", sinnierte Li. [...] „Der Körper ist der Geist, der Geist ist der Körper. Kein einzelnes Yrr wird je etwas tun, das den Interessen der Allgemeinheit zuwiderläuft. Überleben ist ein Interesse der Spezies, nicht des Individuums, und Handeln immer der Beschluss aller. Grandios! Kein Yrr wird je einen Orden für eine gute Idee bekommen. Die Mitwirkung am Resultat dient der Befriedigung. Mehr Anspruch auf Ruhm hat kein Yrr. [...]"

„Nun, ich denke, ihrer Logik, uns vernichten zu wollen, können wir nicht mit unserer Logik begegnen, überleben zu wollen. Unsere einzige Chance liegt darin, ihnen zu signalisieren, dass wir ihre Vorherrschaft anerkennen ..."

„Die Vorherrschaft von Einzellern?"

„Und sie davon zu überzeugen, dass wir nicht mehr gefährlich für sie sind."

„Aber das sind wir", sagte Weaver.

„Stimmt", sagte Johanson. „Gerede nützt nichts. Wir müssen ihnen ein Zeichen geben, dass wir uns aus ihrer Welt zurückziehen. Wir müssen aufhören, das Meer mit Gift und Lärm zu verschmutzen, und zwar schnell. So schnell, dass sie vielleicht auf den Gedanken kommen, auch mit uns leben zu können."

*Aus: Schätzing, Frank: Der Schwarm. Köln: Kiepenheuer & Witsch ³2004. S. 864ff.*

**1** Worin bestehen die Unterschiede zwischen Menschen und Yrr?

**2** Können die Yrr für die Menschen ein Vorbild abgeben?

## Zu S. 182–184 Woher kommt das Leben?

**Die Gaia-Theorie von James Lovelock**

Die Ordnung unseres Körper wird ständig durch äußere Einflüsse wie z. B. Temperaturschwankungen, Viren, Verletzungen, oder innere Einflüsse wie Angst, Zorn oder Stress bedroht und durcheinandergebracht. Zur Kompensation [Ausgleich] dieser Störungen ist eine permanente Kooperation [dauerndes Zusammenwirken] der Bestandteile unseres Körpers notwendig, um den Sauerstoff-, Säure- oder Salzgehalt des Blutes und der Zellen zu korrigieren. Auch die Temperatur des Körpers wird permanent durch Schwitzen (Kühlung) oder Energieverbrennung (Erwärmung) konstant gehalten. Der Körper verfügt über unzählige solcher Selbststeuerungsmechanismen. Ebenso ist es mit unserer Erde. Auch sie hat sehr empfindliche Ausbalancierungsmechanismen und reguliert selbst die chemische und organische Zusammensetzung der Atmosphäre, der Meere und der Böden. Beim menschlichen Körper erfolgt die Selbstregulation zum Beispiel über rote und weiße Blutkörperchen, Zellen oder Bakterien, also Einheiten, die man durchaus als „eigenständige“ Lebewesen mit eigenen Absichten definieren kann. Unser Körper ist also ein Lebewesen, dass wiederum aus kleineren Lebewesen besteht, die sehr wichtig für das Funktionieren des Ganzen sind. Genauso verhält es sich nach Lovelock mit der Erde. In Bezug auf unseren Planeten sind Menschen, Tiere und Pflanzen die Mikroorganismen, die das Ganze im Gleichgewicht halten. Nehmen wir als Beispiel die Atmosphäre der Erde. Sie besteht zu 21 % aus Sauerstoff. Die restlichen 79 % sind fast nur Stickstoff, auch wenn die anderen Gase wie Kohlendioxyd mit 0,03 % oder Methan und Edelgase, die nur in Spuren vorkommen, in ihrer Bedeutung nicht zu unterschätzen sind. Wussten Sie, dass jedes Molekül dieser Atmosphäre, unserer Atemluft erst kürzlich in den Zellen anderer Lebewesen entstanden ist. Oder anders gesagt: was wir Menschen einatmen, haben andere Lebewesen, vor allem Pflanzen und Mikroorganismen erst kürzlich ausgeatmet – und was wir ausatmen, ist wiederum Basis für den Lebensprozess anderer Lebewesen. [...] Wie gut die Selbststeuerungsmechanismen der lebenden Erde funktionieren, sieht man an einem Vergleich mit der „toten“ Erde. Wäre unser Heimatplanet ohne Leben, so bestünde unsere Atmosphäre aus 98 % Kohlendioxyd, 3,5 % Stickstoff, Sauerstoff und andere Gase wären nur in Spuren vorhanden. Die Oberflächentemperatur der Erde läge im Schnitte bei 240–340 ° C (!), der Luftdruck bei 60 Atmosphären (anstatt einer!). Die durch die Gaia-Theorie dargelegte Fähigkeit der Erde, ein inneres Gleichgewicht bei variierenden [veränderlichen] äußeren und inneren Umständen aufrechtzuerhalten, erlaubt es heute durchaus, die Erde als Organismus, als Lebewesen zu betrachten. [...] Ganz sicher brauchen wir heute wieder ein tiefes Verständnis der Natur. Es ist notwendig das komplexe [vielfältige] Beziehungsgeflecht der Natur zu erkennen, bevor wir als Menschen eingreifen. Mehr noch als unseren Verstand brauchen wir aber die Liebe zur Natur, zur Mutter Erde. Denn was wir lieben, das respektieren wir auch, das bemühen wir uns zu verstehen. Die Natur ist mehr als eine beliebig ausbeutbare Ressource [Rohstoffquelle] für den Menschen. Die verschiedenen Lebewesen, ob Tiere oder Pflanzen haben ihr Recht auf Leben, ob sie für uns nützlich sind oder nicht. Diese „Menschenrechte“ aller Lebewesen gilt es heute zu verstehen und zu empfinden. Der Mensch ist nicht der Herr der Natur, er ist ein Teil der Natur. Mensch und Natur werden ein gemeinsames Schicksal teilen, im Guten wie im Schlechten. Sorgen wir dafür, dass es ein Gutes wird.

*Aus: Holzinger, Heribert: Gaia – hat die Erde eine Seele? In: Abenteuer Philosophie, 92/2007.*

**1** Worin sieht Lovelock die Ähnlichkeit zwischen Mensch und Erde?

**2** Kann man die Erde wie ein Tier oder eine Pflanze als Organismus ansehen? Was spricht dafür? Was spricht dagegen? Veranstaltet eine Podiumsdiskussion in der Klasse.

**3** Welche Konsequenzen müsste es für uns haben, wenn die Erde ein Organismus ist?

# Schöpfungserzählungen und Feiertage der Religionen

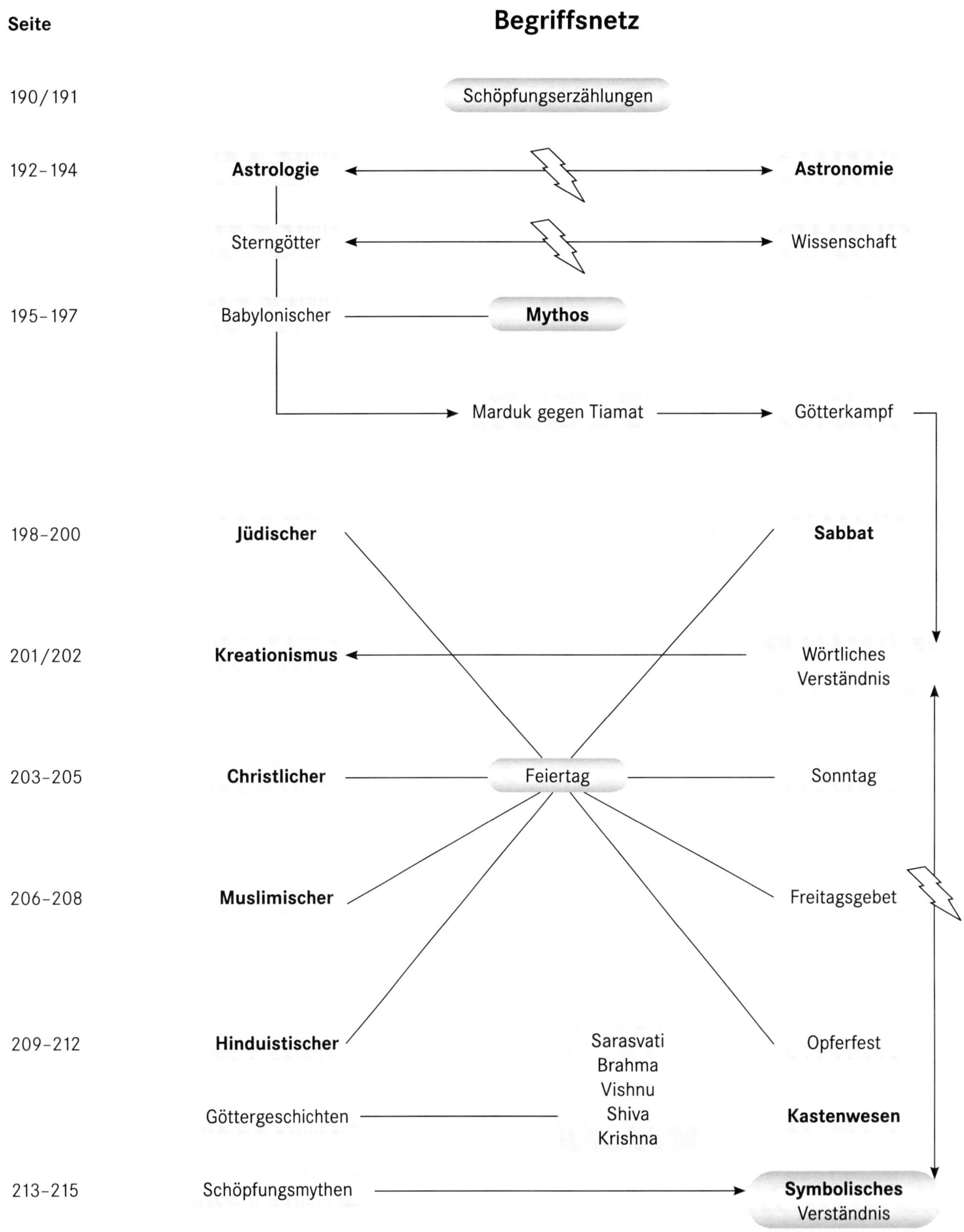

## Verlaufsskizze zu den wichtigsten Fragestellungen und Thesen des Kapitels

**S. 190/191 Schöpfungserzählungen und Feiertage der Religionen**
Gott sprach: „Es werde Licht." ... und ... es ward Licht.

**S. 192–194 Im Bann der Sterne – Astrologie**
In alten Zeiten glaubten die Menschen an die Vorhersagen und Ratschläge der Astrologie. Himmelskörper galten als Wohnsitz oder Zeichen der Götter, die in direkter Beziehung zu Ereignissen auf der Erde standen. Von den riesigen Entfernungen zwischen der Erde und den Planeten und Fixsternen hatte man keinerlei Vorstellung.

**S. 195–197 Marduk – Herr über Himmel und Erde in Babylon**
„Du, König Nebukadnezar, bist der fleischgewordene Gott Marduk! Die Götter haben dich gewählt. Sie geben dir die Schlüssel zu ihrem Königreich."

**S. 198–200 Der jüdische Sabbat und die Schöpfungserzählung im ersten Kapitel der Bibel**
Jahwe ist auch dort in der Fremde, ohne Tempel und Opfer gegenwärtig! So entsteht als neuer Gottesdienst die Sabbatfeier. Die Reformer im Exil verbinden das Fest mit dem Brauch, Tagelöhnern und Arbeitstieren alle sieben Tage eine Pause zu gewähren.

**S. 201/202 Kreationismus – der Glaube an die Erschaffung der Welt in sieben Tagen**
Moderne Theologen vertreten die Ansicht, dass die sieben Tage in der ersten Schöpfungserzählung nicht wörtlich, sondern symbolisch [übertragen] zu verstehen seien. Es geht nicht um die Entstehungsgeschichte der Erde, sondern um die Bedeutung des Sabbats als Tag Gottes.

**S. 203–205 Der christliche Sonntag**
So wie Jesus, seine Jünger und die Apostel als Juden den Sabbat hielten, so hielt die sich erst langsam von der jüdischen Gemeinde trennende christliche Gemeinde selbstverständlich den Sabbat und den sich allmählich entwickelnden Sonntag. Dieser war durch das Lob des Leben schaffenden Gottes und durch Erinnerung der in Jesu Auferstehung sich erneuernden Schöpfung bestimmt.

**S. 206–208 Das muslimische Freitagsgebet**
Der Koran betont, dass Allah in seiner unerschöpflichen Schaffenskraft nicht am siebten Tag geruht hat, wie es die erste Schöpfungserzählung der Bibel berichtet, um die Bedeutung des Sabbats zu erklären. Muslime feiern deshalb nicht den Sabbat oder den Sonntag, sondern den Freitag.

**S. 209–211 Hinduistische Opferfeste und Schöpfungsvorstellungen**
Der Leib vergeht, aber die Seele und auch Sarasvati leben weiter und werden wieder erstehen – bald, im nächsten Jahr. Dazwischen liegen aber noch viele andere Feste, Feste mit den Gottheiten, denen man sein Leben verdankt.

**S. 213–215 Schöpfungsmythen – wie weit darf man, wie weit sollte man ihnen glauben?**
Wir brauchen Mythen, um Antworten auf die Fragen zu erhalten: Wer bin ich? Wie soll ich mich in der Welt einordnen? Wie soll ich mein Leben gestalten?

# Kommentare zu den Materialien und Arbeitsanregungen

## S. 190/191 Schöpfungserzählungen und Feiertage der Religionen

Die Eingangsseiten des Kapitels sollen die SuS mit dem Thema vertraut machen. Mit der Bilderauswahl können sie sich ihre Anfangsvorstellungen zum Thema Schöpfung bewusstmachen. Gleichzeitig werden sie erfahren, dass einige SuS ganz andere Vorstellungen mit dem Stichwort Schöpfung verbinden.

S. 190 konfrontiert zwei sehr unterschiedliche Darstellungen zur Erschaffung des Lichts durch einen Schöpfergott. Auf der ersten von Gustave Doré (1833–1883) erscheint Gott zwischen dunklen Wolken und gebietet mit weit ausladender, machtvoller Geste, dem hinter ihm auftauchenden Licht zu erscheinen. Auf der zweiten des Zeichners Jean Effel (1908–1982) versucht ein alter Mann in einer Art Nachthemd ein Feuerzeug anzuzünden. Dieses leuchtet erst auf, als er es nach vergeblichen Versuchen hinter sich auf den Boden wirft. Jüngere SuS haben Mühe, in der zweiten Darstellung überhaupt eine Abbildung Gottes zu erkennen, wie ja Karikaturen allgemein ein Insiderwissen und einen ironischen Umgang mit Traditionen voraussetzen, der bei SuS noch selten gegeben ist. Indem man sie aber auf die Unterschrift hinweist, werden sie den Zusammenhang erkennen. Damit ist die Spannbreite angedeutet, mit der die Schöpfungserzählungen in diesem Kapitel vermittelt werden sollen. Die SuS sollen die Schöpfungserzählungen verschiedener Religionen in ihrer Funktion kennenlernen, den religiösen Feiertagen eine mythische Begründung und Grundlage zu geben, und gleichzeitig lernen, nach ihrem Anspruch und ihrer Bedeutung zu fragen. Es geht weder darum, sie ungebrochen wörtlich zu nehmen, noch darum, sich über sie lustig zu machen und zu zerstören. Anzustreben ist vielmehr ein aufgeklärter Umgang mit den Mythen, der einerseits ihre Unzulänglichkeit beim Versuch, das Unbedingte auszudrücken, aber andererseits auch ihren unverzichtbaren Wert, symbolische Sinnzusammenhänge darzustellen, gleichermaßen im Blick hat.

In ähnlicher Weise stellen die Bilder S. 191 oben zwei sehr unterschiedliche Schöpfungsvorstellungen dar. Das Schöpfungsbild von Lucas Cranach aus der ersten vollständigen Lutherbibel von 1534 sollten die SuS erst einmal genau beschreiben, bevor sie Vermutungen und Meinungen zum Inhalt äußern. In der Mitte sieht man die Erdscheibe mit einer paradiesischen Landschaft, in der zwei Menschen anscheinend in Harmonie mit der Natur leben. Die SuS werden mit Recht vermuten, dass es sich um Adam und Eva handelt. Ähnlich wie auf der Abbildung auf SB S. 168 kreist die Sonne mit den Gestirnen um die Erde. Darüber sieht man einen im Vergleich mit der Erde und der Sonne riesigen bärtigen Mann im mehrfachen Strahlenkranz, der schützend seine Hände über die Welt hält. Sie werden darin mit Recht eine Darstellung Gottes vermuten. Die muslimischen SuS werden wahrscheinlich den Einwand erheben, dass man Gott nicht darstellen darf. Tatsächlich wird das Bilderverbot, das im ersten der Zehn Gebote formuliert ist, im Islam besonders streng befolgt. Im 8. und 9. Jahrhundert hat auch die christliche Kirche eine strenge Befolgung des Bilderverbots verlangt, aber nicht durchgesetzt. Der Umgang mit Bildern war in der Reformation heftig umstritten. Zunächst stellte sich bei der Aneignung katholischer Gotteshäuser durch die Protestanten die Frage, ob man nur Heiligenfiguren und -darstellungen entfernen oder die Kirchen völlig ausräumen solle. Während Zwingli und Calvin sämtliche bildlichen Darstellungen verwarfen, ließen Martin Luther und seine Anhänger besonders nach ihrer Erfahrung mit den Verheerungen und Exzessen der Bilderstürmer solche Bilder zu, die mit den reformatorischen Glaubensinhalten konform gingen.

Der Junge auf dem rechten Bild knüpft mit seiner Frage an die letzte Lerneinheit des vorigen Kapitels an: Die Entstehung der Welt – Zufall oder Bestimmung? Die Antwort des Vaters verrät jedoch, dass es ihm gar nicht in den Sinn kommt, die Entstehung des Schmetterlings mit einem Schöpfer zu verbinden. Er hat nur die Technik als menschliches Schöpferhandeln im Blick.

Die hinduistische Darstellung von der Quirlung des Milchmeers werden nur die wenigsten SuS auf Anhieb mit Schöpfungserzählungen in Verbindung bringen. Aber sie werden auf jeden Fall daran erinnert, dass es in anderen Kulturkreisen offensichtlich noch ganz andere Vorstellungen gibt. Zur genauen Erklärung der Einzelheiten des Bildes muss man den Text über die Quirlung des Milchmeers aus den **Zusatzmaterialien LB S. 148** zu Hilfe nehmen.

Das Titelbild des Jugendbuches „Astrogirls" passt nicht direkt zu den Schöpfungsvorstellungen. Das Buch von Anita van Saan, das als lockerer Rahmen für das folgende Kapitel dient, knüpft jedoch an Vorstellungen an, die alle SuS in diesem Alter kennen, nämlich die Horoskope. Nur die wenigsten werden sich allerdings der mythischen Wurzeln der Astrologie bewusst sein. Indem sie die babylonischen Ursprünge der Astrologie kennenlernen, erhalten sie die Grundlage, um den Zusammenhang zu verstehen, in dem die Schöpfungsvorstellungen und die damit verbundenen religiösen Feste der Babylonier, der Juden, der Christen und der Muslime stehen. So lässt sich vermeiden, dass sie die Schöpfungsvorstellungen und religiösen Feste der verschiedenen Religionen in einer Art Sightseeing-Didaktik nur als unzusammenhängendes Potpourri kennenlernen.

## S. 192–194 Im Bann der Sterne – Astrologie

M 1 — In **M 1** sprechen Nora und Lily über Lennas Begeisterung für Astrologie. Solche Klatsch- und Tratschgespräche werden den SuS und vor allem den Schülerinnen bekannt vorkommen. Sie werden also keine Schwierigkeiten haben, einen Zugang zu dem Thema zu finden.

AA 1, AA 2 — ? — Die drei Mädchen vertreten unterschiedliche Positionen zur Astrologie. (**AA 1**) Lenna ist davon überzeugt, Nora findet das „gaga“, und Lily schwankt noch dazwischen. Die SuS können sich fragen, welcher Position sie sich anschließen würden. (**AA 2**)

M 2 — Als Hilfe, um die eigene Position zu finden, können die SuS den Test **M 2** durchführen. L kann ihnen erst einmal nur eine Kopie des Tests ohne die Auflösung der Kürzel MY, MA und MO geben. Nach der Auflösung können sie die drei Mädchen aus **M 1** den Kürzeln zuordnen: Lenna kann man als MY, Nora als MO und Lily als MA bezeichnen. Anschließend können die SuS feststellen, wie die Anteile in der Klasse verteilt sind. Man kann auch mit den SuS darüber sprechen, ob die Bezeichnungen für die drei Positionen in dem Test, der ursprünglich aus einer Fanzeitschrift für die RTL-Sendung „Gute Zeiten – schlechte Zeiten“ stammt, gut gewählt sind. Schließlich kann man noch weitere Testfragen entwerfen lassen.

AA 3 — M 3 — Viele SuS unterhalten sich gern über „ihre“ Sternzeichen, ohne zu wissen, wie die Bezeichnungen zustande gekommen sind. **M 3** enthält die dazu nötigen Informationen. Die SuS haben im vorigen Kapitel gelernt, dass sich die Erde (der dunkle Punkt in **M 3**) im Laufe eines Jahres um die Sonne dreht. Also steht die Sonne von der Erde aus gesehen knapp über dem Horizont in jedem Monat vor einem anderen der zwölf Sternzeichen. Dabei sind die Grenzen zwischen den Sternzeichen mit den Monatsenden nicht identisch, sondern um etwa zehn Tage verschoben. Aufgrund der Präzession der Erdachse verschieben sich die Sternbilder langsam gegeneinander, so dass die Sonne heute gegenüber der ursprünglichen Benennung vor etwa viertausend Jahren im jeweils zu einem einem Tierkreiszeichen vorhergehenden Sternbild steht, z. B. während der Zeit des Tierkreiszeichens Jungfrau im Sternbild Löwe. Auf der Abbildung steht die Sonne zwischen Stier und Zwillingen, eine Konstellation, die um den 20. Mai gegeben ist. Zur Bedeutung der einzelnen Tierkreiszeichen vgl. http://de.wikipedia.org/wiki/Tierkreiszeichen.

! — Im Infokasten finden die SuS alle bis dahin wichtigen Informationen über den Unterschied von Astrologie und Astronomie zum Lernen und Wiederholen.

AA 4 — Indem die SuS das in **AA 4** beschriebene Experiment durchführen, können sie die Aussagekraft der Horoskope selbst beurteilen. Sie können auch die Behauptung von Nora nachprüfen und Horoskope aus unterschiedlichen Zeitschriften miteinander vergleichen. (**M 1**, Z. 10) Vielleicht finden sie Horoskope zum gleichen Sternzeichen, die sich widersprechen. In jedem Falle werden sie feststellen, dass diese so schwammig formuliert sind, dass jeder sich darin wiederfinden kann.

*Nachdem die SuS eine genauere Vorstellung von der fragwürdigen Bedeutung der Astrologie bekommen haben, lernen sie in einem zweiten Lernprozess den Ursprung der Astrologie in Babylon kennen.*

AA 5 — M 4 — Als Hinführung zu der Beschäftigung mit dem Ursprung der Astrologie in Babylon kann L die Geschichte vom Turmbau zu Babel erzählen oder vorlesen (Gen 11). Dabei geht es in diesem Zusammenhang nicht um die Hybris der Menschen oder die Erklärung der Vielsprachigkeit, sondern lediglich um den Eindruck, den die großen Tempeltürme auf die Bewohner der Wüsten gemacht haben. Dazu genügt es auch, wenn die SuS sich gemäß **AA 5** mit Hilfe von **M 4** in die Situation eines Kaufmanns versetzen, der zum ersten Mal in Babylon war und in seinem Dorf von dem antiken Manhattan am Euphrat erzählt.

AA 6 [?] Die Frage, wozu die im Wüstensand ausgegrabenen Türme (vgl http://www.bryceforum.de/projekt6.htm) einmal gedient haben, ist gleichzeitig eine Frage nach dem Ursprung der Astrologie.

Aus der Andeutung im Info-Text SB S. 193 könnten einige SuS vermuten, dass die Türme etwas mit der Sternbeobachtung zu tun gehabt haben könnten. Vielleicht haben aber auch einige SuS etwas von den Pyramiden der Mayas und Azteken gehört, auf denen die Priester Opfer, auch Menschenopfer, dargebracht haben. Auch das geht in die richtige Richtung.

M 5 — In **M 5** erfahren die SuS, dass die Tempeltürme in Babylon als Wohnungen der Planeten gedacht waren. Die Planeten wurden als Götter verehrt, und die Priester beobachteten sie von den Türmen aus, um von ihnen Zeichen und Weisungen für das Leben der Menschen zu erhalten. Zu genaueren Informationen vgl. **Zusatzmaterial LB S. 149**.

AA 8 M 6 [!] Zur Festigung der wichtigsten Tatsache für die Beurteilung der Glaubwürdigkeit der Astrologie heute kann man **AA 8** vorziehen. Die Antwort findet sich in **M 6** (Z. 9–16).

AA 7 M 6 An Eysencks und Nias' Beurteilung der Glaubwürdigkeit der Astrologie kann sich eine Diskussion um die Frage anschließen, ob es einen Einfluss der Sterne auf das Leben auf der Erde geben kann. Beide Wissenschaftler schließen dies nicht aus. Sie haben dabei besonders die Sonnenflecken im Blick. Sonnenflecken sind dunkle Stellen auf der sichtbaren Sonnenoberfläche (Photosphäre), die kühler sind und daher weniger sichtbares Licht abstrahlen als der Rest der Oberfläche. Sie tauchen immer wieder im Abstand von durchschnittlich elf Jahren auf.

## S. 195–197 Marduk – Herr über Himmel und Erde in Babylon

AA 1, AA 2 M 7 — Der Babylonische Schöpfungsmythos ist wie alle Mythen so interessant und faszinierend, dass er eigentlich keiner Motivation der SuS bedarf. Er ist jedoch lang und komplex, dass besonders jüngere SuS eine Hilfe brauchen, um die Schlüsselszene zu finden. Deshalb ist es zweckmäßig, mit einer Interpretation des assyrischen Flachreliefs (SB S. 195) zu beginnen. Die SuS können einen bärtigen Krieger erkennen, der mit Pfeilen und Wurfspießen ein löwenartiges Untier verfolgt, das sich zornig nach ihm umdreht. Beide sind mit großen Flügeln ausgestattet und erscheinen dadurch schon als übernatürliche Wesen.

Der Babylonische Schöpfungsmythos, den **M 7** in einer gut verständlichen Nacherzählung darbietet, ist ursprünglich auf sieben Tontafeln in Keilschrift überliefert und heißt nach seinem Anfang „Enuma Elisch". (Vollständiger Text unter http://www.dioezese-linz.at/kirchenzeitung/enuma_elish.pdf, Informationen unter http://www.joerg-sieger.de/einleit/allgem/04meth/all50.htm)

Nachdem die SuS ihre Spontaneindrücke ausgetauscht haben (**AA 1**), sollten sie sich in Gruppen oder in Partnerarbeit einen inhaltlichen Überblick verschaffen, indem sie sechs Erzählschritte festhalten. Beispiel:

1. Nur Salz- und Süßwasser in der Urzeit;
2. Kampf um die Herrschaft zwischen Ea und Tiamat;
3. Marduk, Eas Sohn, tötet Tiamat;
4. Marduk schafft aus Tiamats Körper den Himmel und die Erde;
5. Marduk teilt den Göttern und den Sternen ihren Platz zu;
6. Marduk schafft die Menschen als Diener der Götter.

Mit **AA 2** stellen die SuS die besonderen Merkmale des Mythos heraus. Die Geschichte enthält viele unwahrscheinliche Begebenheiten und übernatürliche Wesen mit ungeheuren Fähigkeiten, die man in einem Zeitungsbericht nicht finden wird, z. B. Bestien mit Gift statt Blut, ein Untier, aus dessen Leib man den ganzen Himmel und die ganze Erde machen kann, die Erschaffung der Menschen aus Blut und Knochen, usw.

AA 3 [?] Die zentrale Fragestellung zielt auf die herrschaftsstabilisierende Funktion des Mythos in Babylon.

AA 4 — Weil die SuS sicher nicht von selbst darauf kommen werden, sollten sie als Hilfe zur intuitiven Problemlösung erst einmal Gelegenheit haben, den Mythos zu inszenieren. Da die Mythen ursprünglich nicht nur rezitiert, sondern auch vorgespielt wurden, können sich die SuS durch die

Inszenierung ansatzweise in die Situation der damaligen Zuschauer versetzen. Auf dem OHP erhalten grob gestaltete Figuren ein eindrucksvolles Format. Durch die Entscheidung, welche Szene sie gestalten wollen, müssen sich die SuS noch einmal intensiv mit dem Mythos beschäftigen.

AA 5, AA 6 | M 8 | Y

Der Ausschnitt aus dem dreibändigen historischen Babylonroman von Frederick Pelser bietet die seltene Chance, die mutmaßliche Ursprungsituation eines Mythos mit den SuS besprechen zu können. Bevor die SuS den längeren Text lesen, können sie sich der Situation annähern, indem sie das Bild von der Prozession in Babylon in den Einzelheiten beschreiben. Dabei erkennen sie auf dem Ischtartor Abbildungen von Drachen und Ungeheuern, die sie bereits aus dem Mardukmythos kennen. Im Vordergrund ziehen Sklaven einen Wagen mit Würdenträgern. Dahinter folgt eine zweispännige Kutsche mit dem Herrscher, bewacht von bewaffneten Soldaten. Auf seinem Gewand sieht man die Abbildung der Sonne.
Bevor die SuS **AA 5** und **AA 6** bearbeiten, werden ihnen folgende Hilfsfragen zum Verständnis des Textes hilfreich sein: Was trägt der Priester vom Podium vor (Z. 30 ff.)? Warum schreien und kreischen die Menschen in „gespielter Angst" beim Angriff der maskierten Männer in Schwarz (Z. 62)?

AA 7 | !

In dem Infotex SB S. 197 finden die SuS eine zusammenfassende Definition, die sie sich einprägen sollten, da sie sie zum Umgang mit religiösen Traditionen immer wieder heranziehen können.
**AA 7** dient noch einmal zur Kontrolle. Die SuS sollten gelernt haben, dass im Mythos die Stellung Marduks zu den anderen Götter genau dem entspricht, wie Nebukadnezar sich seine Stellung gegenüber den Adeligen und Würdenträgern des eigenen Landes und der unerworfenen Länder wünscht. Er hat also in erster Linie ein Interesse daran (vgl. **AA 3**), dass das Mardukfest von den Priestern in der hier beschriebenen Form immer wieder gefeiert wird.

⇔

Wenn die SuS Merkmale und Funktion des Mythos verstanden haben, können sie hier Beispiele aus anderen Mythentraditionen, z. B. denen der Griechen, zu Hause recherchieren und im Unterricht vortragen.

## S. 198–200 Der jüdische Sabbat und die Schöpfungserzählung im ersten Kapitel der Bibel

M 9 | ⇩

Der Ausschnitt aus dem Jugendbuch „Hallo Sarah! Hier ist Salah" knüpft an das schon bekannte Thema Horoskope an, wendet sich aber dann bald dem jüdischen Sabbat zu. Die SuS erfahren einige Einzelheiten aus dem Tagesablauf einer jüdischen Familie am Sabbat Sie können sich in die Lage des muslimischen Jungen Salah versetzen und wollen wie er mehr über den Sabbat erfahren.

AA 1 | ?

Daraus ergibt sich die Frage, warum der Sabbat in jüdischen Familien eine so große Bedeutung hat.

AA 2 | Λ

Im Internet werden die SuS viele Informationen über jüdische Feste finden, z. B. unter http://www.talmud.de/juedlebfra.htm http://www.juedischesmuseum.de/judengasse/dhtml/T010.htm oder mit einer animierenden interaktiven Map unter http://www.hagalil.com/judentum/images/feiertage.gif. Sie können dazu Fragen formulieren, die L zu einem Fragebogen für ein Stationenlernen im Internet zusammenstellen kann.

AA 3–AA 6 | M 10–M 12 | Y

**M 10** führt in die Ursprungssituation, aus der die Bedeutung des Sabbats verständlich wird. Damit die SuS sich noch mehr in die Situation der Gefangenen Juden versetzten können, sollten sie **M 11** nachstellen. (**AA 3**) In **M 10** heißt es Z. 47: „Anstelle des heiligen Ortes tritt eine heilige Zeit." Die Juden finden in der Feier des Sabbats alles wieder, was sie verloren haben. (**AA 4**) Die Befreiung von der Arbeit an jedem siebten Tag ist weltgeschichtlich revolutionär und ein symbolträchtiger Anlass zur Freude.
Der (immer wieder so genannte) Schöpfungsbericht in 1. Mose 1 ist eigentlich kein Bericht, sondern ein Hymnus oder Lehrgedicht; daher die Überschrift von **M 12**.
Die Zuordnung der Bilder SB S. 200 dient zur Sicherung des Textverständnisses. (**AA 5**) Das erste Bild stellt den zweiten Tag mit der Trennung des Wassers oberhalb des Gewölbes von dem Wasser unterhalb des Gewölbes dar. Das zweite Bild stellt den sechsten Tag mit der Erschaffung

des Menschen dar. Das dritte Bild zeigt den ersten Tag mit der Erschaffung des Lichts, das hier in Form von Engeln dargestellt wird. Das vierte Bild zeigt, wie Gott am siebten Tag ruht. Das fünfte Bild zeigt den dritten Tag, an dem Gott die Pflanzen erschafft. Das sechste Bild stellt den vierten Tag dar, an dem Gott die Lichter an das Himmelsgewölbe setzt. Das siebte Bild zeigt den fünften Tag, an dem Gott die Seetiere und die Vögel schafft.
(**AA 6**): Im Unterschied zum Mardukmythos sind die Gestirne, die am vierten Tag geschaffen werden, keine Götter, sondern einfache Lichter. Der Mensch wird nicht als Diener, sondern als Abbild Gottes geschaffen. Zum siebten Tag als der gesegneten Zeit gibt es im Mardukmythos keine Parallele.

AA 7, AA 8 [!]

Die SuS werden, wenn sie sich an **M 10** erinnern, den Festgesang über die Schöpfung dem Sabbat zuordnen. (**AA 7**) Ihnen sollte damit klar geworden sein, dass die sieben Tage der Schöpfung eine symbolische Bedeutung haben und nicht wörtlich genommen werden dürfen. Für die Priester in der babylonischen Gefangenschaft wie für den jüdischen Glauben in späterer Zeit ist nicht der Mensch, sondern der Sabbat die Krone der Schöpfung. (**AA 8**)

[⇔]

Man kann nun die Frage stellen, was es bedeutet, wenn Jesus verkündet: Der Sabbat ist um des Menschen willen gemacht und nicht der Mensch um des Sabbats willen. (Mk 2,27) Indem Jesus die Reihenfolge umkehrt, zieht er sich die Feindschaft der jüdischen Schriftgelehrten zu.

## S. 201/202 Kreationismus – der Glaube an die Erschaffung der Welt in sieben Tagen

M 13 [⇩]

Während in der Romanvorlage von Conan Doyle von 1912 noch ein Indianerhäuptling versucht, die Expedition zu dem entlegenen Hochplateau in Südamerika zu verhindern, auf dem es noch Saurier geben soll, tritt in der BBC-Verfilmung von 2000 (Regie: Stuart Orme) ein fundamentalistischer Prediger (Peter Falk) an dessen Stelle. Die Handlung des Romans im Überblick unter http://de.wikipedia.org/wiki/Die_vergessene_Welt

AA 1 [?]

Indem die SuS das Streitgespräch in Dreiergruppen nachspielen, vergewissern sie sich des Textinhalts und lernen Grundpositionen im Streit um den Kreationismus kennen. In dem Streitgespräch geht es um die Frage, ob man mit der Bibel das Alter der Erde berechnen könne. Die Behauptung, dass die Erde nicht mehr als 6 000 Jahre alt sei, geht auf den irischen Bischof James Ussher (1581–1656) zurück. Er war ein irischer anglikanischer Theologe und Verfasser einer Vielzahl theologischer und historischer Werke, die aber theologiegeschichtlich nicht sehr bedeutend sind. Am bekanntesten darunter ist seine Weltgeschichte, in der er den Schöpfungszeitpunkt durch Zusammenzählen aller Altersangaben der biblischen Personen auf den 23. Oktober 4004 v. Chr. datiert.

AA 2, AA 3 M 14 [⮝]

Die in **AA 2** verlangte Stellungnahme ist nicht mehr ganz intuitiv, weil die SuS im vorgehenden Unterkapitel schon gelernt haben, dass man die sieben Tage des Schöpfungsliedes nicht wörtlich, sondern symbolisch verstehen muss. Sie werden daraus schließen, dass man das Alter der Welt nicht mit der Bibel berechnen kann. Sie werden aber deshalb nicht unbedingt die Position von Prof. Challenger vertreten, der die Bibel als Unsinn abtut, sondern vielleicht der Position von Prof. Summerlee zuneigen, der eine vermittelnde Position einnimmt.
In **M 14** erhalten die SuS genauere Informationen über die Verbreitung des Kreationismus und die Akzeptanz der Evolutionstheorie Darwins. (**AA 3**) Mit diesen Informationen können sie – eventuell mit einem gemeinsam erarbeiteten Fragebogen – in einer zweiten intuitiven Problemlösung die Meinung von Eltern und Bekannten (oder auch Passanten in der Fußgängerzone) erkunden.

[Y]

In dem Infotext SB S. 202 erhalten die SuS eine altergemäße Zusammenfassung der Antworten auf die oben gestellte Frage, die dem Stand der modernen, wissenschaftlichen Theologie entspricht.

[!]

Als Festigung können die SuS auch noch einmal den ergänzenden Infotext SB S. 181 heranziehen. Beide Texte betonen, dass die Bibel unterschiedliche Schöpfungserzählungen nebeneinander stehenlässt. Schon daraus ist ersichtlich, dass sie kein naturwissenschaftliches Lehrbuch sein kann und will, sondern eine Sammlung von Erzählungen über die Symbole des Glaubens.

⇔ Als Beispiel für die symbolische Bedeutung einer biblischen Erzählung können die SuS sich mit der Erschaffung Evas aus der Rippe Adams beschäftigen: Gen 2,18–25 vgl. http://www.bibel-online.net/buch/01.1-mose/2.html#2,18
Die Buchmalerei SB S. 202 nimmt die Geschichte sehr wörtlich. Heute wird sie manchmal als Rechtfertigung der Unterdrückung der Frau im Alten Testament gedeutet. Wenn man sie nachspielen lässt, wird deutlich, dass sie sehr viel komplexer ist. Gott erscheint hier nicht als der allwissende Schöpfer, sondern als ein Experimentierender, der den Rat des Menschen sucht und auf seine Einwände eingeht (Gen 2,20: „... aber für den Menschen ward keine Gehilfin gefunden, die um ihn wäre"). Eugen Drewermann hat die Stelle mit der Rippe symbolisch gedeutet: „Eine jede wirkliche Liebe besteht in der Entdeckung, dass der andere gerade das verkörpert, was einem selbst in der eigenen Brust fehlt; in jeder wirklichen Liebe erscheint der andere als Gestalt gewordene Inkarnation eben der Hohlstelle aus Sehnsucht und Verlangen, die sich im eigenen Herzen auftut, und dieser Leerraum kommt einem vor wie etwas von Gott Verfügtes." (*Drewermann, E.:* Wege und Umwege der Liebe. Psychoanalyse und Moraltheologie, Bd. 2. Mainz: Grünewald 1983. S. 26) Man sollte sich nicht scheuen, älteren SuS eine solche Deutung an die Hand zu geben, da sie in ihrer Umwelt viel über Sex, aber wenig über Liebe hören (werden).

## S. 203–205 Der christliche Sonntag

M 15 ⇩ Der Hinführungstext **M 15** konfrontiert die SuS mit einer Situation, die sie meist gut nachvollziehen können: Langeweile an einem inhaltsleeren Sonntag, der auch für die Eltern seinen Sinn verloren hat.

AA 1, AA 2 ? Die Frage nach dem Erstaunen Jörgs dient der Sicherung des Textverständnisses und ist zugleich ein Anlass, darüber zu sprechen, warum es früher üblich war, in die Kirche zu gehen. Die zentrale Problemstellung des Unterkapitels lässt sich direkt aus dem Hinführungstext übernehmen. (**AA 2**) Die SuS können sie selbst finden, wenn L sie auffordert, in dem Text nach einer Frage zu suchen, die im Unterricht besprochen werden soll. Wenn die Klasse multikulturell zusammengesetzt ist, ist es eine Frage, die manche SuS sich vielleicht schon einmal selbst gestellt haben.

AA 3 Mit der kreativen **AA 3** können die SuS ihre eigenen Vorstellungen von einem gelungenen Sonntag dem misslungenen in der Hinführungsgeschichte entgegenstellen.

AA 4, AA 5 M 16 M 17 In der kontrollierten Problemlösung können die SuS ihre Bilder, Collagen (vgl. SB S. 225) und Geschichten erst einmal mit dem Plakat der Evangelischen Kirche vergleichen (**M 17**). Hilfsfragen: Warum sind die Aufnahmen der Autos so verwischt und unscharf? Warum sind die Bilder der Werktage alle gleich? Welchen doppelten Sinn hat der Spruch zum Sonntag?
In einer zweiten kontrollierten Problemlösung sollen die SuS die wichtigsten Informationen zur Geschichte des Sonntags aus **M 16** zusammenstellen (**AA 5**), so z. B. folgende Punkte:

- Die Namen der Tage waren vor der Christianisierung durch Götter und die damals bekannten Planeten bestimmt. Deutlicher wird dies noch im Französischen und Englischen. Die SuS können die römischen Götter erraten:

| | | |
|---|---|---|
| Montag | frz.: lundi | Luna: die Mondgöttin |
| Dienstag | frz.: mardi | Mars: der Kriegsgott |
| Mittwoch | frz.: mercredi | Merkur: der Handelsgott |
| Donnerstag | frz.: jeudi | Jovis: Jupiter |
| Freitag | frz.: vendredi | Venus: die Schönheitsgöttin |
| Samstag | engl.: Saturday | Saturn: Gott des Ackerbaus |
| Sonntag | engl.: Sunday; frz.: dimanche/ span.: Domingo | Sonne; frz. u. span.: Tag des Herrn (Christus) |

- Ursprünglich feierten die ersten Christen wie die Juden den Sabbat und am Sonntag die Auferstehung Christi am Tag nach dem Sabbat (vgl. Mk 16,2).

- Durch Kaiser Konstantin wird der Sonntag staatlicher Feiertag.
- Die Reformation beseitigt die Strafen für Sonntagsschänder.
- Luther fordert, dass nur der Vormittag für den Besuch der Kirche frei sein und am Nachmittag gearbeitet werden soll.
- Die Sonntagsruhe ist im Grundgesetz garantiert.

AA 6 [!] Die Frage nach der im Grundgesetz geschützten „seelischen Erhebung" ist nicht eindeutig zu beantworten. Die SuS können aber bei der Beantwortung ihr bisher erworbenes Wissen einfließen lassen.

AA 7– AA 10 M 18 – M 20 [⇔] **M 18** kann zum Anlass für eine offene Diskussion um die Arbeitsruhe am Sonntag werden. Die SuS können dabei nach den Regeln auf SB S. 224 vorgehen. Die SuS, die es gut finden, auch am Sonntag einkaufen zu können, bekommen durch diese Frage noch einmal einen Gedankenanstoß, um darüber nachzudenken, dass die Verkäufer und Verkäuferinnen am Sonntag arbeiten müssten, wenn die Sonntagsruhe abgeschafft würde. (**AA 8**)
Kardinal Lehmann stellt in **M 19** Zerstreuung und Sinngebung gegenüber. Diese Begriffe müsste L erläutern und durch Beispiele anschaulich machen, bevor die SuS Stellung zu den Fragen nehmen, ob sie in der Zerstreuung eine Gefahr sehen und wie man dieser gegebenenfalls begegnen kann. (**AA 9**)
Der eher witzige Schnappschuss **M 20** passt sicher nicht auf das Plakat der Sonntagsaktion der Evangelischen Kirche, da es hier so aussieht, als müsse man in entgegengesetzter Richtung gehen. Damit das Foto dazu passt, müsste es mit einem Zusatz „Falsche Richtung!" o. Ä. versehen sein. (**AA 10**)

## S. 206–208 Das muslimische Freitagsgebet

[⇩] Der Hinführungstext SB S. 206 oben setzt das Gespräch aus M 9 fort. Salahs Äußerung „Mein Vater wartet schon" deutet an, dass muslimische Jungen auffallend oft mit ihrem Vater in die Moschee gehen, eine Praxis, die man in christlichen Kirchen heute eher selten findet und die damit zusammenhängt, dass Männer und Frauen in der Moschee getrennt beten.

AA 1 [?] Die Leitfrage des Unterkapitels ist erst einmal offen gehalten, damit besonders in multikulturellen Klassen ein möglichst lebhafter Austausch stattfinden kann. Im engeren Sinne geht es jedoch um die Bedeutung des Feitagsgebets.

AA 2 [⅄] Die Zusammenstellung der Liste (**AA 2**) lässt sich mit Erfahrungsberichten und kleinen Referaten verbinden. Empfehlenswert ist auch ein Besuch in einer Moschee in der Nähe der Schule. Nach Anmeldung werden Gäste in der Regel freundlich empfangen und kompetent begleitet (Erfahrungsberichte findet man bei Google unter Moscheebesuch vgl. z. B. http://www.landrat-lucas.de/faecher/pdf/LLG_Faecher_Philosophie_PP-Moscheebesuch_2009.pdf).

AA 3 M 21 [Y] Zur kontrollierten Problemlösung bei der Frage nach der Bedeutung des Freitags können die SuS **M 21** und den anschließenden Infotext benutzen. Die Begründung der Hadith aus dem Leben Adams erinnert an die kreationistischen Begründungen, die die SuS im Unterkapitel SB S. 201f. (M 13) kennengelernt haben.
Tatsächlich gibt es auch im Islam sehr aktive kreationistische Gruppen, die die Evolutionstheorie bekämpfen, vgl. z. B. http://www.harunyahya.de/.
Die Begründung aus dem Koran, Sure 50,38, stellt dagegen das Besondere der islamischen Gottesvorstellung gut heraus. Allah wird als der Gewaltige verstanden, der keiner Ruhe bedarf. Das entspricht auch der Überzeugung des Religionswissenschaftlers Georg Baudler. Dieser unterscheidet drei verschiedene Gottesvorstellungen in der Bibel, die auch drei verschiedenen Namen entsprechen. Die älteste ist El, der Gewaltige, die später teilweise von Jahwe abgelöst wurde, dem verlässlichen Bundespartner, und schließlich von Abba, dem vergebenden Vater. Baudler vertritt die didaktisch interessante Ansicht, dass Mohammed tatsächlich die ursprüngliche Ansicht Gottes wiederentdeckt hat, während Judentum und Christentum sich tendenziell mehr an die beiden anderen gehalten haben. Dafür spricht schon, dass Allah und El offensichtlich aus dem gleichen Wortstamm hervorgegangen sind (vgl. Rezension Baudler „Befreiung von einem Gott der Gewalt" unter http://www.rpi-virtuell.net/index.php?p=material_ordner&id=13727).

AA 4 M 22 M 23 In einer zweiten kontrollierten Problemlösung beschäftigen sich die SuS intensiver mit dem Sinn des Gebets, einem der fünf Säulen des Islams. Zu der Begründung der Bestimmung, dass jeder Muslim täglich das Gebet fünfmal zu sprechen hat, kann man die Legende von der Himmelsreise Mohammeds aus der ersten Biografie von Ibn Ishaq (um 750) aus den **Zusatzmaterialen LB S. 150** heranziehen. Die Zuordnung der Bilder des betenden Jungen sichert zugleich das Verständnis des Textes:
1. Bild: Taschahhud
2. Bild: Takbir
3. Bild: Sagda
4. Bild: Ruku

AA 5 M 24 ! Die fünf Säulen sollten die SuS sich zur Festigung des Gelernten einprägen. Sie können sich gegenseitig mit den arabischen Begriffen abfragen: Schahâda, Salât, Zakat, Saum und Hagg). Sie können auch eine Moschee mit den Fünf Säulen malen vgl. http://www.islamische-buecher.ch/images/categories/4.jpg.
Die Bilder mit der türkischen und der israelischen Flagge dienen zu einer weiteren Festigung und Lernkontrolle. Die fünf Zacken des Sterns entsprechen den fünf Säulen, die sechs Zacken auf der israelischen Flagge den sechs Schöpfungstagen. (**AA 5**)
Auch hier können die Sterne noch einmal größer mit den entsprechenden Beschriftungen gemalt werden. Kontrollfrage: Warum ist das siebte Feld größer als die anderen?

M 22 In der Transfer- und Problematisierungsphase kann L die Überschrift von **M 22** zur Diskussion stellen. Was ist mit der anderen Welt gemeint? Warum wird behauptet, dass es das vortrefflichste Reisegepäck sei? Würdet ihr zustimmen?

## S. 209–211 Hinduistische Opferfeste und Schöpfungsvorstellungen

AA 1 M 25 **M 25** ist eine leicht verständliche Hinführung in die fremde Welt des Hinduismus mit seiner verwirrenden Götterfülle. Sarasvati gehört zwar als Frau Brahmas nur indirekt zu den drei wichtigsten hinduistischen Gottheiten. Der Bericht bietet jedoch eine gute Anschauung für die Art und Weise, wie in Indien Religion und Alltag schon für Kinder miteinander verbunden sind. So können die SuS sich leicht in die Situation der drei Kinder versetzen und über das Sarasvatifest aus ihrer Sicht berichten. (**AA 1**)

AA 3 M 26 M 27 ? Die Frage, wieso man bei diesen Erzählungen von Mythen spricht, ist die eigentliche Leitfrage des Unterkapitels. Wenn der Hinduismus auch den SuS fernersteht als die vorher angesprochenen Religionen, so sind gerade seine fremdartigen Geschichten gut geeignet, Interesse für die mythischen Vorstellungen der Religionen allgemein zu wecken und erste Schritte zu deren Verständnis zu entwickeln. Man kann sie aber, vor allem, wenn die SuS den Infotext SB S. 197 noch nicht an Hand des Mardukmythos erarbeitet haben, an dieser Stelle zurückstellen und **M 26** und **M 27** vorziehen, um für die Beantwortung der Frage noch mehr Anschauungsmaterial bereitzustellen.

AA 4 AA 5 M 28 Wenn die SuS ein Bild zu **M 27** malen (**AA 4**), erfassen sie intuitiv in der Schwierigkeit die Besonderheit des Mythos: Es ist eine Geschichte von einem übernatürlichen Wesen, das ungeheuere Fähigkeiten besitzt (oder umgekehrt). Kurz: eine Göttergeschichte.
In ähnlicher Weise lässt der Maler hinter der Person Krishnas, vor der der Fürst Arunja niederkniet, eine unendliche Reihe übergroßer Götterfiguren als immer neue Verkörperungen des einen Gottes erscheinen. (**AA 5**)

AA 3 M 26 Nach dieser zusätzlichen Anschauung können die SuS **M 26** und den Infotext auf SB S. 210 heranziehen, um **AA 3** zu klären. In allen Fällen geht es im Sinne der Definition von SB S. 197 in den hinduistischen Mythen immer wieder um übernatürliche Wesen mit ungeheueren Fähigkeiten, nach denen sich die Menschen in ihren Handlungen richten.
Wenn man noch weitere Beispiele heranziehen will, findet die Geschichte, wie Ganesha an seinen Elefantenkopf gekommen ist, immer großes Interesse (vgl. http://de.wikipedia.org/wiki/Ganesha oder http://www.rajasthan-indien-reise.de/indien/religionen-hinduismus-ganesha.html).

AA 6 [!] Als wichtigsten Unterschied wird den SuS aufgefallen sein, dass die Schöpfungserzählungen der Juden, Christen und Muslime im Unterschied zu den Mythen der Inder nur von einem Gott erzählen. In der Festigungsphase sollte L die Frage noch einmal aufgreifen. Um die Unterschiede auf den Begriff zu bringen, kann man nun die Begriffe Polytheismus und Monotheismus einführen. Daran kann sich auch die Frage nach anderen Beispielen für polytheistische Religionen anschließen (Griechen, Römer, Germanen, Azteken usw.)

[⇔] Die Beschäftigung mit dem Kastenwesen fungiert als ausführliche Transfer- und Diskussionsphase, weil es hier um die Stellungsnahme zur Alltagspraxis geht. Sie ist selbst wieder im Sinne des Lernphasenmodells gegliedert.

M 29 [⇩] Um den Ausdruck Paria in dem hinführenden **M 29** zu verstehen, sollten die SuS zuerst den Infotext SB S. 211 lesen. Die meisten SuS zeigen sich empört über die drastischen Auswirkungen des Kastenwesens. Wenn sie die Jahreszahl lesen, fragen sie vielleicht, ob so etwas heute auch noch möglich sei. Dem Infotext haben sie schon die Information entnommen, dass die strenge Kastentrennung heute nur noch auf dem Lande üblich ist. Genaueres kann man etwa der Seite der Bundeszentrale für politische Bildung http://www.bpb.de/themen/D70A7L.html. oder dem Artikel aus der „Zeit“ http://zuender.zeit.de/2007/39/kastenwesen-indien?task=drucken entnehmen.

AA 7 [?] **AA 7** fragt nach möglichen Gründen für das Kastenwesen, um es nicht bei der Empörung zu belassen.

AA 8 [Ä] Wenn man den SuS den Tipp gibt, dass die Gründe mit der hinduistischen Vorstellung von der Wiedergeburt zusammenhängen, könnte **M 31** weiterhelfen, in dem ein Maler versucht hat, die hinduistische Vorstellung von der Wiedergeburt zu veranschaulichen.

M 30 [Y] **M 30** führt die Geburt durch die Frau eines Parias ebenso wie die in eine höhere Kaste eindeutig auf den Wandel auf Erden in einem früheren Leben zurück. Der Ausdruck „Wandel“ ist heute nicht mehr gebräuchlich und muss wahrscheinlich erläutert werden.

[!] Eine Begründung für die Einteilung in die vier Hauptkasten findet sich in dem berühmten Mythos vom Opfer des Purusha, einer Verkörperung Vishnus, im Rig Veda (10. Mandala, 90. Sukta). Die Veden gehören zu den ältesten Schriften Indiens (http://hari-freak.livejournal.com/2157.html). Die zentrale Stelle kann man auch zur Festigung heranziehen. Aus ihr wird deutlich, dass die Kasten alle eine wichtige Aufgabe haben. Ähnlich wie in der mittelalterlichen auf Platons Idealstaat zurückgehenden Vorstellung von der Aufteilung der Stände (Lehrstand, Wehrstand, Nährstand) sollen sie sich gegenseitig ergänzen.

Als die Götter
Den Höchsten
Dann geopfert und in einzelne Teile zerlegt hatten,
Was wurde aus seinem Kopf, seinen Armen, seinen Beinen, seinen Füßen?
Was formten Götter daraus?

Aus seinem Haupt entstanden die Priester.
Der Adel kam aus seinen Armen,
Die Bürgerschaft aus seinen Beinen
Und aus seinen Füßen das dienende Volk.
(Rig Veda, 10. Mandala, 90. Sukta. Nach der englischen Übersetzung von Sri V. Sundar)

AA 9 [⇔] **AA 9** fordert zur Stellungnahme auf. Die SuS werden zu dem Ergebnis kommen, dass man in **M 30** nur dann eine Rechtfertigung des in **M 29** geschilderten Verhaltens gegenüber den Parias sehen kann, wenn man an die Wiedergeburt und den Lohn oder die Strafe für das Verhalten in einem früheren Leben glaubt. Vielleicht werden aber auch einige darauf kommen, dass auch noch andere Gründe dahinterstecken könnten. Schließlich gibt es ja auch bei uns Tendenzen, bestimmte soziale Gruppen auszugrenzen und sie zu Südenböcken zu machen, ohne dass wir an Wiedergeburt glauben – ein Gedankenanstoß zu überlegen, warum man sich gern über jemanden erhebt und etwas Besseres sein will.

## S. 213–215 Schöpfungsmythen – wie weit darf man, wie weit sollte man ihnen glauben?

AA 1 M 32

Mit dem Hinführungstext **M 32** kehrt das Kapitel wieder zu der Geschichte des ersten Unterkapitels zurück. Die Mädchen haben inzwischen ihre erste große Party mit vielen Aufregungen und Enttäuschungen hinter sich. Manche haben sich neu verliebt. Flo meint, dass man sein Schicksal selbst in die Hand nehmen müsse. Sie sieht aber, dass Lenna immer noch daran glaubt, dass die Sterne entscheiden, wer zu wem passt. Sie ist eben unverbesserlich. (**AA 1**)

AA 3 ?

Die zentrale Frage dieses abschließenden Unterkapitels besteht darin, wie weit man den Schöpfungsmythen glauben darf oder sollte. Eine Annäherung an dieses komplexe Problem kann die Frage darstellen, ob der Schöpfungsglaube mit dem Glauben an die Astrologie Hand in Hand geht oder ob sie nichts miteinander zu tun haben. Man kann dazu **AA 3** auch vorziehen, ohne sie hier schon abschließend zu beantworten.

AA 2, AA 4 M 33

Wenn die SuS sich richtig an die ersten Unterkapitel erinnern, haben sie gelernt, dass der Schöpfungsglaube in Israel in Absetzung von dem babylonischen Mythos entstanden ist, der als Grundlage der Astrologie gelten kann. Während Lenna der Mardukmythos gefallen müsste, dürfte Flo ihn ablehnen. Vielleicht wird sie aber auch den biblischen Schöpfungsmythos ablehnen, wenn sie nicht verstanden hat, dass die sieben Tage nur den Sabbat symbolisch herausheben sollen.
(**AA 4**): Der erste Berufsschüler in **M 33** vertritt einen radikalen Atheismus, der sich von einem falschen, nämlich wörtlich verstandenen Schöpfungsglauben absetzt. Die Behauptung, dass die Astronauten im Weltraum Engel hätten sehen müssen, wenn es sie gäbe, stammt angeblich von dem ersten sowjetischen Weltraumfahrer Jurij Gagarin nach seiner erfolgreichen Landung 1961. Viele SuS werden hier von selbst darauf kommen, dass dieses Argument ein naives Wörtlichnehmen des Mythos voraussetzt. Das darauf folgende Argument, das die Gerechtigkeit Gottes (Theodizee) bezweifelt, ist allerdings schwerer zu widerlegen.
Der zweite Berufsschüler hält an dem Schöpfungsglauben fest, ohne die Augen vor den Gegenargumenten zu verschließen. Möglicherweise könnte sich die vernünftige Flo eher mit ihm als dem platt rationalistischen ersten Schüler verstehen. Bei der abergläubischen Lenna könnte es umgekehrt sein.
Statt weiter über die Gesinnung der beiden Mädchen zu spekulieren, kann die Frage aber auch Anlass zu einer Stellungnahme mit anschließender Diskussion (vgl. SB S. 224) werden.
Weitere Stellungnahmen von Berufsschülern zu der Frage, was sie glauben, findet man in den **Zusatzmaterialen LB S. 151**.

AA 5, AA 6 M 34 M 35

Eine zweite intuitive Annäherung an die Frage, wie weit man den Schöpfungsmythen glauben darf oder sollte, bietet die Beschäftigung mit dem Mythos zur Herkunft der Milchstraße, die die SuS eventl. schon aus dem vorangehenden Kapitel SB S. 172f. kennen.
Bei dem Mythos von Hera und Herakles sollten die SuS das 1575 entstandene Bild von Tintoretto beschreiben und erklären, nachdem sie die Kurzfassung des Mythos gelesen haben. Dabei sollten sie auch noch einmal die Merkmale des Mythos herausstellen, nämlich die übernatürlichen Eigenschaften der ungeheueren Götterwesen. Wenn die herausspritzende Milch einer Frau den ganzen Himmel weiß färbt, sind diese übernatürlichen Eigenschaften offensichtlich. Die griechischen Mythen wurden ursprünglich als Festgesänge bei Opferfeiern und anderen religiösen Festen sicherlich sehr ernst genommen. Aber schon bei Homer dienten sie auch zur Unterhaltung an den Königshöfen. Weil einige Stellen bei Homer, z. B. die über das Unglück des hinkenden Hephaistos, sogar zum Lachen über die Götter reizten, hielt Platon sie für die Erziehung der Wächter in seinem Staat für ungeeignet und wollte sie verbieten („Politeia“, 3. Buch, 3. Abschnitt). Ob die Griechen diese u. a. bei Pausanias überlieferte Geschichte von Hera und Herakles ganz ernst nahmen, ist zweifelhaft.
Der Zeichner Jean Effel bietet in **M 35** mit seiner selbsterfundenen Erklärung für die Entstehung der Milchstraße eine Brechung des Mythos, die eindeutig unterhalten soll und nicht ernst gemeint ist (vgl. die lächelnden Sterne).
„Mythen des Alltags“ ist der Titel eines berühmt gewordenen Buches von Roland Barthes aus dem Jahr 1957. Er konnte darin nachweisen, dass Mythen nicht nur in den antiken Religionen, sondern auch noch im heutigen Alltag (u. a. in Werbung und Ideologien) als eine Form der Lobrede präsent sind. Indem die SuS zu den in **M 36** vorgegebnen weitere Beispiele sammeln, wie z. B. „Red Bull verleiht Flügel“ oder die „Blaue Kuh von Milka“, werden sie zu einer dritten selbst-

gesteuert-intuitiven Lösung der Frage geführt, wie weit man den Schöpfungsmythen glauben darf und soll.
Auch bei den Werbeslogans kann man sich fragen, wieweit sie ernst gemeint sind. Wenn man weiß, dass 2006 allein in Deutschland 30 Milliarden Euro für Werbung ausgegeben wurden, wird klar, dass sie nicht nur ein Spaß sind.
Auch wenn der Liebende die Geliebte als „Mein Engel“ bezeichnet oder der Hilflose den Helfer mit „Dich schickt der Himmel“ begrüßt, ist dies zwar wörtlich genommen Unsinn, hat aber für den Sprecher trotzdem eine wichtige Bedeutung.

AA 7 M 37 Nach diesem dreifachen intuitiven Zugang bietet **M 37** die Antwort einer kompetenten amerikanischen Religionswissenschaftlerin, mit der die SuS ihre bisherigen Überlegungen vergleichen können. Es handelt sich um einen stark gekürzten und sprachlich vereinfachten Text, der aber wichtige Thesen enthält. Auf dem Plakat (**AA 7**) könnte z. B. stehen:
Wissenschaftlerin erklärt
- Wörtlich genommen, sind die Mythen von der Schöpfung alle falsch.
- Trotzdem brauchen wir Mythen für die wichtigsten Fragen des Lebens.
- Symbolisch verstanden, vermitteln sie Werte und Sinnzusammenhänge.

In leistungsstarken Klassen kann man anschließend auch den Ausschnitt aus dem Originaltext (**Zusatzmaterial LB S. 152**) eingeben und diesen mit dem fiktiven Interview vergleichen lassen. Er enthält noch weitere wichtige Anleitungen für den richtigen Umgang mit Mythen, die allerdings für jüngere SuS nur nach entsprechender Vorbereitung verständlich sind. Deshalb können die Fragestellungen weiterhelfen „Was kennen wir bereits?“, „Was kommt in dem Interview nicht vor?“. Vielleicht können einige SuS die fehlenden Stellen durch Umformulierungen noch so in das Interview einbauen, dass es in eine Schülerzeitung passt.

AA 8 ! Unter der Frage „Brauchen wir Schöpfungsmythen?“ können die SuS das Gelernte noch einmal zusammenfassen und das Für und Wider erwägen.

AA 9 Anschließend an die Argumente aus **M 37** können die SuS auch noch einmal selber zu der Frage Stellung nehmen und eigene Argumente einbringen (vgl. SB S. 224).
**AA 9** ist nicht unbedingt als eine eigene Transferaufgabe anzusehen, sondern schließt sich eher wiederholend und vertiefend an die Beschäftigung mit **M 35** an. Die humorvolle Abbildung bietet jedoch einen sinnvollen Abschluss des Kapitels. Von hieraus lohnt sich auch noch einmal ein Blick auf die Abbildungen des gleichen Zeichners auf SB S. 190, weil manche SuS diese am Anfang vielleicht noch nicht verstanden haben. Weitere Zeichnungen findet man unter http://www.mythologische-tafeln.de/effel.htm.
Vielleicht verstehen nun einige SuS, dass der humorvolle Umgang mit den Mythen gegenüber dem Wörtlichnehmen auf der einen Seite und der radikalen Ablehnung auf der anderen Seite ein sinnvoller dritter Weg sein kann. Wenn ein Zusammenhang zwischen Symbolverständnis und Humor gefunden werden könnte, wäre dies sicher ein bedeutungsvoller Transfer.

Auflösung des Tests S. 147: 1C; 2A; 3B; 4D; 5B; 6D; 7B; 8C; 9C; 10A

# Wissen macht Spaß

Ein Test zu den 10 wichtigsten Begriffen des Kapitels

## Was versteht man unter ...

**1. Christliche Religion:**
A Gründung von Martin Luther.
B Gibt es nur in Europa.
C Glaubt, dass Jesus das Reich Gottes herbeiführen wird.
D Die älteste Religion der Welt.

**2. Muslim:**
A Jemand, der Mohammed als letzten Propheten Gottes anerkennt.
B Mitglied der auf der Erde am weitesten verbreiteten Religion des Islams.
C Ein Muslim glaubt nicht daran, dass Jesus ein Prophet Gottes ist.
D Ein Muslim glaubt an die Wiedergeburt.

**3. Sabbat:**
A Höchster Feiertag der Muslime.
B Der siebte Tag der Woche, den die Juden als den Tag Gottes feiern.
C Das Verbot für Juden, Schweinefleisch zu essen.
D Der Vorsteher der jüdischen Synagoge, der den Gottesdienst leitet.

**4. Kasten:**
A Kasten nennt man in Indien die Blätter des Lebensbaums.
B Die heiligen Jahreszeiten in Indien.
C Die verschiedenen Göttergeschlechter in Indien.
D In Indien die Einteilung der Gesellschaft in unterschiedliche Schichten.

**5. Symbolisch:**
A Symbolisch nennt man eine besonders gelungene Ausdrucksweise.
B Symbolisch versteht man eine Aussage, wenn man sie nicht wörtlich, sondern in ihrem Gefühlsgehalt nimmt.
C Besonders geheimnisvolle Zeichen oder Andeutungen.
D Symbolisch nennt man die Fähigkeit, die Gedanken eines anderen lesen zu können.

**6. Hinduistisch:**
A Religionen, die in Buddha ihren Erlöser sehen.
B Religionen, die nicht an die Wiedergeburt, sondern an ein Leben in einem Jenseits glauben.
C Religionen, die zwar an die Wiedergeburt Glauben, aber das Kastenwesen ablehnen.
D Die Religionen Indiens, die an die Wiedergeburt, an den Sinn des Kastenwesens und an viele Götter glauben.

**7. Astrologie:**
A Die wissenschaftliche Erforschung der Sterne, z. B. ihrer Größen und Entfernungen.
B Die Beschäftigung mit dem Einfluss der Sterne auf das Schicksal der Menschen.
C Die Astrologie kann genau bestimmen, welche Menschen zueinander passen.
D Die Astrologie lehrt, dass es unzählige Galaxien gibt.

**8. Mythos:**
A Ein Geheimnis, das nur Eingeweihten verraten werden darf.
B Die Lehre, dass es nur einen Gott gibt.
C Eine Geschichte von übernatürlichen Wesen, die ungeheure Fähigkeiten besitzen.
D Das nur wenigen bekannte Rätsel des Lebens.

**9. Jüdische Religion:**
A Die Religion, die nach dem Islam als letzte der großen Religionen entstanden ist.
B Kennt nur den Bericht von der Schöpfung der Welt in sieben Tagen.
C Hat am Anfang ihres heiligen Buches zwei verschiedene Schöpfungserzählungen.
D Der Glaube an die Wiedergeburt.

**10. Kreationismus:**
A Die Auffassung, dass die Beschreibung der Schöpfung der Welt in sechs Tagen wörtlich genommen werden muss.
B Die Auffassung, dass die Welt immer wieder geschaffen wird.
C Die Suche nach dem Mittelpunkt der Welt.
D Die Lehre, dass alle Menschen gleich sind.

## Zu S. 190/191 Schöpfungserzählungen und Feiertage der Religionen

**Die Quirlung des Milchmeers**

Am Ende einer langen Brahmanacht, zum Beginn einer neuen Schöpfung, schwebten die Götter (Devas) und Dämonen (Asuras) über den Wassern des Milchmeers. Die Götter hatten während des langen Schlafs Brahmas ihre Unsterblichkeit verloren. Auch waren viele Schätze und die Glücksgöttin Lakshmi verschwunden. Die Dämonen indessen hatten in dieser Zeit immer mehr an Kraft gewonnen, so dass sie nun von den Göttern gefürchtet wurden.
Das einzige Stück Land, welches damals aus der Milch aufragte, war die Spitze des Weltberges Meru (Mandara, Kailash). Die Devas wollten ihre Schätze und die Unsterblichkeit zurückgewinnen. Sie glaubten, man könne durch das Quirlen des Milchmeers den Unsterblichkeitstrank Amrita herstellen, wie man durch das Quirlen normaler Milch Butter gewinnt. Deshalb überredeten sie die Dämonen, ihnen zu helfen. Dann nahmen sie die Weltenschlange Vasuki und banden sie als Tau um den heiligen Berg. Die Götter zogen am Kopf, die Dämonen am Schwanzende, doch der Berg bewegte sich nicht. Da verwandelte sich Vishnu in eine Schidkröte (Kurma), tauchte in die Tiefe und hob den Weltenberg auf seinen Rücken, während er sich gleichzeitig in all seiner Herrlichkeit als Sonnengott auf der Spitze des Berges manifestierte. Nun ließ sich der Berg in Drehung versetzen und aus dem Schaum des Meeres entstanden verschiedene Schätze: Indras Elefant (Airavata), der himmlische Wunschbaum (Parijata), die Kuh der Fülle (Surabhi, Nandis Mutter), der unbesiegbare Bogen Shivas (Sharanga), das Wunschjuwel (Kaustuba), die Meeresschnecke (Symbol der Schöpfung) und Lakshmi. Die Devas nahmen alle Schätze an sich, allein Vishnu die letzten drei, wobei er Lakshmi zu seiner Frau machte. Schließlich erschien das langersehnte Amrita, und sowohl Devas als auch Asuras wollten zuerst davon trinken - die Asuras, weil sie bis dahin noch nichts abbekommen hatten, die Devas, weil sie den Asuras nicht trauten und der Meinung waren, sie verdienten immer den Vortritt. Der Streit wurde schließlich durch einen weisen Dämonenkönig geschlichtet, der erklärte, die Götter könnten das Amrita zuerst bekommen, wenn sie versprächen die Hälfte für die Asuras übrigzulassen. Die Götter versprachen dies und ließen den Unsterblichkeitstrank herumgehen, doch als er bei den Dämonen ankam, war kein Tropfen mehr in dem Gefäß. Die Asuras wurden daraufhin sehr wütend und forderten ihr Recht, wurden aber von den Göttern nur verlacht. Endlich ergriff Vishnu (der ja schon sehr viele Schätze für sich behalten hatte) die Initiative und sagte, dass, wo so viele Schätze waren, noch mehr sein müssten. Sie sollten alle zusammen weiterquirlen, und alle weiteren Schätze wären dann für die Asuras. Notgedrungen erklärten die sich einverstanden und machten sich erneut ans Werk, doch nun kamen keine weiteren Schätze hervor. Ein fürchterliches Gift aus allem Übel, allen Sünden und allem Leid der Welt entstand. Es war so schlimm, dass es alles vernichtete, was mit ihm in Kontakt kam. Darauf stürzte sich Shiva nach vorn, um die Welt zu retten. Er nahm eine Meeresschnecke, füllte das Gift hinein und trank es in einem Zug leer. Seine Kehle verfärbte sich dadurch blau, weswegen er als Shiva Nilakantha verehrt wird. Seine Anhänger glauben seitdem, er mache gegen Gift resistent [widerstandsfähig] und rauchen zu seinen Ehren Haschisch um zu zeigen, dass ihnen dieses Gift durch Gottes Gnade nicht schadet.

*http://www.asiatica-foth.de/legenden/shiva/legende12.html*

**1** In dieser alten indischen Erzählung kommen die drei wichtigsten Götter der Hindus vor: Brahma, Vishnu und Shiva. In welcher Weise sind sie an der Schöpfung der Welt beteiligt?

**2** Was kommt dir an dieser Erzählung merkwürdig vor, wenn du sie mit einer dir bekannten Erzählung von der Erschaffung der Welt vergleichst?

**3** Welches Interesse könnten indische Haschischraucher an dieser Geschichte haben?

## Zu S. 192–194 Im Bann der Sterne – Astrologie

**Der Ursprung der Astrologie in Babylon**

Die frühesten Formen von Astrologie und Astronomie haben babylonische Priester entwickelt. Sie beobachteten und deuteten die Himmelsphänomene, legten den Kalender fest und sorgten auf ihren Stufenpyramiden – den Wohnungen der Planeten – für die nötigen Beobachtungen. Zusammen mit anderen „Fachleuten“ waren die Astrologen [...] gegen 650 v. Chr. als eine Art Beamte an den Hof des Königs gebunden. Den Omen [geheimnisvollen Anzeichen] hat man eine große Bedeutung beigemessen, da sie die Welt als eine lebende Ganzheit widerspiegelten. Omen konnten darüber Aufschluss geben, ob und warum das Ganze aus dem Gleichgewicht war. Durch derartige Zeichen konnten sich zwar die Götter zu erkennen geben, ein Omen konnte aber auch bloß ein Zeichen für den Zustand des Universums sein. [...]

Omen von einzelnen Planeten waren selten und gehören wahrscheinlich nicht zu den ältesten. Ein Beispiel für ein Zeichen dieses Typs lautet: „Wenn der Mond Jupiter verdunkelt, in diesem Jahr wird der König sterben.“ Oder: „Wenn eine Verdunklung von Mond und Sonne geschieht, in diesem Jahr wird ein großer König sterben.“ Diese Omen entstammen dem Werk „Enuma Anu Enlil“, das vermutlich um 1300 v. Chr. zusammengestellt wurde. [...]

Ungünstige Omen ließen sich mit Ritualen abwenden. Dadurch war an die verschiedenen Formen der Omen eine Reihe verschiedener Rituale gebunden. Eines der Rituale war das „Stellvertreter-Ritual“, das praktisch nur nach einer Sonnen- oder Mondfinsternis ausgeführt werden konnte. Hier wurde z. B. ein Kriegsgefangener oder Verurteilter als König eingesetzt und erhielt alle äußeren Zeichen der königlichen Würde, inklusive einer großen Leibgarde. Währenddessen übte sich der wirkliche König in Zurückhaltung, behielt jedoch seine Macht und bekam von seinen Ratgebern Berichte, die an „den Bauern“ adressiert waren. Um sicherzugehen, dass das Übel auf den Ersatzkönig gelenkt wurde, wurden die Omen auf eine Tafel geschrieben und vor ihm vorgelesen. Dann musste er die Omen vor dem Sonnengott Shamash nachsprechen. Schließlich wurde die Tafel mit den Omen an seine Kleidung gebunden. Zuletzt wurde der Ersatz-König hingerichtet. [...]

Die Göttin Ishtar manifestierte sich durch Venus. Ishtar war die Tochter des Mondgottes, im Übrigen war sie jedoch ziemlich vielseitig und offenbarte sich in verschiedenen Erscheinungen. Als Morgenstern hatte sie einen mehr männlichen, als Abendstern einen mehr weiblichen Charakter. Venus verkündete oft Regen, konnte aber auch, zusammen mit anderen Planeten, Krieg oder königliches Unglück ankündigen.

Saturn wurde „der Beständige“ genannt, jedoch auch als „die Sonne der Nacht“ bezeichnet. Er wurde mit dem Kriegsgott Nimurta in Verbindung gebracht, welcher wiederum eine Manifestation des Sonnengottes war. Dadurch hatte Saturn auch eine Verbindung zur Sonne. Saturn war der königliche Stern par excellence – und er war hauptsächlich glückbringend.

Jupiter hat viele Namen, z. B. „der Heroische“ und „der Weiße“. Durch Jupiter manifestierte sich Marduk. Marduk, Sohn von Ea und Schutzgott der Stadt Babylon, wurde später zum obersten Gott erhoben. Meist wurde er positiv gedeutet.

Marduks Sohn war der Schriftgott Nabu, der im Planeten Merkur zum Ausdruck kommt und auch „der Springende“ genannt wurde. Nabu war der Gott der Wissenschaft und Wahrsagekunst [...]. Merkur kündigte oft Regen und Hochwasser, aber auch den Tod an.

Mars wurde „der Pestbringer“ oder „der Unberechenbare“ genannt, und durch ihn kam der Unterweltgott Nergal zum Ausdruck. Nergal [...] herrschte über die Waffen. Von den Planeten verkündete Mars das meiste Unheil, er wurde allerdings mitunter auch positiv gedeutet.

Diese Beschreibung der Eigenschaften der Planeten zeigt, dass einige Planeten eine gewisse Ähnlichkeit mit unseren heutigen Deutungen haben. Grundsätzlich stammt zumindest die Idee, dass die Planeten bestimmte Eigenschaften repräsentieren, sicher aus dieser Zeit.

*Aus: Larsen, Lars Steen/Michael, Erik/Kjaergaard Rasmussen, Per: Astrologie. Von Babylon zur Urknall-Theorie. Übers. v. Ursula Strauß. Wien/Köln/Weimar: Böhlau 2000. S. 32f.*

**1** Die römischen Götter Venus, Saturn, Jupiter und Mars, nach denen wir auch heute noch die wichtigsten Planeten benennen, gab es schon bei den Babyloniern. Wie hießen sie und welche Bedeutung hatten sie?

**2** Was sind Omen und welche Bedeutung haben sie für die Astrologie?

**3** Warum bezeichnet man die Astrologie als „Aberglaube“?

## Zu S. 206–208 Das muslimische Freitagsgebet

**Die Himmelsreise**

Jemand, dessen Aussagen ich nicht in Zweifel ziehe, hat mir die folgenden Worte Mohammeds erzählt [...]: Nachdem ich in Jerusalem gebetet hatte, wurde mir eine Leiter gebracht, so schön, wie ich noch nie etwas gesehen hatte. Es war die Leiter, auf die die Todgeweihten ihre Augen richten, wenn das Ende naht. Gabriel ließ mich auf ihr hinaufsteigen, bis er mich zu einem der Himmelstore brachte, das man das Hütertor nennt. Es wird bewacht von einem Engel namens Ismä'il, dem zwölftausend Engel unterstehen, von denen einem jeden wiederum zwölftausend Engel gehorchen. [...]: Als ich durch das Tor geführt wurde, fragte der Engel: „Wer ist dies, Gabriel?“ „Dies ist Mohammed“, erwiderte Gabriel. „Ist er gesandt worden?“ „Ja.“ Darauf erflehte er Gottes Güte für mich. [...]

Immer wenn mich Gabriel von einem Himmel zum nächsten brachte, fragte man ihn, als er um Einlass bat, wer ich sei. Er nannte ihnen meinen Namen, und sie fragten ihn weiter, ob ich gesandt worden sei. Als er es bejahte, riefen sie aus: „Gott schenke ihm Leben, Bruder und Freund!“ So geschah es, bis wir zum siebenten Himmel gelangten und er mich schließlich zu meinem Herrn brachte, der mir für jeden Tag fünfzig Gebete zur Pflicht machte. Als ich dann auf dem Rückweg wieder bei Moses vorbeikam – welch vortrefflicher Freund ist er euch! –, fragte er mich:

„Wie viele Gebete sind dir auferlegt worden?“ „Fünfzig jeden Tag“, erwiderte ich, worauf er sprach:

„Das Gebet ist eine schwere Last, und dein Volk ist schwach. Gehe zurück zu deinem Herrn und bitte Ihn, Er möge dir und deinem Volke diese Last erleichtern!“ Ich tat, wie er mir geheißen hatte, und mein Herr ließ mir zehn Gebete nach, doch als ich wieder bei Moses vorüberkam, sagte er mir nochmals das Gleiche, und Gott erließ mir weitere zehn Gebete. So ging es fort, bis nur noch fünf Gebete übrig waren. Als ich dann wieder zu Moses kam und er mir erneut riet, Gott um Erleichterung zu bitten, sprach ich zu ihm: „Ich bin nun so oft zu meinem Herrn zurückgekehrt und habe Ihm diese Bitte vorgetragen, dass ich mich jetzt schäme und es nicht nochmals tun werde.“

Seinen Zuhörern aber versprach der Prophet: „Jedem von euch, der diese fünf Gebete gläubig und ergeben verrichtet, werden sie wie fünfzig Gebete vergolten werden.“

*Aus: Ibn Ishaq: Das Leben des Propheten [um 750]. Übers. v. G. Rotter. Darmstadt: WBG 1986. S. 83f.*

**1** Welche Erklärung gibt die Erzählung dafür, dass Muslime jeden Tag fünfmal beten sollen?

**2** Wie schildert Mohammed in dieser Erzählung die Begegnung mit seinem Herrn Allah?

## Zu S. 213–215 Schöpfungsmythen – wie weit darf man, wie weit sollte man ihnen glauben?

**Was sie glauben : Texte von Jugendlichen**

(18/0309) Ich glaube nicht an Gott, weil es ja wissenschaftlich erwiesen ist, dass der Mensch ganz am Anfang z. B. ein Fisch war, nicht so wie es heißt, Gott hätte die Welt, ihre Pflanzen und Tiere erschaffen. Für mich ist das so eine Art Märchen. Wenn es Gott wirklich gäbe, würde er ja die ganzen Massenmorde z. B. im 2. Weltkrieg, wo so wie es in der Bibel steht seine besten Untertanen, die Juden – verhindern. Ich glaube, dass da einer eine Menge Ansehen bekommen hat, der das erfunden hat, wenn es nicht so auch von Mund zu Mund Propaganda am Anfang verbreitet worden ist.

(18/0310) Ich glaube an Gott, weil ich z. B. an die Bibel glaube. Die Geschichte von Jesus kann nicht erfunden sein. [...] Ich glaube daran, weil es wunderbar ist, wenn man gesündigt hat in Worten und Werken, dass einem dann vergeben wird. Ich glaube daran, weil es manchmal so aussieht, wie wenn Gott mein Vater bei mir ist. Ich glaube daran, weil so viele unheilbar Kranke wie ein Wunder wieder gesund werden. Ich glaube an Gott, weil er dem Bauern seine Saat gedeihen lässt. Ich glaube an ihn, weil er so viele Tiere pflegt und ihnen zu fressen gibt. Ich glaube an ihn, weil er mich beschützt. Ich glaube an Moses, der das Volk durch das Rote Meer führt, um sich und die Verfolgten in Sicherheit zu bringen.

(18/0312) Gott ist für viele ein Beichtvater, dem man in einem Gebet seine Probleme aufhalst und zum Schluss noch eine kleine Bitte anbringt. Gott ist überall und nicht nur in der Kirche. Deswegen glaube ich an Gott und nicht an die Kirche.

(18/0313) Bei dem Wort Gott denke ich an die Bibel. Dann überlege ich, ob es Gott wirklich gibt. Wie kann er aussehen. Ist er eine Art Mensch oder ist er nur eine Illusion. Manchmal fragt man sich, kann es überhaupt einen Gott geben, der so viel Unruhen, Armut und Elend auf „seiner Erde“ zulassen kann. Es heißt, Gott sei der Schöpfer der Erde, aber keiner hat ihn je gesehen. Trotzdem glauben viele Menschen an Gott.

(18/0314) Ich glaube an Gott, weil ich von Geburt auf von meinen Eltern römisch-katholisch unterrichtet wurde; deshalb gibt es bei mir keinen anderen Gedanken, als an „Gott“ zu glauben. Es kann mir keiner nachweisen, dass „Gott“ nie gelebt hat, schon wegen dem gibt es mir den festen Glauben an Gott. Es gibt viele Beweise, dass er gelebt hat. Er bestimmt den Lebenslauf eines jeden Menschen, der auf der Erde lebt. Bei manchen wirkt er Wunder, die es brauchen, die auch fest an ihn glauben. Niemand weiß, wie es nach dem Tode weitergeht, deshalb wird man den Glauben an „Gott“ erhalten und weiterführen!

(18/0315) Ich glaube nicht an Gott, weil ... Gott gibt es nur in den Vorstellungen von Leuten, die ohne Glauben nicht so gut leben können. Sie brauchen etwas, an das sie sich klammern können. Ich persönlich brauche keinen Gott, um mir mein Leben schön zu machen.
Hinzu kommt noch, dass ich an nichts glaube, was ich nicht selbst gesehen habe. Als realistischer Mensch kann ich keinen Glauben annehmen, der so aussieht wie der Glaube an Gott. Jeder hat ein Recht auf Glauben, aber nicht die Pflicht. Wer einen Glauben braucht (seelisch), und nicht mehr davon loskommt, weil er davon abhängig ist, gehört sofort in die Klapsmühle.
[...] Eine Diskussion über dieses Thema ist meiner Meinung nach völlig überflüssig, weil weder Pro noch Contra eindeutig nachweisbar sind.

*Aus: Was sie glauben. Texte von Jugendlichen. Hrsg. v. Robert Schuster. Stuttgart: Steinkopf 1984.*

**1** Was hältst du von den Meinungen der Berufsschüler? Ordne sie in einer Reihenfolge an, von ganz links (stimme voll zu) bis ganz rechts (bin völlig anderer Meinung).

**2** Formuliere selber eine Meinung und stelle sie in der Lerngruppe oder Klasse zur Diskussion.

## Zu S. 213–215 Schöpfungsmythen – wie weit darf man, wie weit sollte man ihnen glauben?

**Wir brauchen Mythen**

Wir brauchen Mythen, um Antworten auf die Fragen geben zu können: „Wer bin ich? Wie soll ich mich in die gesellschaftlichen und natürlichen Zusammenhänge einordnen? Wie soll ich mein Leben gestalten?"
Alle Kulturen besitzen ihre besonderen Mythen, durch die sie auf Fragen dieser Art Antworten geben. Die grundlegendsten Antworten finden sich dabei in den Schöpfungsmythen. [...] Nicht zufällig halten diese Kulturen gerade ihre Schöpfungsmythen besonders heilig, bilden diese doch das Fundament, auf dem alle späteren Mythen aufbauen. In den Schöpfungsmythen finden die Mitglieder der Gemeinschaft [...] die Grundelemente der gesamten Werte- und Sinnstruktur vor. Normalerweise erlernen wir die Einstellungen, die diese Mythen direkt und sozusagen auf einen Schlag bereitstellen, nur indirekt und Stück für Stück. Man braucht nur eine Mutter mit ihrem kleinen Kind zu beobachten, um zu sehen, wie diese Einstellungen fast unbewusst vermittelt und übernommen werden. Die von den Mythen abgeleiteten Werte sind praktisch untrennbar schon mit der Sprache selbst verbunden. [...] Und gleichzeitig mit den Worten der Mutter hört das kleine Mädchen den Klang ihrer Stimme und erwirbt sich so die Grundelemente einer ganzen Wert- und Sinnstruktur. Erst wenn es weiß, wie jedes Ding einzuordnen und einzuschätzen ist, kann es selbst darüber entscheiden. [...] Daher wird den Menschen häufig niemals bewusst, dass es sich tatsächlich um Mythen handelt, eben weil die Vermittlung auf so selbstverständliche Art geschieht. Ihr Bewusstsein verschmilzt allmählich mit den Aussagen des Mythos, und sie werden zu Gefangenen ihrer Traditionen. Sehr leicht verwechseln sie ihre Einstellungen zur Wirklichkeit (die Wertmaßstäbe) mit der Wirklichkeit selbst (den Tatsachen). Und da sie ihre eigenen Mythen nicht als solche erkennen, betrachten sie alle anderen Mythen als falsch. Sie verstehen nicht, dass es sich bei allen Mythen um existentielle, nicht unbedingt um theoretische Wahrheiten handelt. Das bedeutet, sie vergessen, dass Mythen in dem Maß wahr sind, als sie wirksam sind. [...] Sie schaffen Tatsachen aus den von ihnen vertretenen Werten. Wenn wir z. B. denken, wir seien anderen Geschöpfen überlegen, werfen wir uns auch zu Herren über sie auf und nützen sie rücksichtslos aus. Menschen dagegen, die sich als Brüder der Tiere betrachten, leben mit ihnen in Harmonie und haben Achtung vor ihnen. [...] Nimmt man daher die Aussagen irgendeines Mythos buchstäblich, so ist das ein großer Fehler. Man verwechselt dann die Wertungen des Mythos mit wissenschaftlichen Tatsachen, was zu den schlimmsten Formen von Religiosität führen kann. Denn eine derartige Buchstäblichkeit bringt einen Glauben hervor, der das Bewusstsein eher spaltet als eint. Wer der Auffassung ist, ein bestimmter Mythos habe einen absoluten Wert, untergräbt die Macht des Mythos zur Sinngebung in der Welt. Er verwandelt Mythen in Hindernisse für eine Sinngebung, statt in eine Quelle der Sinngebung. [...] Die Anhänger des Mythos werden auf diese Weise ihrer Gegenwart und deren Entwicklung entfremdet. Es sind dann blind glaubende Menschen, die gezwungen sind, Denken und Empfinden – und die Wahrhaftigkeit in beidem – der Sicherung ihrer Glaubensinhalte zu opfern. Diese Art von Buchstabenglauben ist der eigentliche Götzendienst, der Gegensatz zum echten Glauben. Fasst man aber viele Mythen gleichzeitig ins Auge, so schützt man sich vor dieser Art Kirchturmreligion und den darin lauernden Gefahren des Dogmatismus und falschen Glaubens. Ein Vorteil, der sich aus der Beschäftigung mit den Mythen ergibt, ist es denn auch, dass wir sie – und analog dazu unsere eigenen – eben als Mythen verstehen lernen.

*Aus: Sproul, Barbara C.: Schöpfungsmythen der östlichen Welt [1991]. München: Diederichs o. J. S. 15f.*

**1** Vergleiche diesen Ausschnitt aus der Einleitung von Barbara Sprouls Sammlung von Mythen aus aller Welt mit dem Interview für die Schülerzeitung im Schülerband auf S. 215. Welche Gedanken finden sich in dem Interview?

**2** Welche Gedanken sind dort weggelassen?

**3** Versuche einen oder mehrere der weggelassenen Gedanken so umzuformulieren, dass er in die Schülerzeitung passt und für alle Schüler gut verständlich ist.